# 社会政策❶
# ワーク・ライフ・バランスと社会政策

久本憲夫・玉井金五 編

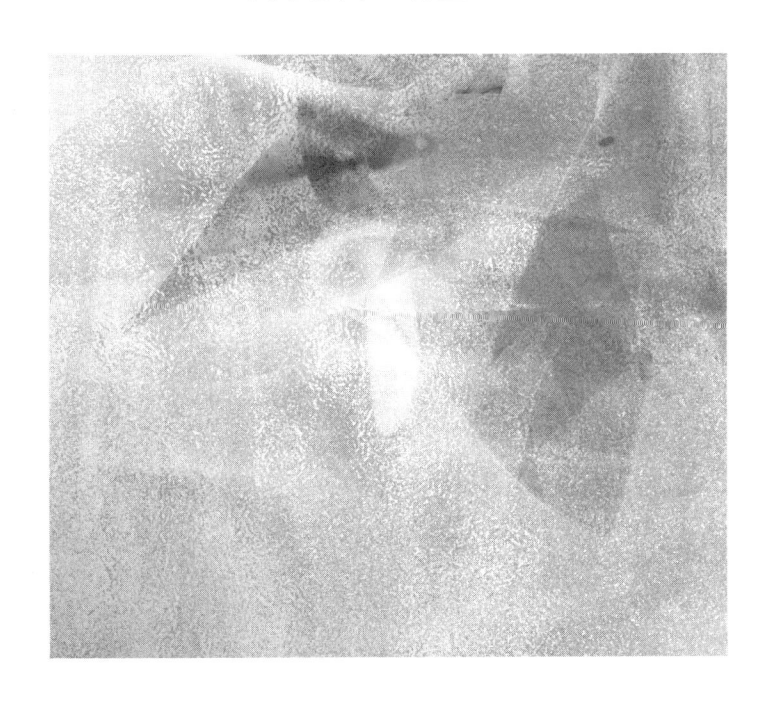

法律文化社

# はしがき

　1990年代以降,日本をとりまく社会経済的条件は大きく変貌した。そうしたなかで,「格差問題」に代表されるように,それまで十分認識されなかった新しい状況が生じてきた。もっとも,以前から格差に関わる問題は多々存在してきたが,1980年代あたりにはそれが非常にみえにくくなってしまった。しかしながら,平成長期不況を経るなかで改めて私たちの眼の前に大きく現れ出たのである。

　振り返ってみれば,わが国では戦後のある時期まで「平等」「公平」といった考え方のもとで,さまざまな施策が展開されてきた。とくに国民の労働と生活に関わる社会政策は,そうした視点が土台としてあった。そして,1980年代あたりまでくると,ほぼそのような初期の目標が達成されたかのような様相を呈したのである。しかしながら,その後の諸条件の激変は社会政策の位置づけ自体にも大きな影響を及ぼすことになる。つまり,一方ではすでに社会政策によってミニマム的なものを保障する体制が整ったわけであるから,それ以上のことは自助努力でといった考えである。他方では,ミニマム自体が分野によっては確立されていないどころか,従来できあがったとみられたものにまでゆらぎが生じ始めたという見方である。

　こうしたなかで,社会政策はあるべき方向をめぐって混迷を深めてきている。いいかえれば,社会政策は理論的にも実践的にも大きな分岐点に立たされているということである。この場合,対処の仕方はいくつかあるが,そのひとつとしてこれまでの社会政策の歩みを精確に捉え,再度そのプロセスを徹底的に検証しなおすとともに,現在の到達点について十全な把握を行っておくというやり方である。これは一見オーソドックスな方法にみえるかもしれないが,社会政策が絡む,込み入った事実関係の解明はなかなかむずかしく,またそれを説得的に論証していくということはなおさら困難をともなうものである。とはいえ,社会政策の領域ほどさまざまな主体が正面からぶつかり合う場はほか

になく，そのダイナミックな動きを鮮明に描き出すことができれば，それだけでも十分な価値があるといってよい。

　『社会政策』Ⅰ・Ⅱと題する本書は，上記の事情を踏まえて，日本の社会政策をこれまでにない高度かつ精度なかたちで抽出しようという意図を込めて刊行されるものである。従来の研究史を振り返ってみると，社会政策全体をバランスよく取り扱うテキストは少なくなってしまった。そうしたテキストが少ないというのは，学問的状況それ自体に勢いがみられないということにも通じてしまいかねない。しかしながら，日本をはじめ国際的に社会政策への新しいニーズが激増しており，むしろ実践面で多々先行する状況が形成されてきているのが現実である。それにともなって，テキスト的な文献の刊行が以前にも増して目立つようになってきた。そうしたなかで，本書は一歩高い水準から日本の社会政策を歴史的体系的に分析し，類書の枠組みを打ち破るというねらいを秘めている。

　その意味で，本書は研究者はもちろんのこと，あえていえば大学院生あたりのレベルを念頭においているといえるが，他方で叙述をできるだけ平易にして学部学生，社会人等でも十分消化・吸収できるような工夫が凝らされている。したがって，かなり幅広い読者層に最新のまとまった成果を提供することができるだろう。本書のなかで，Ⅰは雇用・労働に焦点をあてた構成をとっているが，Ⅱの社会保障関係との連関を十分に意識しての内容となっている。また逆に，Ⅱ自体もⅠとの有機的な結びつきを視野に入れ，たんなる個別分野の論述ではない体裁となっている。編者のうち，久本がⅠを担当した。他方，Ⅱはもう一人の編者である玉井が担当する体制をとった。しかしながら，企画段階から編者間での話し合いが何度も行われており，その意味でⅠ・Ⅱとも2名の共同編集責任となっている。

　最後になるが，今回の刊行にさいしては実に多くの方々に参加していただいた。とくに，執筆者は現在わが国で当分野を代表する気鋭ばかりである。もっとも，こうした本書の企画，出版については法律文化社の田靡純子氏の多大なご尽力がなければ不可能であった。田靡氏には心からお礼申し上げたい。また，同じく法律文化社の浜上知子氏も編集に際して絶大なる協力を惜しまれな

かった。あわせてお礼を申し上げたい。

　2008年3月

玉井 金五・久本 憲夫

目　次

はしがき

序　章　社会政策の現在 ——————————————————— 1
　　はじめに——社会政策の普遍化　1
　　1　公正な「雇用関係」と「相互扶助」　3
　　2　格差問題の変質　4
　　3　「相互扶助」システムの変化　少子高齢化の衝撃　8
　　4　本書の構成　9

第1章　雇用政策 ——————————————————————— 15
　　はじめに　15
　　1　雇用政策の歴史　16
　　2　雇用保険支出からみた雇用政策　25
　　3　これからの雇用政策　28

第2章　雇用形態の多様化 ————————————————— 31
　　はじめに——非正社員化の進展　31
　　1　非正社員の増加と多様化　31
　　2　非正社員化の背景　37
　　3　正社員とパート労働者の賃金格差　40
　　4　パート労働者の地位向上　45
　　おわりに　47

第3章　長期安定雇用 ——————————————————— 51
　　はじめに　51
　　1　第二次大戦前の状況——頻繁な労働移動　53
　　2　労働組合の解雇反対闘争　55
　　3　オイルショック後（1970年代後半）　60

v

4　国際比較　66
　　5　最近の動向　69

## 第4章　賃金処遇制度 ─────────────── 81
　はじめに　81
　　1　第二次大戦後の変化　82
　　2　賃金処遇制度の合理化　85
　　3　高齢化，高学歴化と賃金処遇制度　94
　　4　「成果主義」　97

## 第5章　査定と昇進 ─────────────── 105
　はじめに　105
　　1　人事管理制度としての査定制度と昇進　106
　　2　査定制度の歴史的分析　112
　　3　査定制度をめぐる新たな問題　117

## 第6章　労働時間 ─────────────── 125
　はじめに　125
　　1　第二次大戦後から高度経済成長期　126
　　2　オイルショック以降　128
　　3　労働時間管理をめぐる新たな問題　136

## 第7章　職場における男女平等 ─────────── 143
　はじめに　143
　　1　男女間賃金格差の分析　144
　　2　ポジティブ・アクションの効果　151
　おわりに　160

## 第8章　企業内教育訓練 ─────────────── 163
　はじめに　163
　　1　第二次大戦後の経緯　164
　　2　近年の動向とこれからの課題　178

目　次

## 第9章　能力開発政策 —————————————— 195
はじめに　195
1　第二次大戦後の経緯　197
2　近年の動向　211
3　これからの課題　218

## 第10章　労働運動 —————————————— 225
はじめに——労働運動と社会政策　225
1　労働運動の政策志向の類型化　226
2　戦後民主改革のもとでの労働運動　231
3　企業別組合を超える運動の模索　238
4　高度経済成長下の労働運動の展開　246
5　低成長期の労働運動と労働戦線統一　251
6　1990年代以降の労働運動の展開
　　——運動の後退と新たな活路の模索　260
おわりに——労働運動の展望　272

## 第11章　最低賃金 —————————————— 277
はじめに　277
1　最低賃金制の歴史　278
2　特定最低賃金（産業別最低賃金）　280
3　地域別最低賃金　285
おわりに　295

索　引

社会政策Ⅱ　少子高齢化と社会政策

第1章　少子高齢化　　　　　　　　　第6章　最低生活保障と公的扶助
第2章　財政・税制　　　　　　　　　第7章　家計からみた経済社会の変
第3章　公的年金　　　　　　　　　　　　　動と生活
第4章　医療保障制度の現状と課題　　終　章　社会政策をとりまく諸問題
第5章　介護保障

―――― 執筆者紹介[執筆順] ――――

① 所属　② 専門　③ 主要著書・論文

**久 本 憲 夫**（ひさもと　のりお）【編者】序章，第1章
＊編者紹介(奥付)参照

**冨 田 安 信**（とみた　やすのぶ）第2章，第7章
①同志社大学社会学部教授
②労働経済学
③『職場のキャリアウーマン』（共編）東洋経済新報社，1988年
　『大卒女性の働き方』（共編）日本労働研究機構，2001年

**土 屋 直 樹**（つちや　なおき）第3章，第4章
①武蔵大学経済学部准教授
②人事管理論，労使関係論
③「構造改革下の運輸業における雇用管理―トラック運送業の事例」仁田道夫編『労使関係
　　の新世紀』日本労働研究機構，2002年
　「従業員意識の変化」久本憲夫・電機総研編『企業が割れる！電機産業に何がおこったか
　　―事業再編と労使関係』日本評論社，2005年

**岡田真理子**（おかだ　まりこ）第5章，第6章
①和歌山大学経済学部准教授
②労働問題
③「国家公務員の勤務評定制度」社会政策学会編『社会政策における国家と地域』社会政策
　　学会誌3号，2000年
　『教育行政と労使関係』（共著）エイデル出版，2001年

**熊 沢　　透**（くまざわ　とおる）第8章，第9章
①福島大学経済経営学類准教授
②労働問題，社会政策
③「技能養成制度」佐口和郎・橋元秀一編『人事労務管理の歴史分析』ミネルヴァ書房，
　　2003年
　「わが国の労働保険制度の現状と課題」阿部裕二編『臨床に必要な社会保障』弘文堂，
　　2006年

**鈴木　玲**（すずき　あきら）　第10章
①法政大学大原社会問題研究所教授
②労働社会学，労使関係論，社会運動論
③「労働組合再活性化戦略の研究サーベイ－制度と戦略の相互関係と３つの再活性化戦略の検討」『大原社会問題研究所雑誌』No.548, 2004年
　「産別組織の組織拡大戦略－その制度的文脈と媒介要因」鈴木玲・早川征一郎編著『労働組合の組織拡大戦略』御茶の水書房，2006年
　「地域労働運動の日米比較－地方労働評議会と地区労・地区連合会の事例に基づいて」『国府台経済研究』第18巻第３号，千葉商科大学経済研究所，2007年

**吉村　臨兵**（よしむら　りんぺい）　第11章
①福井県立大学看護福祉学部教授
②社会政策，労働市場
③「公共サービス分野における労働環境の間接的規制」『社会政策研究』第６号，東信堂，2006年
　「貧困線と公的扶助」玉井金五・大森真紀編著『三訂　社会政策を学ぶ人のために』世界思想社，2007年
　「偽装請負と三者間契約関係」『季刊　労働法』第217号，2007年

序　章

# 社会政策の現在

## はじめに——社会政策の普遍化

　現代社会では，ほとんどの人々は生活を維持するために，雇用労働者として働いている。**図表序-1**はわが国の就業者の構成をみたものである。雇用労働者が拡大し続けている。自営業者も労働者を雇用せず，事実上労働者として働く人も多い。もちろん，労働者を雇用する自営業者や経営者もいるが，こうした人々は，「労働者」というよりも「経営者」であり，行政がその個人の生活のためにする施策はほとんどない。あるのは，「自営業対策」や「中小企業対策」である（現実には，これらは生活維持のためにとられることがある）。実際には，「自営業者」や「経営者／役員」と「労働者」を往復する人々は少なくない。廃業した「自営業者」や失業した「経営者」は，もはや「自営業者」や「経営者」ではない。脱サラして起業すれば，「労働者」は「自営業者」や「経営者」になるし，事業に失敗すれば，「労働者」になることも日常である。

　社会政策は，主として雇用関係に焦点をあてる。それは，生活を維持する人々にとって，圧倒的な比重を占める働き方であるからであり，自営業者や経営者とは働き方が本質的に異なるからである。しかし，社会政策は自営業者や経営者を全面的に排除するわけではないし，所得の再配分という意味では，全国民がその対象となる。雇用関係をベースとする「収入の獲得」と所得の再配分による人々の生活の維持を統一的なシステムとして理解するのが「社会政策論」なのである。社会的な紛争を未然に防止し，人々の生活（Welfare）をいかに向上させていくのか，そのために障害となっているものは何なのか。社会政

図表序-1　日本の就業者構成

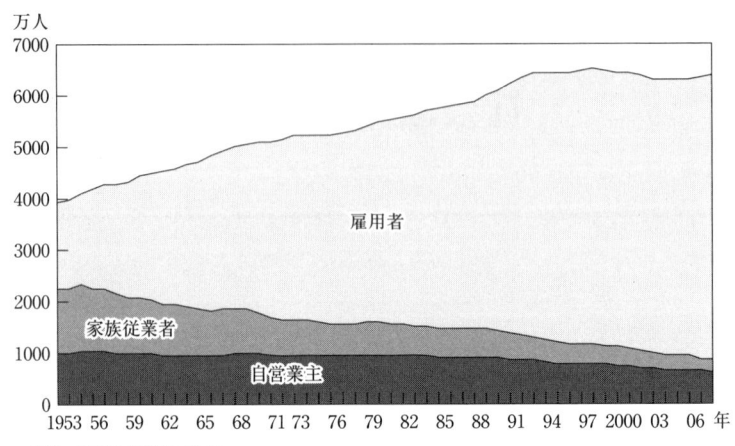

万人　　　　　　　　　　　　　　　　　　　　　　　　　　
雇用者
家族従業者
自営業主

1953 56 59 62 65 68 71 73 76 79 82 85 88 91 94 97 2000 03 06 年

出所：総務省「労働力調査」

策の目的は，社会をいかによりよく統合していくのかである。

　以上のような社会政策の目的にそって編集した本書『社会政策』Ⅰ・Ⅱであるが，主として「収入の獲得」システムについて論じるのが［Ⅰ］であり，人々の生活の維持のための「所得の再配分」システムについて論じるのが［Ⅱ］の役割である。とはいえ，両者は，別個に存在するのではない。

　たとえば，公的医療保険制度を考えてみよう。社会保障の根幹の1つをなすこの制度は，就業関係や雇用関係によって細かく分立している。人々がどの「収入獲得」システムにいるかによって，本人あるいはその家族がどの医療保険制度のもとにあるかが決定されてしまう。大企業に働く人々とその家族は，多くの場合，企業（グループ）ごとの健康保険組合に加入している。一定の基準はなるほど統一に定められているが，保険料率や給付内容のばらつきは小さくない。

　中小企業で働く人々とその家族は，国が保険者である政府管掌健康保険制度に基づいて，統一的な保険料率を負担し，統一的な給付を受け取る。組合健康保険に比べて，所得水準が平均すれば低いために，これに対しては，税金がかなり投入されるが，組合健康保険にはほとんど税金は投入されない。直近の状

況では，組合健康保険から政府管掌健康保険への財政支援が取りざたされている。これは，雇用関係の種類をベースとした社会保険の正当性に問題を投げかけている。組合健康保険は，大企業においては企業ないし企業グループ別のシステムであり，これに対して中小企業では，政府が保険者として，まさしく社会保険的な性格を強くもっている。所得が高くなるにつれて，病気にかかる率が上がるという関係にはないだけに（むしろ逆かもしれない），健康保険の一本化にはまだ時間がかかるであろう。また，自営業者を対象とする国民健康保険制度が大きな財政的な問題を抱えていることは周知のことである。

他方，公的年金では，国民基礎年金は被用者の場合には源泉徴収されるが，自営業者は自主的な納付となっている。厚生年金は報酬比例方式をとる。厚生年金は企業横断的な制度であり，企業を変わってもその権利に変化はない。

さらに公務員や私学の教職員は，それぞれ国家公務員共済，地方公務員共済，私学共済など，年金と一緒になった制度のもとで，保険料を負担し給付を受ける。社会政策の普遍化にもかかわらず，社会保険制度の普遍化はまだプロセスの途上にある。

## 1 公正な「雇用関係」と「相互扶助」

社会を統合するためには，労働市場や社会保障のシステムが必要である。市場経済が自動的に「公正」を実現するシステムではないからである。市場経済は企業にとって「公正なルール」のもとに運営されなければならないが，その結果が，人々にとっていつも公正であるとは限らない。たとえばスポーツの場合，公正なルールのもとに勝利をめぐる競争をする。勝者と敗者は明確である。公正なルールのもとに行われる限り，それに異議をさしはさむことはない。

しかし，市場経済の結果，敗者である企業が倒産することはあるとしても，そこで働く人々が飢えてもよいということにはならない。労働市場には一般の製品市場とは異なるルールが必要なのである。成文法でいえば，商法や会社法ではなく，労働法の世界である。もちろん，社会政策論は法律を直接の対象と

するのではない。雇用関係が経済活動のためにあるものである以上，経済合理的でないルールはやがて消え去ってしまう。中心的なルールを作るのは企業と労働者たちの日々の営みである。集団的な当事者としては，経営者や経営者団体や労働組合，行政などがある。雇用関係の実態ルールは多様であり，時代とともに変化している。雇用関係を公正なものにすることが社会政策の大きな目標の1つである。

　雇用関係における公正さと並んで重要なのが，所得の再配分における公正な「相互扶助」システムである。社会政策は伝統的に公正な「雇用関係」と「相互扶助」に重点をおいてきた。まず，前者について考えてみよう。

## 2　格差問題の変質

　格差は遍在する。格差のない社会は死んだ社会である。しかし，格差には社会的に望ましい格差や容認できる格差と，社会的に容認すべきではない，不当な格差が存在している。どのような格差が社会的に容認でき，どのような格差が容認すべきではないのか，一般的に論じることは容易ではない。それは個々人の価値判断・状況判断に大いに左右されるからである。ただ，社会はその時代によって，焦点となる格差が存在している。

　たとえば，かつてほどあまり大きな社会問題とされていないものに，学歴間格差の問題がある。中卒と高卒の賃金格差の問題は高等学校に進めない子どもたちの減少にともなって，大きな問題とは意識されなくなった。生活保護の基準が示すように，子どもを高等学校まで進学させることは，国民生活の最低基準として認知されている。高校と大学間の賃金格差も，大学全入時代の到来とともに，もはやかつてほどの深刻さをもって論じられていない。学歴よりも学校歴が格差を生み出すものとして批判されることがある程度である。

　企業規模間格差もまた，伝統的な格差問題の対象である。大企業の労働者は恵まれているのであり，中小企業の労働者は恵まれていないという議論である。近年，この議論は拡散しているように思われる。たとえば，規模間格差以外に，業界間格差，あるいは同一業界でも，優良企業とそうでない企業の間の

格差，さらにいえば，企業は「選択と集中」政策のなかで，コア部門とノンコア部門の格差など，格差は多次元化あるいは拡散している。

　格差の原因はたくさんある。というよりも，格差は遍在するから，格差を平準化させる仕組みを考えるほうがよい。平準化作用の1つに「労働市場の均一化」がある。たとえば，春闘は賃上げ水準の平準化を1つの目的としている。一般的にいえば，労働市場の規制緩和も均一化につながる。ただ，これが不安定雇用の拡大となるのであれば，単純に望ましいとはいいがたい。能力開発上の副作用も強い。

　社会には，多種多様な労働市場が存在している。たとえば，勤務医の労働市場と看護師の労働市場は同一ではない。しかし，同一の職場で働く者として，納得できる格差がどのようなものであるかをめぐる「せめぎあい」がある。技術者の労働市場も分野によって大差がある。職種型の内部労働市場は，日本では比較的弱い。企業型の内部労働市場においては，企業内格差が問題となるが，企業間では企業業績の優劣が賃金水準や雇用の安定度に反映する。

　企業間の優劣は市場経済社会にとっては日常であり，また不可避である。これを労働市場の問題としたときに，優劣が労働者の生活を過度に不安定化させない仕組みを組み立てていく必要がある。

### （1）性別格差

　性別賃金格差は，長く議論されているテーマである。政策的には，男女雇用平等に対して異論はない。しかし，現実には男女間で一定の格差がある。従来は，男性は恵まれており，女性は不当に差別されてきたという認識が強かったし，裁判例をみても近年昇進差別をめぐる裁判で，それを指摘する例が増えている。これは，日本企業の人事労務管理が従来から性別雇用管理をしてきたことへの反省を迫るものとなっている。かつて多くの日本企業は，補助的な業務に女性正社員を配置していた。こうした女性正社員は定年までの長期勤続を予定されておらず，結婚あるいは出産によって退職することが社会的なルールとされ，仮に結婚をしなくても一定年齢で退職するのが当然とみなされてきた。こうした企業の性別雇用管理は現在では，明確に違法であり，もはや社会的な

ルールとして容認されなくなっている。しかし，こうした状況で問題が解決したわけではない。

　それは，新たな問題を引き起こすことになった。さしあたりは，「コース別人事管理」への転換である。「総合職（全国／全世界転勤・コア人材）」と「一般職（転勤なし・補助業務人材）」への区分である。しかし，総合職女性の男性並みの働きは，男性正社員のしんどさを女性に認識させることとなった。他方，一般職は圧倒的な多数が女性によって占められることとなった。現在では「一般職」を女性に限定することは違法となった。

　立法による締めつけが厳しくなればなるほど，企業は人件費と効率を考えて新たな対応をとることになる。1つは，有期雇用の契約社員やパートタイマー，さらには派遣や業務請負の活用である。かつて女性正社員として補助業務をこなしていた人々は，「非正社員」として有期で働くか，派遣や業務請負として「間接雇用」されるというかたちになってきている。偽装でない限り，法的には問題ない。企業は，労働法での規制が強まれば強まるほど，雇用関係を避け，商取引関係で対応するようになる。フリーランスと呼ばれる人々に労働法制は及ばない。そこには，規制の限界が存在している。性別格差の問題はそれだけで完結するわけではない。

### （2）正社員と非正社員の格差

　社会政策は，雇用関係における格差を従来から分析してきた。古くは，ホワイトカラーとブルーカラーの格差，良質の雇用である第一次労働市場と周辺的な第二次労働市場の分断とその格差である。同一企業内における工職身分格差は，ある意味極端な職種別格差の1つのあり方であるといってもよい。工職身分格差は，第二次大戦後，世界的にみて極端に縮小した。それには当時の社会状況と労働運動の役割が大きかったといえるだろう。日本の労働運動における偉大な成果である。しかし，こうした企業内の「正社員」における格差の縮小は，正社員と非正社員との格差をより明確にしていく。たとえば，臨時工と本工（正社員ブルーカラー）との格差やパートタイマーとフルタイマーの格差である。近年では，ホワイトカラーでは，有期雇用は「契約社員」という名称で呼

ばれることになっている。長期アルバイトの雇用区分は「スタッフ」「アソシエイト」「パートナー」などカタカナ用語で呼ばれることが多くなっている。研究者にとって頭が痛いことに，雇用区分と名称が一致しなくなっているのである。

　さらにいえば，正規雇用は以下の諸章が示すように，一筋縄にはいかない。現実の雇用関係をみれば明らかなように，「正規雇用」という言葉で一般にイメージされる雇用形態で働く人々は主として大企業で働く人々である。ところが，中小企業で働く正社員のほうが人数ははるかに多い。それだけではない。近年「雇用形態の多様化」がいわれているが，多様な雇用形態はもとから存在している。法的には自営業だが，実態的には雇用関係にあるとみたほうがよい人々は従来から少なくない。

### （3）直接雇用と間接雇用の格差

　間接雇用は以前から存在している。アウトソーシングとは，従来社内で行っていた業務の外部委託化であり，それ自体はふつうの経営判断に基づくものである。より効率的な企業運営のために，分業に基づく協業を行うことにすぎない。

　ところが，直接雇用と間接雇用の格差がしばしば1つの格差問題として取り上げられることがある。それは，この間の間接雇用（派遣労働者や業務請負）の増加が，人件費の削減と長期安定雇用層の絞込みという雇用状況の悪化の結果として起こっている場合が少なくないからである。短期的にみた場合，同じ仕事・責任をより低賃金・低雇用保障の人々でできるのであれば，何も相対的に高賃金の正社員にやってもらう必要はない。しかし，正社員の賃金水準をドラスティックに下げると，人々の生活不安を増加させ，職場のモラル低下を引き起こす。また，正社員の雇用関係が長期的な関係であるとすれば，一方的な労働条件の引き下げは不当である。正社員の処遇を急激に下げられないために，低賃金・低雇用保障の間接雇用を使うということは，直接雇用者と間接雇用者の格差を容認するということである。派遣労働者や請負労働者たちが自らの処遇の低さを問題視するのは，当然である。問題は，こうした間接雇用の活

用を，はたして「公正な」雇用関係ルールと呼んでよいのかどうかという点にある。

### (4) 正社員の働き方

近年の新しい点は，正社員の働き方そのものが問題視され始めたことである。従来，正社員の働き方は恵まれたものと理解されてきたし，とくに男性正社員は「格差」の比較対象とされてきた。ところが，近年では正社員の長時間労働や頻繁な転勤などが問題視されている。なるほど，一定の賃金水準と安定した雇用保障があるとしても，精神的にも肉体的にも追い詰められているのではないかという批判である。正社員数が減少することによって仕事の責任が正社員にいわば濃縮されたかたちで負わされているという批判である。これは，処遇において差別されているという視点では理解できない問題を私たちに投げかけている。

## 3　「相互扶助」システムの変化——少子高齢化の衝撃

相互扶助とは「助け合い」である。助け合いは，地域での助け合いや家族・親族による助け合い，自立的な結社による助け合い（共済など）など多様である。

相互扶助を国家レベルで行うのが各種の社会保険である。同業者組合が組合員ならびにその従業員に対して行うものも，組合員間の「相互扶助」と呼んでよいだろう。これに対して，企業内福利は従業員のために経営者が行うものであり，相互扶助とは呼びにくい。ただ，従業員を対象とする場合，それは社会保険的色彩をもち，現実にはその境界的な制度が多くある。たとえば健康保険組合の多くは大企業あるいは大企業グループごとに形成されており，一定の自律性をもつが，それでも健康保険制度の中核として国家による強い規制が働いている。年金制度の場合はもっと複雑であり，ほとんど独自性をもたない「国民基礎年金」と「厚生年金」，かなりの独自性を認められている「厚生年金基金」や「確定拠出型年金」，さらには退職金制度などがある。

公的医療保険制度は高齢化により，危機に瀕している。制度が成立した当初は現役労働者とその家族の病気というリスクへの対応であったが，現在では現役世代のそれよりもはるかに70歳代以上の医療費負担に苦しんでいる。

また，公的年金も同様である。国民基礎年金にせよ，厚生年金にせよ，高齢化で，財源を負担する現役世代よりも給付を受ける高齢者の数が増えることによって，深刻な財政問題となりつつある。

さらにいえば，最後のセーフティ・ネットといわれる生活保護でさえ，受給者の多くが高齢者世帯であり，まさしく生活保護の財源の多くは高齢者のために使われているし，今後さらにその傾向が強まると予想される（国民基礎年金の税方式化ができないとすれば）。

このように，「助け合い」の基本線は，現役世代の所得の一定の再配分機能を維持しつつも，現役世代間から，現役世代から高齢者世代への再配分へと転化しているのである。その結果，現在ではやや改善されてきたとはいえ，貧しい現役世代から豊かな高齢者世代への所得移転さえまだ存在している。この点は，「助け合い」構造の変更を必要としているように思われる。

## 4　本書の構成

社会政策の根幹にあるのは雇用関係である。所得の再配分の前に，所得の獲得・配分という仕組みが存在する。所得の獲得・配分における問題は多い。［Ⅰ］ではこのテーマを取り扱う。すぐに浮かぶ問題だけでも，たとえば「男女共同参画」，「長時間労働」，「ワーク・ライフ・バランス」「ワーキング・プア」など，数多くある。流行語ともなった「格差社会」のひとつの大きなベースは，まさしく雇用関係における諸問題である。こうした諸問題を私たちはどのように理解すべきであろうか。事実の正確な理解なしにこうした難問に対処することはできない。

［Ⅰ］の第1章と第2章で雇用問題の大枠について説明する。まず，最大の問題のひとつは失業である。当然のことながら，失業していては生活が成り立たない。ワーク・ライフ・バランス論の前提となる問題である。失業に対処す

るための雇用政策とはどのようなものであったのか，また現在どのようなものとして展開しているのかについて，私たちは理解しなければならない。もちろん，雇用が実際に発生するのは企業においてである。国家や行政が積極的な主体として直接的な雇用（失業対策事業）を行うことを，日本の行政は避けるようになった。それは，景気が回復した後に迅速にやめることがむずかしかったからである。とはいえ，2000年代前半には，こうした臨時雇用は都道府県レベルでかなり取り組まれた。ただ，それは一時的・緊急避難的なものであることを強く意識したものであった。第1章では，このテーマを概観する。

　雇用の問題を考える場合，現在注目を浴びているのが雇用形態の多様化である。昔から雇用形態は多様であった。高度経済成長期には社外工や臨時工の問題が取り上げられてきた。近年では，パートタイマーや有期契約の契約社員，派遣労働者など，多様な雇用形態で働く人々が増えている。この状況を扱うのが第2章である。

　以上を踏まえ，第3章から第6章にかけて，主として「正社員」という働き方に焦点をあわせたテーマを扱う。第3章では，日本的雇用慣行としてしばしば取り上げられてきた「長期安定雇用」の意味と近年の変化について検討する。そこで明らかになるのは，「長期安定雇用」の特徴は，勤労者が1つの企業（あるいは企業グループ）に定着して仕事を続けるという点と，企業がいわゆる正社員の雇用の維持を重視し，不況期にもできるだけ解雇などの人員整理を行わないようにつとめるという点にあるということである。

　続く第4章は，日本的雇用慣行のもうひとつのあり方として「賃金処遇制度」を扱う。これは，第3章のテーマがいわゆる「終身雇用」の現実を明らかにしたのと同様に，「年功的処遇」制度の現実について考察をしたものである。第5章は第4章の賃金処遇制度と密接に関係する「査定と昇進」に関する章である。年功的な処遇とは決して，年齢や勤続で自動的に昇進・昇給が決まるものではない。長期的な競争システムとしての日本企業の査定・昇進システムについて論じ，近年盛んにいわれてきた「成果主義」の意味を考える。

　「正社員」という働き方は，安定した雇用とそれなりの賃金水準という意味では，労働者にとって望ましい働き方であるが，長時間労働という問題も同時

にはらんでいる。この問題を扱うのが第6章である。もちろん、すべての労働者の労働時間が長いわけではない。短時間パートタイマーも多い。さらに労働基準法の改正によって週40時間が「最長」労働時間とされた。これによって、全体としてみれば、労働者1人あたりの労働時間は短くなっている。しかし、それは、わが国で労働の長時間化が問題でなくなったということを意味するわけではない。成果主義化の進展によって、正社員では残業が一般化しただけでなく、長時間化が進んでいる。過労死や過労自殺の問題が解決しているわけではない。ワーク・ライフ・バランスがいわれながらも、現実には、正社員への「成果主義」圧力が高まり、時間的・精神的負荷を強めている。

こうした正社員の働き方の問題を踏まえつつ、政策的には男女雇用平等の動きが近年進んでいる。男女共同参画社会の実現のために各種の施策がとられている。その現状と企業での実践、その困難さなどを扱うのが、第7章の課題である。

第8章と第9章では職業能力開発を扱う。労働市場において、労働者が企業と雇用契約を結び、雇用関係を継続させる場合、労働者が販売できるのは自己の職業能力である。職業能力の開発は、労働者個人にとっても、それを活用する企業にとっても、さらにいえば、日本の経済力の基盤という意味で社会や国家にとってもきわめて重要なことがらである。職業能力開発は、学校教育だけで十分なのではない。むしろ、労働者としての日常的な仕事経験によるOJT (On the Job Training) やそれを補完するOff-JT (Off the Job Training) が重要である。日本企業や行政はどのような職業能力開発政策を展開しているのであろうか。こうした職業能力開発をテーマとするのが、これらの章である。

以上で、現代の企業社会における問題の検討を一応終える。だが、[I] はそれでは終わらない。それは、現代の企業社会がなぜ現代のようなかたちをとったのかという基本的な問題に必ずしも十分に答えているとはいえないからである。そのために、長い第10章をおいた。日本の労使関係の歴史を知ることが社会政策を理解するうえで不可欠である。近年では、とくにこの点の知識が希薄化しているだけに、読者はじっくりとこの章を味わっていただきたい。

また最後に、雇用水準のセーフティ・ネットとして、近年とみに注目を浴び

ている最低賃金の章をおいた。この問題は現在，変化の途上にあるが，その歴史を知ることの重要性は論をまたない。

一方，[Ⅱ]では，「相互扶助」を正面から取り上げる。とくに高齢化，少子化が急速に進展する日本の社会保障に焦点をあてる。まず，第1章では少子高齢化の状況を把握したうえで，いったいそれが社会経済的にどのようなインパクトを及ぼすのかについて多面的に分析する。それに引き続いて第2章では，財政・税制の項目を起こして，これまでのわが国における福祉財政の流れを追究し，社会保障関係において実際どの程度の関わりを有してきたのかを検証する。この2つの章が，いわば[Ⅱ]の土台部分をなす。

それらを前提にして，社会保障の各論が展開する。第3章は年金である。日本の年金は戦前からの歴史を有しており，それらの制度的蓄積のうえに現在の体系が構築されている。改革論議においては，往々にして視野の狭い短絡的な議論が生じがちである。しかし，本章が物語るように，それまでの積み重ねがその後の改革をいかに規定していくかということに対して，もっと眼を向けるべきである。一方，第4章は医療である。これまで社会保障といえば，先の年金とこの医療が中心部分をなしてきた。これは，今日においても何ら変わることがない。その医療であるが，近年の改革はこれまでの経過からすると注目すべきものであり，その実態に迫っておく必要がある。しかし，医療改革も年金のそれと同じように，それまでの制度的蓄積には無視できぬものがある。第4章でも，戦前からの系譜を追うかたちで，今日的状況を鮮明にする手法をとる。

第5章は介護である。歴史的にみれば，社会保障の新しい分野である。しかるに，問題領域の深さからして，現在きわめてホットなイシューとなっているのは周知のとおりである。第5章が明らかにするように，わが国では高度経済成長期からさまざまな取り組みが開始されている。介護というと，とかく制度発足前後期だけが注視されるだけに，第5章は視野を広げてこれまでの経緯を捉えることの重要性を訴えている。他方，第6章は生活保護である。先の介護とともに非常に強い関心が寄せられている分野である。生活保護受給者の急増という現象だけでなく，最低賃金や年金との水準比較の問題も絡んで，生活保

護の原理，原則に関わる課題が提起されつつある。第6章は豊富なデータ分析を駆使することによって，現在の生活保護をめぐる問題状況の深層を照射するとともに，いかなる改革が必要であるかについても言及する。

　第7章は，家計を取り扱う。かつて家計分析は社会政策の重要なテーマであったが，いつの間にか関連する成果が少なくなってしまった。しかるに，近年における格差や貧困問題の激化とともに再度家計分析に大きな期待が寄せられている。第7章では，戦後の経済と家計がどのような接点を切り結んできたかについて追究し，家計のもつ奥の深さといったものに立ち入る。そのうえで，新しい家計研究の現時点を描き出す。最後の終章では，［Ⅰ］［Ⅱ］で取り上げられた社会政策的課題について，日本の社会政策史に位置づける作業だけでなく，その日本的特質とは何かを問う。それを東アジアの社会政策比較という座標軸のなかにおくと，どのように映るのかについても論及する。総じていえることは，21世紀が，雇用・労働，社会保障，生活・家計等の領域においてアジア社会政策の幕開けの時代となるのではないだろうか，ということである。

(久本憲夫)

第 1 章

# 雇 用 政 策

## はじめに

　本章では，以下の各章のテーマを貫く雇用政策の概観を行う。何が雇用政策であり，何が雇用政策でないかを確定することは困難である。失業に対する政策が雇用政策であることは間違いない。しかし，それ以外に雇用政策がないのかといえば，そうではない。とくに，現代福祉国家では「完全雇用」が国家目標のひとつであり，これを実現するために多種多様な政策が必要される。質的な雇用を考えれば，男女雇用機会均等政策や労働時間政策，失業の予防という観点では能力開発政策なども重要である。わが国の雇用政策を振り返ることによって，以下の章で展開される具体的な雇用のテーマの位置づけも明らかになるであろう。

　雇用政策は，現在では単なる失業対策にとどまらず多面的になっている。その種類を挙げると次のようになるだろう。まず，①全般的な失業者対策がある。これには失業給付による失業者の生活維持と失業対策事業による失業者の吸収とに分けられる。現在では国や地方自治体が直接雇用することはほとんどなく，緊急雇用対策としては臨時の委託事業が行われる。次に，失業を未然に防ぐ②雇用維持政策がある。これは特定の不況業種やそれが集中立地する地域を対象としたり，高年齢者など特定の年齢層を対象としたり，さらには，育児や介護のためにキャリアを中断しないですむように設けられる。また，③雇用平等政策がある。これには男女雇用機会平等や雇用形態多様化を背景としたパートタイマーなど非正社員と正社員の均等問題や，派遣労働や請負など間接

雇用の問題などを含む。最後に④能力開発政策がある。これは②と深いつながりがある。人材開発は単に失業防止というだけでなく，戦略的な人材開発は日本経済の今後にとっても決定的であり，その意味は大きい。

## 1　雇用政策の歴史

ここでは，ごく簡単に戦後日本の雇用政策の流れについて説明することで，第2章以下で具体的なテーマの理解を深めることにしよう。以下の各章と政策的な議論の関係を意識してもらうためである。**図表1-1**を参照してほしい。雇用政策の変化をどのように区分するかは容易ではないが，一応，次のように分けることができるだろう。

### （1）緊急失業対策期

1945-55年頃は総じて，戦後の戦場からの大量の引揚者や戦争未亡人などの雇用をいかに確保し，失業者の発生をいかに減らすかが雇用政策の中心課題であった。立法的には，1947（昭和22）年には労働基準法以外にも，職業紹介の仕組みをつくった職業安定法，失業保険制度の創設を意味した失業保険法，労働者災害補償保険法など現在の雇用政策の大枠が定められた。また緊急対策としては，緊急失業対策法が1949（昭和24）年に制定され，失業対策事業および公共事業へ失業者を吸収する措置がとられた。このうち，職業安定法は，職業紹介の国家独占によって，職業紹介におけるピンはねや人身売買的な行為を廃絶しようとしたものである。また失業保険法は，失業手当によって失業者の一時的な生活困窮に対応しようとしたものであり，緊急失業対策法は，1949年のドッジライン（経済緊縮政策）による大量失業者への対応として生まれたものである。

なお，新規学卒者の就職をいかにスムーズに進めるかも重要な課題であった。これについては，中学や高校の卒業生に対する学校と職業安定所の連携による職業紹介システムが整備されるのがこの時期である[1]。学校経由の就職がつくられたという意味では非常に大きな出来事であった。

## 図表1-1　雇用政策の展開

| 時　期 | 雇　用　政　策 |
|---|---|
| 緊急失業対策期<br>(1945-55年) | ○公正な競争の確保と労働条件の低下の抑制<br>・労働基準法（1947年，労働基準の設定，監督体制の設置）<br>・労働者災害補償保険法（1947年，労災保険制度の創設）<br>○雇用の安定，公共事業による直接的な雇用創出・失業者の吸収<br>・失業保険法（1947年，失業保険制度の創設）<br>・緊急失業対策法（1949年，失業対策事業への失業者の吸収） |
| 労働力移動促進期<br>(1955-65年) | ○技術革新への対応…職業訓練法（1958年，技能労働者の育成確保）<br>○産業間・地域間移動支援…広域的な職業紹介業務を支える労働市場センターの設置（1965年） |
| 積極的雇用政策への移行期・オイルショック対応期<br>(1965-80年) | ○長期的な視野に立った総合的雇用対策<br>・雇用対策法（1966年，職業の安定，完全雇用の達成を目標）<br>・第1次雇用対策基本計画（1967年）<br>○失業の予防に重点をおいた雇用対策…雇用保険法の創設・改正（1974年）<br>（1974年）失業の予防，雇用構造の改善，労働者の能力開発・向上，労働者の福祉増進をはかるための，雇用保険三事業の創設<br>（1977年）失業の発生を未然に防止し，職業転換を促進するため，雇用安定事業および「雇用安定資金」を新設 |
| 多面的雇用政策の開花期<br>(1980-91年) | ○産業構造の転換に対応した労働者の職業能力開発<br>・職業能力開発促進法（1985年，生涯を通じた職業能力開発のための制度の整備・充実）<br>○就業形態の多様化等への対応<br>・労働者派遣法（1985年，「労働者派遣」という新たな就業形態を制度化）<br>・男女雇用機会均等法（1985年，募集，採用，配置，昇進における男女の均等取り扱いの努力義務化，定年，退職，解雇等の差別禁止）<br>・労働基準法改正（1987年，週40時間労働制を目標に法定労働時間を段階的に短縮，労働時間規制の弾力化）<br>・雇用保険法改正（1989年，パートタイム労働者に対する雇用保険制度の適用拡大等）<br>○少子高齢化への対応<br>・高年齢者等雇用安定法（1986年，90年法改正，60歳定年の努力義務化　法改正，65歳までの再雇用の努力義務化）<br>・育児休業法（1991年，育児休業制度を創設）<br>○人手不足への対応<br>・中小企業労働力確保法（1991年，中小企業の人材確保支援） |
| 多面的雇用政策の進展期<br>(1992年-現在) | ○緊急雇用対策の実施<br>・「雇用支援トータルプログラム」（1993年，雇用維持支援の強化，離職者の再就職促進，雇用機会開発）<br>・「新総合的雇用対策」（1995年，新たな失業の発生の防止等） |

| | |
|---|---|
| 多面的雇用政策の進展期(1992年-現在) | ・「雇用活性化総合プラン」(1998年, 100万人規模の雇用の創出・安定)<br>・「緊急雇用対策」(1999年, 新規成長分野の雇用創出, 国・地方による臨時応急の雇用創出による70万人規模の雇用増大)<br>・「総合雇用対策」(2001年, 雇用の受け皿整備, 雇用のミスマッチの解消, セーフティ・ネットの整備)<br>・「改革加速のための総合対応策」・「改革加速プログラム」(2002年, 不良債権処理の加速への対応, 雇用のセーフティ・ネットの構築)<br>○構造改革に対応した雇用創出, セーフティ・ネットの整備<br>・第9次雇用対策基本計画(1999年, 経済・産業構造の転換に対応した雇用の創出・安定, 人材育成)<br>・雇用保険法改正<br>　2000年, 中高年齢者への給付の重点化,<br>　2003年, 給付の重点化, 制度の安定的運用の確保<br>○就業形態の多様化等への対応<br>・労働基準法改正<br>　1998年, 契約締結時の労働条件の明示, 退職時の退職事由の明示, 変形労働時間制の見直し, 時間外労働の抑制, 企画業務型裁量労働制の導入等<br>　2003年, 有期労働契約の見直し, 解雇に関する規定の整備, 裁量労働制の見直し<br>・職業安定法改正<br>　1999年, 民営職業紹介事業が取り扱える職業を原則自由化, 許可の有効期間延長<br>　2003年, 地方公共団体や商工会議所等の行う無料職業紹介事業を一定の要件下で緩和<br>・労働者派遣法改正<br>　1999年, 労働者派遣事業の対象となる業務を原則自由化<br>　2003年, 派遣期間の延長, 物の製造の業務についての解禁<br>○成熟社会における働き方の整備<br>・パートタイム労働法(1993年, 労働条件の文書交付, 雇用管理改善措置の大臣指針策定)<br>・労働基準法改正(1993年, 週40時間労働制原則化, 変形労働制導入, 裁量労働制の対象業務拡大)<br>・高年齢者等雇用安定法改正(1994年, 60歳定年の義務化, 65歳までの継続雇用の努力義務化)<br>・雇用保険法改正(1994年, 高年齢雇用継続給付, 育児休業給付の創設等)<br>・育児休業法改正(1995年, 介護休業制度を創設, 育児介護休業法へ)<br>・男女雇用機会均等法改正(1997年, 募集・採用, 配置・昇進における男女均等取扱いを義務化, セクシャルハラスメントの防止)<br>・雇用保険法改正<br>　1998年, 介護休業給付の創設<br>　2007年, 3事業のうち雇用福祉事業の廃止と労災保険の労働福祉事業の見直しなど |

第1章　雇用政策

| | |
|---|---|
| 多面的雇用政策の進展期<br>(1992年-現在) | ・高年齢者等雇用安定法改正（2000年，定年引き上げ等の努力義務化，円滑な再就職のための事業主による援助の促進）<br>・パート労働法改正（2007年，正社員との均等・均衡待遇の確保）<br>○労働者の主体的な能力開発の支援<br>・雇用保険法改正（1998年，労働者個人の取り組みを支援する教育訓練給付を創設）<br>・職業能力開発促進法改正（2001年，職業能力評価制度を整備）<br>○会社分割制度の導入にともなう労働者保護の対応<br>・労働契約承継法制定（2000年，会社分割の際の関係労働者の労働契約の承継に関するルール整備）<br>○少子高齢化への対応<br>・雇用対策法改正（2001年，募集・採用時の年齢制限緩和に向けた取り組みの促進）<br>・次世代育成支援対策推進法（2003年，次代を担う子どもを育成する環境整備の取り組み促進）<br>○若年者の雇用対策<br>「トライアル雇用」制度（2002年），「ジョブカフェモデル事業」（2004年），日本版デュアルシステム（2004年），YESプログラム（2004年），ジョブカード制度（2008年） |

出所：http://www.mhlw.go.jp/shingi/2004/01/s0119-8e.html をもとに，筆者による修正・加筆

### (2) 労働力移動促進期

1955-65年頃になると，労働力不足が叫ばれるようになる。いわゆる高度経済成長前期である。一部に深刻な失業が存在するとはいえ，全体としては，いかにして労働力を確保するのかが問題となった。そこで，深刻な不況に対しては，駐留軍関係離職者臨時措置法（1958〔昭和33〕年），炭鉱離職者臨時措置法（1959年）などで対応する一方で，産業間・地域間の労働力移動を大規模に進めるために，広域的な職業紹介業務を支えるための職業安定法の改正（1960年），さらには「労働市場センター」（1965年）が設置された。また，移動だけでは解決しない技能労働者不足に対応するために職業訓練法（1958年）が制定された。

### (3) 積極的雇用政策への移行期

1965-74年頃になると労働力不足が深刻化し，もはや産業間・地域間の移動によって必要な労働力を確保することができなくなってきていた。こうした状

況のなかで，雇用政策は従来の失業対策から積極的な雇用政策へと徐々に変化していく。中長期的な視野に立った総合的な雇用対策を実施するために，1966（昭和41）年に「完全雇用の達成」を目標とした雇用対策法が定められるとともに，翌67年には「完全雇用の地固め」を課題とする第1次雇用対策基本計画が策定された。

個別にみていくと，再就職が困難な中高年齢者（45歳から65歳未満）の雇用促進と技能労働者育成のための職業訓練が重視された。とくに前者については，1971（昭和46）年の中高年齢者雇用促進特別措置法や73年の雇用対策法改正による定年引き上げ促進など，失業対策は中高年をターゲットとするものであった。さらに労働力確保の観点から，「婦人」の能力開発や就業の円滑化など女性労働力活用の観点が出てくるのもこの時期である。

1973（昭和48）年には「ゆとりある充実した職業生活」を課題とする第2次雇用対策基本計画が定められる。また，積極的な雇用政策を実施するための財政的基盤をつくるものとして決定的に重要な制度改革が1974年にあった。雇用保険法の創設である。従来の失業者救済を目的とした失業保険は，大きく性格を変えることになった。雇用保険法は，単に失業者の救済だけを目的とするのではなく，失業の予防（雇用調整給付金など），労働者の能力開発・向上，労働者の福祉増進をはかるためのいわゆる「雇用保険3事業」を創設したのである。この3事業は完全雇用実現のために失業を予防するという観点からつくられたものである。

## （4）オイルショック対応期

完全雇用のために道具立てをつくり始めたとたんに，高度経済成長は終わりを告げ，ただちに構造的な失業対策をとる必要に迫られた。1973年の第1次オイルショックはさしあたりは狂乱物価を生んだ。しかし，その後，雇用状況は急激に悪化し，創設されたばかりの雇用保険制度はすぐに本格的な活用を必要とした。1976（昭和51）年には雇用保険法を改正し，雇用保険3事業を主たる財源として「雇用安定資金」を新設，雇用調整給付金の対象範囲の拡大などによって，厳しい雇用調整局面を緩和するという意味できわめて重要な役割を果

たした。多くの企業は雇用調整給付金の支給を受けつつ,出向や配置転換などを大規模に実施することによって,従業員の解雇をできるだけ避けようとした。こうした雇用保障の仕組みはその後,多くの企業で日常化していくことになる。深刻な不況や失業者の急増により,高度経済成長期の労働市場の流動化論は影を潜め,企業内労働市場や企業グループ内労働市場の活用による「失業なき労働移動」がその後の雇用戦略となった。

その後も1977(昭和52)年には特定不況業種離職者臨時措置法,78年には特定不況地域離職者臨時措置法,中高年齢者の雇用支援のための雇用開発事業の創設(79年,雇用保険法改正)など矢継ぎ早の雇用対策がとられた。この時期は76年には第3次,79年には第4次の雇用対策基本計画が策定されている。

### (5) 多面的雇用政策の開花期

1970年代半ばの経済危機をうまく乗り切った日本経済は,安定成長期と呼ばれる時期に入る。80年代半ばは,現代の主要な課題を一気に噴出する時期である。この流れが現在まで続いている。

まず,国際的な流れを受けて,1985(昭和60)年に男女雇用機会均等法が成立した(施行は86年7月)。募集・採用・配置・昇進における男女の均等が努力義務となり,定年・退職・解雇などでの差別は禁止された(第7章参照)。労働者派遣法もこの年に成立している。これは労働者の多様な就業ニーズに応えるものとして限定的に制度化されたものであった。当初は専門職の労働市場をつくるという考えがあったが,労働者派遣法がタイプライターなどの事務用機器の操作業務(今でいえば,パソコンでの文書入力)やファイリング(文書・データ整理)などの業務を認めることにより,主として事務系女性労働力が多く働くこととなった。そのため,専門職市場形成実現のねらいは必ずしも成功しなかった。むしろ,企業は今まで正社員として雇用していた人々の業務を派遣労働者にまかせることとなり,新たな問題を引き起こすことになった。

定年延長をはじめとする高年齢者政策にも進展がみられた。公的年金受給年齢が60歳からであるのに対して,大企業を中心として55歳定年制が長く一般的であった。55歳から60歳までの生計をどう立てていくのか,そのための雇用を

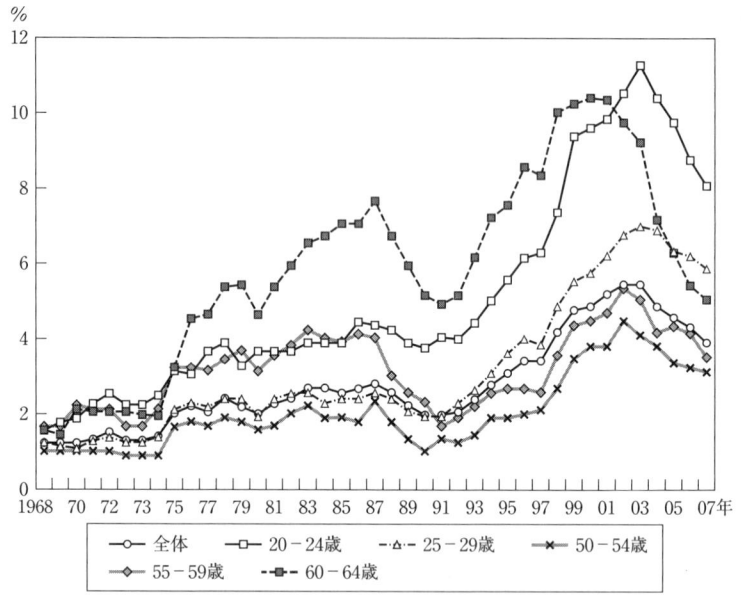

図表1-2　年齢階級別失業率の推移（男性）

注：グラフをみやすくするために，15-19歳，および30，40歳代の失業率は割愛した。なお，1973年に定義に一部変更があったために，旧定義と新定義をならべている。
出所：総務省「労働力調査」

どうするのかは長きにわたる大きな問題であった。多くの労働者は55歳定年ののち再就職先を探さなければならないという，ほかの国ではあまりみられない問題をわが国の雇用制度は抱えていたのである。すでに1973年の雇用対策法改正によって60歳定年の一般化の促進という定年延長の方向は示されており，大企業でも定年の60歳までの延長を進めようとしていた。ところが，第1次オイルショックはこの試みをくじくことになった。人員の大幅削減を必要とした多くの企業で，定年年齢を引き上げることは非常に困難であった。ただ55歳定年後，再雇用や勤務延長する企業も少しずつ増えていった。こうしたなかで，政府は1986（昭和61）年に高年齢者等雇用安定法において60歳定年を努力義務として，その実施を企業に迫った。企業は，60歳定年制を時代の要請として徐々に受け入れていった。**図表1-2**が示すように，50代後半層男性の失業率は，

1987年の4.0％から91年の1.7％まで急激に低下した。この時期はいわゆるバブルの時期であり、その後失業率は上昇に転じるが、全体の失業率との比較でわかるように、それまで平均失業率よりも高かったこの世代の失業率は91年以降平均を下回ったのである。60歳定年制の努力義務化は、現実の労働市場に実に大きな影響をあたえた。

　もちろん、企業は何の対応もとらずに定年延長をしたわけではない。実際には人件費の上昇を抑えるべく、55歳で定期昇給をストップしたり、定年退職金を55歳で据え置いたり、さらには55歳から子会社や関連会社に出向させたり、早期退職優遇制度など55歳で退職しやすくする制度を導入していった。また、年齢別賃金カーブのフラット化も進めた。

　行政は、さらに1990年には再改正によって65歳未満で定年に達したものの再雇用を努力義務化した。しかし、60代前半層の失業率が平均に近づくにはまだ時間がかかる。

　この時期のもうひとつの大きなテーマは労働時間短縮である（第6章を参照）。労働基準法の1987年改正は、労働時間法制における40年ぶりの大改革であった。まず、週40時間労働制を原則として、法定労働時間を段階的に短縮することとした。この改正のもうひとつのポイントは労働時間規制の弾力化に着手したことである。フレックスタイム制や変形労働時間制、裁量労働制などを認めた。また、労働移動についても、オイルショック期以後の国際的にみた日本の雇用の良好なパフォーマンスは、企業内労働市場を活用した労働移動や人材育成の重要性を強く認識させ、雇用政策もそれを前提としたものであった。

### （6）多面的雇用政策の進展期

　バブル崩壊後も、多面的な雇用政策は継続的に進展していく。たとえば、育児・介護についていえば、1992（平成4）年に育児休業制度が、95年に介護休業制度が創設され（育児介護休業法）、それに対応した雇用保険法の改正によって94年に育児休業給付が、98年に介護休業給付が創設された。育児休業は一般化しつつあり、育児休業給付の導入とその後の給付率の向上（現在の給付水準は育児休業開始時の賃金の5割）が行われている。

図表1-3　所定外労働時間の推移（一般労働者）

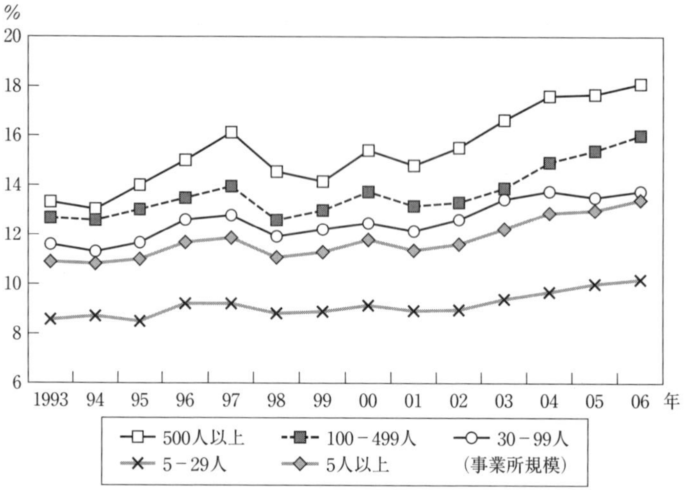

出所：厚生労働省「毎月勤労統計調査」

　高齢者雇用の分野でも，1994（平成6）年に一律定年制をもつ企業での60歳定年が義務化されるとともに，65歳までの継続雇用の促進が求められるようになった。公的年金受給年齢の65歳への段階的移行が継続雇用を必要としていた（これを義務化したのが2004年の再改正である）。また同年の雇用保険法の改正によって，高年齢者雇用継続給付が認められた。**図表1-2**にみるように，男性60代前半層の失業率は近年劇的に低下している。かつては20代前半層よりも高い失業率であったが，近年では20代後半層よりも低くなっている。高齢者の雇用状況は団塊の世代の大量退職と景気回復が同時にあったために，雇用政策の効果がここでも強く現れたのである。むしろ，2000年代に入ると若年者失業が深刻な問題として取り上げられ始める。

　労働時間規制についても進展があった。1993（平成5）年には，週40時間労働制の原則化，変形労働制の拡大，裁量労働制の対象業務拡大など，労働時間の総枠規制強化と弾力化がなされた。これによって全体としての労働時間は減少したが，それは長時間労働問題を全面的に解決することにはつながらなかった。とくに2000年代に入り，失業率の急速な上昇期にワークシェアリングが叫

ばれたが，現実には多くの企業が正社員数を削減したために，正社員を中心とした一般労働者の残業時間が逆に増加した（**図表1-3**参照）。

1997年に入ると，男女雇用機会均等法が改正（施行は99年4月）され，募集・採用，配置・昇進における男女均等の扱いが義務化され，女性だけを対象とした募集が違法とされるようになった。

他方，規制緩和という点では，1998（平成10）年に企画業務型裁量労働制が導入され，99年には職業安定法の改正により民間職業紹介事業が取り扱える職業の原則自由化，労働者派遣法改正による労働者派遣事業対象業務の原則自由化（いわゆるネガティブリスト化）がなされ，2003年には派遣期間の延長とならんで，「物の製造」の業務が解禁された。「派遣」は「請負」に比べると一定の規制がされているが，それでも直接雇用の削減を志向していた企業がこれを大いに活用することとなり，各種の工場で若年男性を中心とした派遣労働者が働くことが大きな社会問題として取り上げられるようになった。

## 2　雇用保険支出からみた雇用政策

雇用政策の歴史をみると，法的な強制だけでなく誘導政策も多い。また，誘導政策で重要なのは，雇用保険に基づく各種の財政支援制度である。高年齢者の雇用継続や育児休業者に対する給付など，雇用政策を財政的に支えている。そこで，雇用保険制度について説明しておくことにしよう。

これまでみてきたことからわかるとおり，雇用保険は単に失業者対策ではなく，その予防的側面が多く，現在では現役世代の多くのリスクに対応する包括的なシステムに変化している[4]。たとえば育児休業給付や介護休業給付は，これらのために仕事を辞めなくてもよいための制度であり，雇用継続の促進という新たな使命を付与されている。**図表1-4**は雇用保険の仕組みを財政規模の観点からみたものである。まず，「失業等給付」からみよう。これを対象者別あるいは目的別に分類すると次のようになる。

① 一般的失業者

最も大きいのは，もちろん「一般求職者給付」（1.4兆円弱，以後いずれも2006

図表1-4　雇用保険制度の概要（2006年度予算）

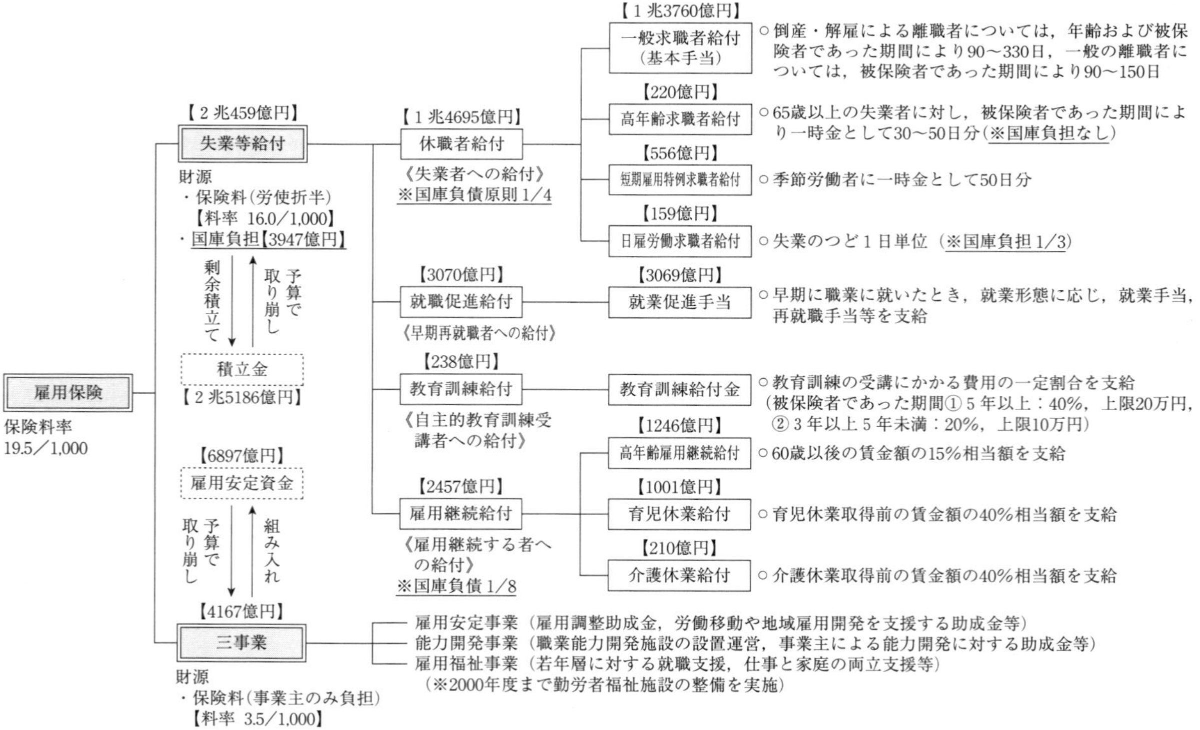

【1兆3760億円】
- 一般求職者給付（基本手当）
  ○倒産・解雇による離職者については、年齢および被保険者であった期間により90〜330日、一般の離職者については、被保険者であった期間により90〜150日
- 【220億円】高年齢求職者給付
  ○65歳以上の失業者に対し、被保険者であった期間に応じて30〜50日分の一時金として支給（※国庫負担なし）
- 【556億円】短期雇用特例求職者給付
  ○季節労働者に一時金として50日分
- 【150億円】日雇労働求職者給付
  ○失業のつど1日単位で支給（※国庫負担1/3）
- 【3069億円】就業促進手当
  ○早期に職業に就いたとき、就業形態に応じ、就業手当、再就職手当等を支給
- 【238億円】教育訓練給付金
  ○教育訓練の受講にかかる費用の一定割合を支給（被保険者であった期間①5年以上：40%、上限20万円）②3年以上5年未満：20%、上限10万円）
- 【1246億円】高年齢雇用継続給付
  ○60歳以後の賃金額の15%相当額を支給
- 【1001億円】育児休業給付
  ○育児休業取得前の賃金額の40%相当額を支給する助成金等
- 【210億円】介護休業給付
  ○介護休業取得前の賃金額の40%相当額を支給

【1兆4695億円】求職者給付
《失業者への給付》
※国庫負担原則1/4

【3070億円】就職促進給付
《早期再就職者への給付》

【238億円】教育訓練給付
《自主的教育訓練受講者への給付》

【2457億円】雇用継続給付
《雇用を継続する者への給付》
※国庫負担1/8（※2000年度まで勤労者福祉施設の整備を実施）

【2兆459億円】失業等給付
財源
・保険料（労使折半）
【料率 16.0／1,000】
・国庫負担【3947億円】

【2兆5186億円】積立金
取り崩し／組入れ／剰余積立て／予算取り崩し

【6897億円】雇用安定資金

【4167億円】三事業
財源
・保険料（事業主のみ負担）
【料率 3.5／1,000】

雇用安定事業（雇用調整助成金、労働移動や地域雇用開発する助成金等）
能力開発事業（職業能力開発施設の設置運営、事業主による能力開発に対する助成等）
雇用福祉事業（若年層に対する就職支援、仕事と家庭の両立支援等）

雇用保険
保険料率
19.5／1,000

出所：http://www.mhlw.go.jp/shingi/2006/03/dl/s0303-5a.pdf （第23回労働政策審議会職業安定分科会雇用保険部会提出資料）

年度予算ベース）であり，これは4分の1を国庫負担している。これに直接関係するものとして，「就職促進手当」(3070億円) がある。これは早期に就職するインセンティブを与えるものとして導入されたもので，これには国庫負担はない。

② 不安定就業者

「短期雇用特例求職者給付（特例一時金)」(556億円) と「日雇労働者求職者給付」(159億円) がある。前者は季節労働者に対して一時金として50日分の給付を行うもので，国庫負担は4分の1である。後者は，失業のつど1日単位で支給され，国庫負担は3分の1である。

③ 高年齢者

「高年齢求職者給付」(220億円) と「高年齢雇用継続給付」(1246億円) がある。前者は65歳以上の失業者に対して，被保険者であった期間により一時金として30-50日分支給するもので，国庫負担はない。後者は，60代前半層の雇用継続を後押しするものであり，60歳以後の賃金総額の15％相当額を支給する。国庫負担は8分の1である。

④ 要育児・介護労働者

「育児休業給付」(1001億円) と「介護休業給付」(210億円) がある。前者は育児休業取得前の賃金額の40％相当額（2008年度から50％）の給付を受け，後者は介護休業所得前の賃金額の40％相当額の給付を受ける。国庫負担はいずれも8分の1である。

⑤ 被用者個人の能力開発

「教育訓練給付」(238億円) であり，教育訓練の受講に関わる費用の一定割合を支給するものである。

次に全額事業主負担の3事業（現在は2事業）をみよう。これは2006（平成18）年度予算で総額4167億円である。支出先は，該当する企業や各種の行政機関である。内容は，雇用安定事業，能力開発事業，雇用福祉事業である。雇用安定事業は，雇用を維持するための企業に対する雇用調整助成金や労働移動・地域雇用開発のための助成金に使われる。能力開発事業は，文字どおり能力開発関係の行政の施設運営や事業主への助成金などに支出される。最後の雇用福

祉事業は使い方がしばしば問題視され廃止されたが，若年者の就職支援や仕事と家庭の両立支援などが目的とされていた。

## 3 これからの雇用政策

現代では雇用政策は，もはや単なる失業対策ではなくなっている。積極的雇用政策とも呼ばれる多面的な雇用政策は今後どう進めるべきなのであろうか。いくつかの点について論じて，本章を終えることにしよう。

① 雇用区分の均等処遇

均等処遇の問題は，雇用の多様化と密接に関係している。企業の「雇用ポートフォリオ」戦略によって，多様な雇用形態の労働者が同じ職場で働いている。正社員と非正社員の処遇格差をどのように解決するのかという問題である。2008（平成20）年の改正パート労働法によって一定の進展はあるが，その実効性を含めて問題が解決したわけではない。また間接雇用の拡大も大きな問題である。偽装請負問題に代表されるように，派遣と請負の切り分けなど課題は非常に大きい。

② ワーク・ライフ・バランス／労働時間

雇用政策としては，育児・介護の休業と休業時の給付については一定の進展がみられた。しかし，労働時間については残業割増率の問題を含め，本質的な解決策を見出せないでいる。今後，最低連続非労働時間の確保という発想で，仕事と仕事の間に，最低11時間程度（睡眠時間8時間，通勤1時間，家事・食事・団欒2時間）の確保を義務づけることによって過労死を防ぐ方策を検討すべき時期にきているように思われる。

また，労働時間に関してはホワイトカラー・エグゼンプション（高度人材の労働時間規制除外制度）の問題がある。労働を時間で評価できない仕事が増えているのは事実である。とくに高度人材の仕事にはそういう側面が強い。従来は裁量労働制などによって対応してきたが今後，どうするのかということである。現実には，労働基準法にいう「管理監督者」の適用範囲がやや無原則に拡大されたために，「名ばかり管理職」が増加している。高度人材に対して企業

は必ず高賃金を支給するはずだから，高賃金労働者については，先の「最低連続非労働時間」の導入を前提として認めてもよいかもしれない。その代わり，賃金のさほど高くない「名ばかり管理職」はしっかりと労働時間管理をすべきではないだろうか。それはワーク・ライフ・バランスや男女共同参画という観点からも重要なことである。

③ 高齢者雇用

現在すでに，70歳までの雇用延長への議論が始まっている。アメリカの影響を受けて年齢差別禁止へのいくつかの方策もとられ始めている。公的年金は今後65歳から68歳や70歳からの支給となる可能性が高い。高齢化は今後も進むことが予想されるから，この問題はますます企業の雇用制度に見直しを迫るであろう。

④ 若年失業・人材育成

戦後，職業訓練を除くと，ほとんど若年者は雇用政策の対象となってこなかった。しかし，若年者失業が急激に問題視されると，2002年にはトライアル雇用事業，04年には日本版デュアルシステム，YESプログラムなど矢継ぎ早に若年者雇用対策がとられるようになった。しかし，現時点ではまだ体系的な政策にはなってないように思われる。その最大の問題は人材育成などにおける文部科学省や経済産業省との関係である。とくに若年者の人材育成については，省庁間の縄張りがあり，それが個人のための人材育成に大きな制約を課してきた。また，就職についてはハローワークと都道府県の縄張り争いもある。省庁や国と地方の枠をいかに超えることができるのかが，この問題が効果的に解決できるかどうかの鍵を握っている。

最後になったが，古典的な失業対策・緊急失業対策もその重要性を失っているわけではない。需要不足失業が存在する危険は常に存在する。不況になれば，どのような失業対策をとるのかが重要となる。公共事業による失業者の吸収と仕組みが必要であるとしても，限られた財政のなかで，いかに効果的に実行するのか，また景気が回復したときに，いかに速やかにその事業をやめるのかということもまた，雇用政策に課せられているのである。

1) この点について，詳しくは，苅谷ほか編［2000］参照。もちろん，戦後突然にこうした仕組みがつくられたわけではなく，戦前・戦中からの連続性が存在している。現在では職業安定法第26条と27条に定められている。
2) 失業給付が労使折半であるのに対して，雇用保険3事業は全額使用者負担であり，高度経済成長末期であったからこそ導入できた仕組みであろう。これが大いなる力を発揮する，直後起こった深刻な不況のときに，この制度を導入することはおそらくできなかっただろう。中長期的な雇用政策は好況時に周到な準備をしてつくりあげる必要がある。
3) 当初は週46時間制でスタートし，中小企業には一定の猶予期間・経過措置を認めていた。1997年に全面的な週40時間制に移行した。
4) 本来，雇用保険は景気の変動による支出額の変動がきわめて大きいために，好況になれば大幅な黒字になり，不況となると急激に財政悪化するという不安定性をもっている。
5) 2004年度に若年者を対象としたワンストップセンターとして「ジョブカフェモデル」事業が経済産業省の支援事業として一部の都道府県で始まった。これは対象を若年者に絞った臨時的な職業紹介機関であり，都道府県と厚生労働省のハローワークとの間に微妙な緊張をはらみながらも実施されていった。経済産業省の事業そのものは，2006年度に終了したが，その意義は大きく，現在では厚生労働省が支援している。2007年度時点で，46都道府県でこうした事業が行われている。
6) 本章は雇用政策のすべてを概観したわけではない。障害者雇用，ひとり親家庭における就労などは福祉政策と密接に関する問題領域である。とくに前者については障害者雇用率が定められてかなり長い年月を経ているが，未達成の企業が多い。障害者雇用納付金制度が，これを納めれば免罪されるとの誤解を生んでいる点はまだ解決していない。

　　また，外国人雇用問題についても論ずることができなった。現在でも，わが国の基本方針は高度の専門的労働者以外は受け入れないということであるが，現実には日系人およびその家族の受け入れや問題の多い外国人研修・実習生制度などによって，外国人労働者は増え続けている。また，インドネシアやフィリピンからの看護師の導入などの政策が今行われようとしている。この問題は雇用政策の枠を大きく超えたところで議論されている重要課題である。

## 【参考文献】

苅谷剛彦・菅山真次・石田浩編（2000）『学校・職安と労働市場』東京大学出版会
高梨昌（1995）『新たに雇用政策の展開〔改訂版〕』労務行政研究所
玉井金五・久本憲夫編著（2004）『高度成長のなかの社会政策』ミネルヴァ書房
労働政策研究・研修機構（2005）『戦後雇用政策の概観と1990年代の以降の政策の転換』JILPT資料シリーズ No.5

（久本憲夫）

# 第2章

# 雇用形態の多様化

## はじめに——非正社員化の進展

　1990年代以降の労働市場の大きな変化のひとつが，雇用者の非正社員化，雇用形態の多様化である。雇用者に占める正社員比率の推移をみると，女性の正社員比率は，1980年代半ばまでは70％前後であったが，その後どんどん低下し，2000年代に入ると50％を切るようになった（**図表2-1**）。今や，雇用者として働く女性の半数強は非正社員である。女性だけではない。男性の正社員比率は1990年代後半までは90％強であったが，その後，徐々に低下し，今では82％である。男性も雇用者の5人に1人は非正社員である。

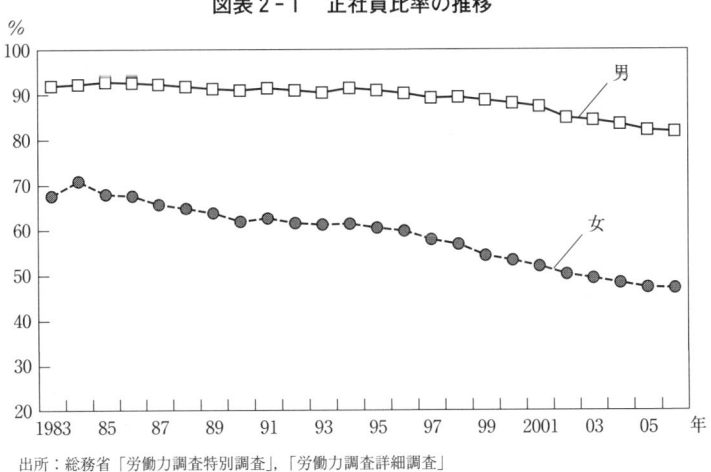

**図表2-1　正社員比率の推移**

出所：総務省「労働力調査特別調査」，「労働力調査詳細調査」

図表2-2　入職超過者数の推移

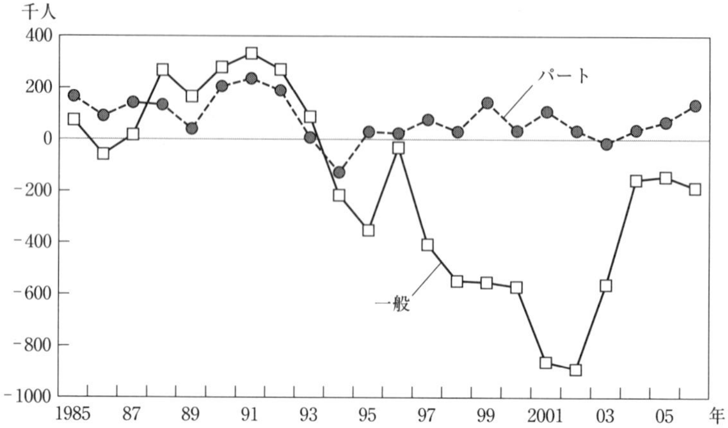

出所：厚生労働省「雇用動向調査」

　こうした非正社員化は，フローである雇用形態別の入職超過者数（＝入職者数－離職者数）の推移からもみてとれる（**図表2-2**）。1990年代半ばまでは，一般労働者もパート労働者も入職超過者数が同じように増えたり減ったりしていた。ところが，1990年代半ばから，一般労働者は大幅な離職超過が続いており，一方，パート労働者は入職超過が続いている。したがって，1990年代半ばから，ストックの比率である正社員比率も目立って低下している。

　非正社員化が目立つ女性の正社員数と非正社員数の推移をみてみよう（**図表2-3**）。正社員数は1980年代半ばの1000万人から90年代後半には1200万人近くまで増加したが，その後は緩やかに減少し，今は1000万人強である。一方，非正社員数は1980年代半ばでは400万人であったが，その後の増加は目覚しく，今では1200万人近い。この20年間で3倍になった。

　また，男性の場合，どの年齢層で非正社員化が進んだのであろうか（**図表2-4**）。1987年と2002年の年齢別正社員比率を比べると，若年層で正社員比率が大きく低下している。15-19歳では70％から34％へ，20-24歳では85％から63％へと低下している。近年のフリーターの増加がこの数字に表れている。また，60歳以降でも正社員比率が低下している。たとえば，60-64歳では59.0％から

第2章　雇用形態の多様化

図表2-3　正社員・非正社員数の推移（女）

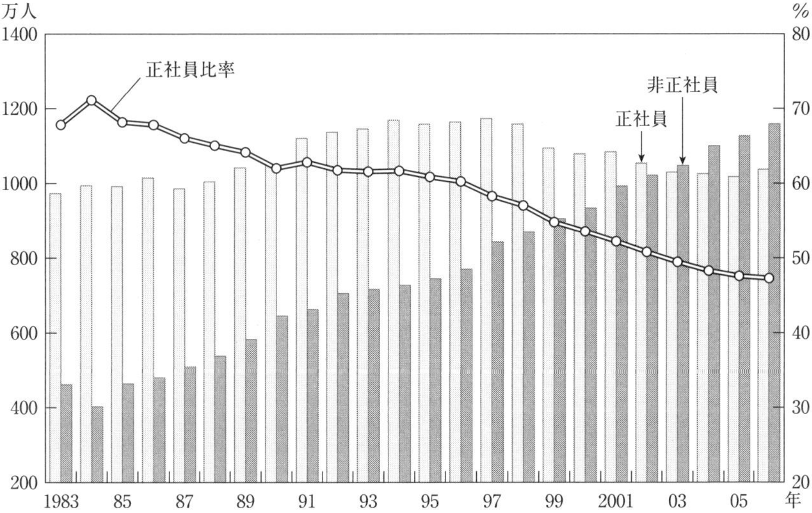

出所：総務省「労働力調査特別調査」，「労働力調査詳細調査」

図表2-4　年齢別正社員比率の推移（男）

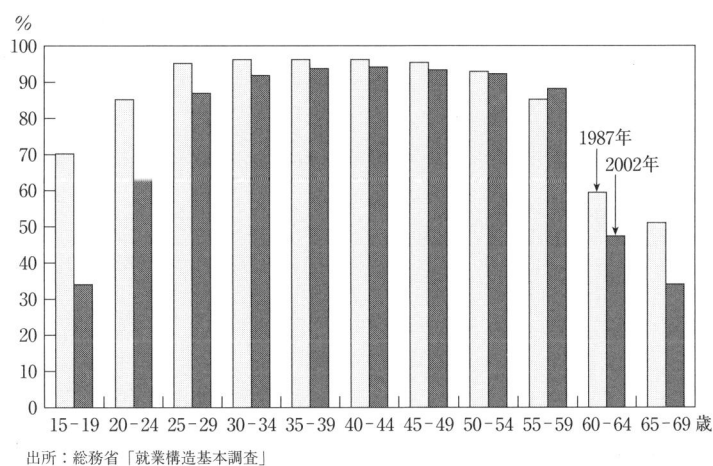

出所：総務省「就業構造基本調査」

47.2％へ，65-69歳では50.8％から33.7％へと低下している。60歳定年後，嘱託等で継続雇用される人が増えたため，正社員比率が低下したものと思われる。

33

# 1　非正社員の増加と多様化

## （1）雇用形態の多様化

　非正社員として働く人々の職場での呼称はパートタイマー，アルバイト，契約社員，嘱託，派遣社員などさまざまである。総務省「就業構造基本調査」（2002年）による雇用形態別構成比は**図表2-5**のとおりである。雇用形態の多様化がとくに進んでいる女性では，雇用者のうち正社員が47.0％，パート労働者が33.3％，アルバイトが9.9％，派遣社員が2.4％，契約社員・嘱託が5.4％となっている。

　図表には示していないが，同じ総務省「就業構造基本調査」（2002年）から，職業別に雇用者に占める非正社員の比率をみてみた。パート労働者の比率が高い職業は，家庭生活支援サービス職業従事者（52.9％），食料品製造作業者（47.5％），その他の労務作業者（45.5％），衣服・繊維製品製造作業者（40.9％），飲食物調理従事者（35.7％）などである。アルバイトの比率が高い職業は，接客・給仕職業従事者（42.0％），その他の専門的・技術的職業従事者（29.8％）などである。派遣社員の比率が高い職業は，事務用機器操作員（14.3％），家庭生活支援サービス職業従事者（5.4％），計量計測機器・光学機械器具組立・修理作業者（4.4％），電気機器器具組立・修理作業者（4.0％）などである。契約社員・嘱託の比率が高い職業は，外勤事務作業者（23.4％），居住施設・ビル等管理人（23.2％），音楽家・舞台芸術家（22.8％）などである。

　雇用形態によって賃金や労働条件がどれだけ異なるかを，**図表2-6，2-7，2-8**からみてみよう。まず，週労働時間であるが（**図表2-6**），正社員は40.4時間，契約社員は36.5時間，

図表2-5　雇用形態別構成比
(％)

|  | 総計 | 男 | 女 |
|---|---|---|---|
| 総　計 | 100.0 | 100.0 | 100.0 |
| 正社員 | 68.0 | 83.5 | 47.0 |
| パート労働者 | 15.4 | 2.1 | 33.3 |
| アルバイト | 8.3 | 7.2 | 9.9 |
| 派遣社員 | 1.4 | 0.7 | 2.4 |
| 契約社員・嘱託 | 4.9 | 4.5 | 5.4 |
| その他 | 1.9 | 1.9 | 1.9 |

出所：総務省「就業構造基本調査」（2002年）

第2章　雇用形態の多様化

図表2-6　雇用形態別，週労働時間構成比
(時間)

|  | 平均 | -20 | 20-29 | 30-34 | 35-39 | 40- |
|---|---|---|---|---|---|---|
| 正社員 | 40.4 | - | - | 0.6 | 31.6 | 67.8 |
| 契約社員 | 36.5 | 6.8 | 7.2 | 3.3 | 26.5 | 56.2 |
| 嘱託社員 | 37.7 | 3.1 | 6.0 | 3.1 | 30.5 | 57.4 |
| 派遣社員 | 36.0 | 4.1 | 8.8 | 3.5 | 45.2 | 38.4 |
| パート労働者 | 27.0 | 18.8 | 31.0 | 22.7 | 26.5 | 1.0 |

出所：厚生労働省「就業形態の多様化に関する総合実態調査」(2003年)

図表2-7　雇用形態別，月間賃金構成比
(万円)

|  | -9 | 10-19 | 20-29 | 30-39 | 40-49 | 50- |
|---|---|---|---|---|---|---|
| 正社員 | 1.0 | 20.9 | 33.4 | 25.2 | 10.2 | 7.2 |
| 契約社員 | 7.8 | 45.3 | 27.6 | 10.9 | 4.8 | 2.1 |
| 嘱託社員 | 4.8 | 43.7 | 33.9 | 11.2 | 3.3 | 2.5 |
| 派遣社員 | 12.3 | 44.3 | 34.3 | 5.2 | 1.2 | 0.6 |
| パート労働者 | 50.9 | 39.9 | 5.6 | 0.7 | 0.0 | 0.1 |

出所：厚生労働省「就業形態の多様化に関する総合実態調査」(2003年)

図表2-8　雇用形態別，制度適用労働者割合
(％)

|  | 雇用保険 | 健康保険 | 厚生年金 | 企業年金 | 退職金 | 賞与支給 |
|---|---|---|---|---|---|---|
| 正社員 | 99.4 | 99.6 | 99.3 | 34.0 | 74.7 | 82.4 |
| 契約社員 | 79.0 | 77.4 | 72.2 | 7.7 | 14.6 | 46.1 |
| 嘱託社員 | 83.5 | 87.7 | 84.5 | 15.2 | 18.2 | 58.5 |
| 派遣社員 | 77.1 | 69.9 | 67.3 | 2.9 | 7.3 | 15.7 |
| パート労働者 | 56.4 | 36.3 | 34.7 | 4.3 | 6.0 | 29.2 |

出所：厚生労働省「就業形態の多様化に関する総合実態調査」(2003年)

嘱託社員は37.7時間，派遣社員は36.0時間，パート労働者は27.0時間となっている。次に，月間賃金であるが（**図表2-7**），30万円以上の人の比率は，正社員で42.6％，契約社員で17.8％，嘱託社員で17.0％，派遣社員で7.0％，パート労働者で0.8％である。一方，20万円未満の人の比率は，正社員で21.9％，契約社員で53.1％，嘱託社員で48.5％，派遣社員で56.6％，パート労働者で90.8％である。

## （2）パート労働に関する既存研究

　非正社員に関する研究の蓄積は少なくない。その研究トピックスは大きく4つにまとめられる。①女性労働の縁辺労働力としての性格，雇用の調整弁としての性格に注目した研究，②パート労働者の賃金決定と就業選択に関する研究，③税制・社会保障制度がパート労働者として働く女性の就業を制限していることに関する研究，④パート労働の基幹労働力化を明らかにした研究の4つである。

　縁辺労働力とは，景気や家庭の事情等によって労働力と非労働力の間を行き来するタイプの労働力であり［梅村 1971］，典型的には家計補助的な目的で，パート労働者として働く主婦である。とくに，景気が悪くなり適当な仕事が見つかりにくくなると，職探しをやめて非労働力化してしまう「求職あきらめ効果」が注目された。また，企業が，生産量，労働需要量が減少して雇用量を削減しなければならなくなったとき，雇用削減しやすいのが縁辺労働力である女性労働者である［篠塚 1989］。そして，正社員より，パート労働者が雇用調整の対象になりやすい。

　2つめの研究テーマであるパート労働者の賃金や就業選択を分析するときの重要な概念が，補償賃金格差である。中馬・中村［1990］，永瀬［1994］などは，パート労働者は都合のよい時間に働くことができるというパート労働のメリットを享受しているため，正社員より賃金が低くなっているかどうかなどを計量分析によって明らかにしようとしている。

　3つめの研究テーマである，税制・社会保障制度が主婦の労働供給に与える影響については，古郡［1997］や大沢［1993］などが詳しく論じている。所得税の非課税限度額103万円を超えて妻が働くと，夫婦の手取り所得が減少するという逆転現象が生じるため，妻が働くとしても103万円までにとどめることになる（ただし，配偶者特別控除が新設され，この逆転現象は解消されている）。さらに，夫が勤める会社から支給される配偶者手当も，妻の年収が非課税限度額103万円を超えると打ち切られることが多いため，これも妻が103万円以上は働かない大きな理由となっている。また，社会保険料負担のあり方も女性の働き方に影響を与える。たとえば，公的年金制度で，夫が第2号被保険者である妻

は，年収が130万円未満であれば，夫の扶養家族とみなされ自ら保険料を支払う必要がない。したがって，妻が働くとしても130万円までにとどめることになる。

最後が，中村[1989]，脇坂[1998]，武石[2006]などの聞き取り調査が明らかにした，パート労働者の基幹労働力化である。パート労働者はあまり技能を要しない，繰り返し業務を行っているだけでなく，一部のパート労働者は正社員とほとんど同じ仕事をしていることを発見した。

## 2　非正社員化の背景

### （1）企業が非正社員を雇用する理由

まず，企業が非正社員を雇用する理由を，契約社員，派遣社員，パート労働者別にみてみよう（**図表2-9**）。3つの雇用形態に共通しているのは，「賃金の節約」，「賃金以外の労務コストの節約」のためである。経済のグローバル化にともない国際競争が激化したため，そして，バブル崩壊後のデフレのもと，労務コストを削減するために企業は非正社員化を進めたことがわかる。第3節の**図表2-12**でわかるように，賞与を含めた時間あたり賃金でみると，パート労働者の賃金は正社員の6割弱である。また，賃金以外の労務コストも正社員と非正社員で大きく異なる（**図表2-8**）。たとえば，退職金制度のある人の割合は正社員だと74.7%であるが，契約社員は14.6%，パート労働者は6.0%，派遣社員は7.3%である。また，社会保険制度の1つとして厚生年金制度に加入している人の割合は，正社員だと99.3%であるが，契約社員は72.2%，パート労働者は34.7%，派遣社員は67.3%である。そして，賞与支給制度のある人の割合は正社員だと82.4%であるが，契約社員は46.1%，パート労働者は29.2%，派遣社員は15.7%である。非正社員を雇用することで，賃金以外の労務コストを企業が節約できることがわかる。また，「景気変動に応じて雇用量を調整する」ために非正社員を雇用している企業も多い。

雇用形態別の特徴をみると，パート労働者を雇用する理由として，「1日・週の中の仕事の繁閑に対応する」（35.0%），「長い営業（操業）時間に対応す

**図表2-9　雇用形態別，非正社員を雇用する理由別事業所割合**（3つまで選択）
（％）

| | パート労働者 | 派遣社員 | 契約社員 |
|---|---|---|---|
| 正社員を確保できない | 12.4 | 16.9 | 14.3 |
| 正社員を重要業務に特化させる | 12.8 | 17.2 | 15.4 |
| 専門的業務に対応する | 10.1 | 25.9 | 44.9 |
| 即戦力・能力のある人材を確保する | 12.3 | 39.6 | 37.9 |
| 景気変動に応じて雇用量を調整する | 23.4 | 26.4 | 21.7 |
| 長い営業（操業）時間に対応する | 20.4 | 2.8 | 8.9 |
| 1日・週の中の仕事の繁閑に対応する | 35.0 | 8.0 | 3.5 |
| 臨時・季節的業務量の変化に対応する | 15.4 | 14.4 | 9.0 |
| 賃金の節約 | 55.0 | 26.2 | 30.3 |
| 賃金以外の労務コストを節約 | 23.9 | 26.6 | 11.9 |
| 高年齢者の再雇用対策 | 6.4 | 1.7 | 7.3 |
| 正社員の育児・介護休業対策の代替 | 2.1 | 8.8 | 2.1 |

出所：厚生労働省「就業形態の多様化に関する総合実態調査」（2003年）

る」（20.4％）を挙げる企業が多い。また，契約社員や派遣社員を雇用する理由として，「専門的業務に対応する」（派遣社員25.9％，契約社員44.9％），「即戦力・能力のある人材を確保する」（派遣社員39.6％，契約社員37.9％）を挙げる企業が多い。

### （2）労働者が非正社員として働く理由

次に，労働者が非正社員として働いている理由もみてみよう（**図表2-10**）。3つの雇用形態に共通しているのは，「正社員として働ける会社がなかった」ためである（パート労働者21.6％，派遣社員40.0％，契約社員36.1％）。そのことは，今後の希望する働き方にも表れている（**図表2-11**）。契約社員の32.0％，派遣社員の31.3％，パート労働者でも20.3％が他の雇用形態に変わりたいと考えており，そのうちの9割は正社員に変わりたいと考えている。なお，今の会社で変わりたいのか，別の会社で変わりたいのかをみると，契約社員の22.5％が今の会社で，9.5％が別の会社で，他の雇用形態（そのほとんどは正社員に）に変わりたいと考えている。また，派遣社員では，9.9％が今の会社で，

図表2-10 雇用形態別，現在の雇用形態についた理由別労働者割合(複数回答)
(％)

|  | パート労働者 | 派遣社員 | 契約社員 |
|---|---|---|---|
| 専門的な資格・技能が活かせる | 9.5 | 21.1 | 40.7 |
| より収入の多い仕事に従事したかった | 7.0 | 15.7 | 14.6 |
| 正社員として働ける会社がなかった | 21.6 | 40.0 | 36.1 |
| 組織にしばられない | 7.5 | 23.1 | 9.9 |
| 勤務時間や労働日数が短い | 28.8 | 14.7 | 8.8 |
| 自分の都合のよい時間に働ける | 38.8 | 15.2 | 9.9 |
| 就業調整をしたい | 12.4 | 5.0 | 3.3 |
| 簡単な仕事で，責任も少ない | 10.9 | 6.3 | 4.3 |
| 家計の補助，学費等を得る | 42.3 | 15.5 | 14.4 |
| 家庭生活や他の活動と両立しやすい | 25.8 | 23.5 | 10.3 |
| 通勤時間が短い | 33.2 | 15.0 | 14.4 |
| 体力的に正社員として働けない | 5.6 | 2.7 | 2.6 |
| 自分で自由に使えるお金が欲しい | 28.0 | 16.7 | 14.5 |

出所：厚生労働省「就業形態の多様化に関する総合実態調査報告」(2003年)

図表2-11 今後の希望する働き方
(％)

|  | 現在の就業形態を続けたい | | 他の就業形態に変わりたい | | |
|---|---|---|---|---|---|
|  | 現在の会社で | 別の会社で | 現在の会社で | 別の会社で | 正社員を希望 |
| 契約社員 | 52.7 | 3.2 | 22.5 | 9.5 | 92.0 |
| 派遣社員 | 48.2 | 5.2 | 9.9 | 21.4 | 88.3 |
| パート労働者 | 66.5 | 2.4 | 8.5 | 11.8 | 85.9 |

出所：厚生労働省「就業形態の多様化に関する総合実態調査報告」(2003年)

21.4％が別の会社で，パート労働者では，8.5％が今の会社で，11.8％が別の会社で，他の雇用形態（そのほとんどは正社員に）に変わりたいと考えている。

　雇用形態別の特徴をみると，パート労働者では，「家計の補助，学費等を得る」(42.3％)，「自由に使えるお金が欲しい」(28.0％)という経済的理由を除けば，やはり，「自分の都合のよい時間に働ける」(38.8％)，「通勤時間が短い」(33.2％)，「勤務時間や労働日数が短い」(28.8％)という，時間面での働きやすさを理由に挙げる人が多い。契約社員や派遣社員では，「専門的な資格・技能

が活かせる」(契約社員40.7％,派遣社員21.1％) ために,そうした雇用形態で働いている人が多い。また,派遣社員では,「組織にしばられない」(23.1％) ためという人も多いのが特徴である。

## 3 正社員とパート労働者の賃金格差

### (1) 賃金格差の要因

女性の正社員とパート労働者の賞与を含んだ時間あたり賃金を比較すると (**図表2-12**),2006年では,正社員が1644円,パート労働者が972円であり,パート労働者の賃金は正社員の59％にすぎない。また,1980年代からの賃金格差の推移をみると,80年代は60％強であったが,90年代以降は低下を続け,2002年には54％まで低下した。その後は上昇に転じ,2006年には59％になった。

正社員とパートの賃金格差の一部は補償賃金格差の考えで説明できる。人々がどの仕事につくかを決めるとき,賃金以外の非金銭的なメリット・デメリットも重要である。たとえば,やりがいのある仕事かどうか,体力的にきつい仕事かどうかなどである。やりがいのある仕事であれば,少しくらい賃金が低くても,人々はその仕事につこうとする。一方,体力的にきつい仕事であれば,そのデメリットを補うような高賃金でないと,人は体力的にきつい仕事にはつかない。仕事にともなうメリット・デメリットを補うように,仕事間で賃金格差がつくことを補償賃金格差という。先にみたように,パート労働は,自分の都合のよい時間に働くことができる,正社員よりも働く時間が短いという,非金銭的なメリットがあるため,賃金が正社員より低いとしても,人々はパートという働き方を選択している。

そして,パート労働は労働時間が短い,あるいは,仕事間の異動がないことから,正社員とパート労働者とでは実務経験に差が生じ,ひいては,それが技能の差となる。所定内労働時間では,正社員もパート労働者も同じような定型的な業務を担当していても,正社員は所定外労働で,ふだんとは異なる業務を経験することで技能を高めていく。また,正社員は異動を通じて,関連する仕

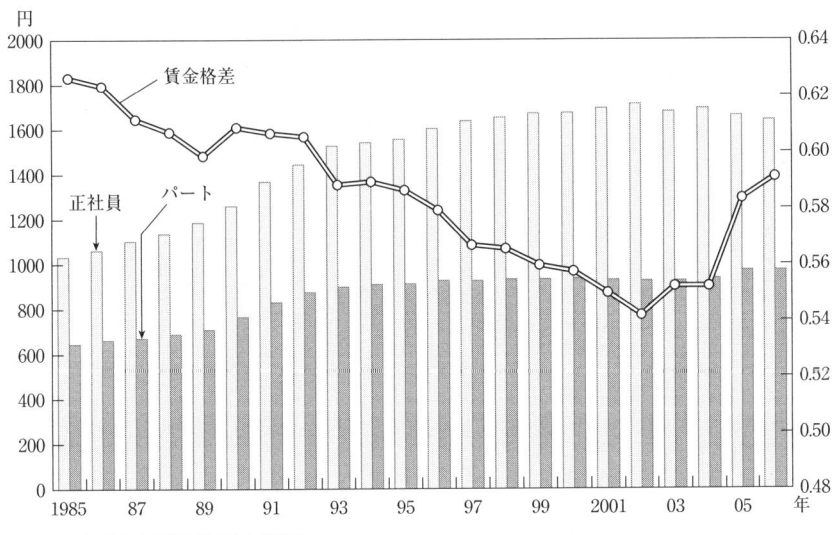

**図表2-12 正社員とパート労働者の賃金格差の推移**（女性，正社員の賃金＝1）

出所：厚生労働省「賃金構造基本統計調査」

事を幅広く経験し技能を高めていくが，異動のないパート労働者は狭い範囲の仕事しか経験しない。したがって，同じ仕事をしているようにみえても，正社員とパート労働者では身につけている技能が異なるため，賃金にも差が生じる。

　また，正社員であれば，会社の都合で残業しなければならない，あるいは，会社の都合で転居をともなう転勤をしなければならないというリスクがある。仮に残業していなくても，転勤していなくても，そうしたリスクを引き受けている正社員はその分，高い賃金を受け取ることができる。

## （2）正社員と同じ仕事をするパート労働者

　厚生労働省「パートタイム労働者総合実態調査」（2006年）では，職務が正社員とほとんど同じパート労働者がいるかどうかを事業所に聞いている。正社員とパート労働者の両方を雇用している事業所のうち，「職務が正社員とほとんど同じパート労働者がいる」と答えた事業所の割合は51.9％であり，前回調査

**図表2-13 パート労働者のほうが賃金が低い理由**（3つまで選択）

(％)

| | |
|---|---|
| 勤務時間の自由度が違うから | 72.7 |
| 残業の時間数，回数が違うから | 31.1 |
| 正社員には転居をともなう異動があるから | 14.5 |
| 人事異動の幅や頻度が違うから | 8.3 |
| 正社員には企業への貢献がより期待できるから | 32.9 |
| 正社員の賃金を下げることができないから | 8.4 |
| その他 | 15.9 |

出所：厚生労働省「パートタイム労働者総合実態調査」（2006年）

**図表2-14 低いと感じたことがあるが納得できる理由**（M.A.）

(％)

| | |
|---|---|
| 勤務時間の自由度が違うから | 55.9 |
| もともとそういった内容で自分も納得しているから | 51.5 |
| 責任の重さが違うから | 50.7 |
| 残業の時間数，回数が違うから | 27.2 |
| 職務内容が違うから | 21.6 |
| 正社員には企業への貢献度がより期待されているから | 12.4 |
| 配置転換の頻度が違うから | 5.7 |
| その他 | 4.2 |

出所：21世紀職業財団「パートタイム労働者実態調査」（2005年）

の2001年の40.7％より増えている。そして，職務がほとんど同じ正社員の1時間あたり賃金と比べて，パート労働者のほうが低い事業所が77.2％，差がない事業所が16.9％，パート労働者のほうが高い事業所が5.1％である。パート労働者の賃金が低い理由として事業所が挙げたのは，「勤務時間の自由度が違うから」(72.7％)が最も多く，「正社員には企業への貢献がより期待できるから」(32.9％)，「残業の時間数，回数が違うから」(31.1％)も多い（図表2-13）。

一方，パート労働者自身はどう答えたのであろうか。パート労働者の56.8％が「同じ仕事をしている正社員がいる」と答えている。そのうち，「正社員と同等，もしくはそれ以上に評価されていると思う」人が6.0％，「正社員より賃金は低いと思うが，納得できる」人が40.0％，「正社員より賃金は低く，正当に評価されていないのではないかと思い，納得できない」人が20.3％，「わか

らない（考えたことがない）」人が33.7％である。正社員とほとんど同じ仕事をしていても，パート労働者は，正社員よりも賃金が低いことになぜ納得しているのであろうか。21世紀職業財団「パートタイム労働者実態調査」（2005年）によれば，「低いと感じたことはあるが納得できる理由」として，「勤務時間の自由度が違うから」が55.9％と最も多く，続いて「もともとそういった内容で自分も納得しているから」が51.5％，「責任の重さが違うから」も50.7％と多い（**図表2-14**）。

この21世紀職業財団調査では，職務が正社員とほとんど同じパート労働者がいる事業所（42.5％）に，人材育成の仕組みや運用も正社員と異ならないパート労働者がいるかどうかを聞いており，「いる」とする事業所は35.7％であった。

## （3）賃金格差が拡大した背景

**図表2-12**からわかるように，ここ20年間，正社員とパート労働者の賃金格差は拡大傾向にあった。賃金格差が縮小しているのは，1990年代初めと2000年代に入ってからである。この時期は極度の人手不足になったときであり，人手不足が両者の賃金格差を縮小させる大きな要因であることがわかる。

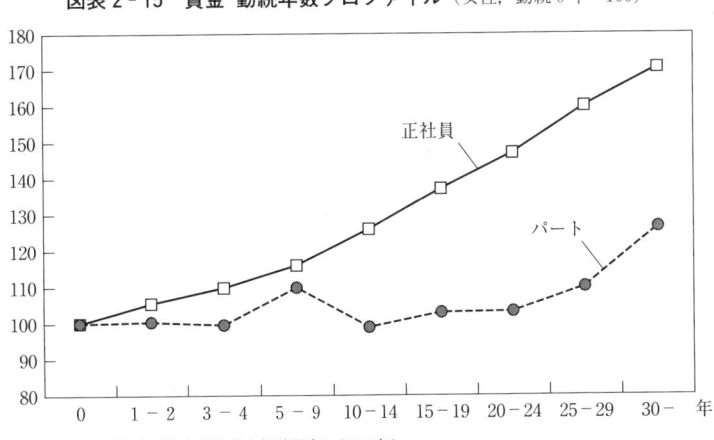

**図表2-15 賃金-勤続年数プロファイル**（女性，勤続0年＝100）

出所：厚生労働省「賃金構造基本統計調査」（2007年）

**図表 2-16　パート労働者（女）の賃金・労働時間の推移**

|  | 時間あたり賃金（円） | 年間賞与（千円） | 月間労働時間（時間） |
| --- | --- | --- | --- |
| 1985 | 595 | 84.2 | 132 |
| 86 | 610 | 83.6 | 132 |
| 87 | 623 | 82.4 | 132 |
| 88 | 642 | 76.5 | 132 |
| 89 | 662 | 77.1 | 130 |
| 90 | 712 | 86.5 | 128 |
| 91 | 770 | 92.4 | 125 |
| 92 | 809 | 98.8 | 121 |
| 93 | 832 | 91.8 | 113 |
| 94 | 848 | 87.9 | 116 |
| 95 | 854 | 84.0 | 115 |
| 96 | 870 | 80.4 | 112 |
| 97 | 871 | 78.0 | 113 |
| 98 | 886 | 64.8 | 107 |
| 99 | 887 | 63.1 | 107 |
| 2000 | 889 | 59.3 | 109 |
| 1 | 890 | 56.1 | 109 |
| 2 | 891 | 48.3 | 105 |
| 3 | 893 | 44.7 | 105 |
| 4 | 904 | 41.5 | 105 |
| 5 | 940 | 34.3 | 92 |
| 6 | 942 | 33.7 | 93 |

出所：厚生労働省「賃金構造基本統計調査」（2007年）

正社員とパート労働者の賃金格差を拡大させた要因は何だろうか。1つは，賃金－勤続年数プロファイルの違いである（**図表2-15**）。正社員は勤続年数が長くなるにつれて賃金も上昇していくが，パート労働者は勤続年数が長くなっても賃金が上昇するわけではない。この20年間に女性正社員の勤続年数は長期化する一方で，パート労働者の勤続年数はさほど伸びていない。

もう1つは，パート労働者の時間給は上昇しているのに対して，平均賞与が目立って減少していることである（**図表2-16**）。1992年には，年間賞与は平均9万8800円だったのが，その後どんどん減少してきて，2006年にはわずか3万3700円になっている。この15年間で3分の1になってしまった。これも，正社員とパート労働者の，賞与を含めた時間あたり賃金の格差が拡大してきた要因の1つではないかと思われる。確かめるデータを見つけることはできなかったが，労働時間が短いパート労働者には賞与を支給されていない人が多いと思われる。**図表2-16**に，パート労働者の月間労働時間の推移を示しているが，1980年代の132時間から徐々に減少しており，2006年には93時間になっている。これは，最近にな

るほど，労働時間の短いパート労働者が増えてきたことを示唆する。したがって，賞与を支給されているパート労働者の平均賞与が減少していなくても，賞与を支給されないパート労働者が相対的に多くなれば，パート労働者全体の平均賞与は低下することになる。おそらく，こうした事情があるものと思われる。

## 4　パート労働者の地位向上

### （1）パート労働法の改正

2008年施行の改正パート労働法は，就業形態の多様化の進展に対応した共通の職場ルールを確立することをめざしたものである。

まず，事業主はパート労働者に労働条件を明示した文書を交付し，待遇について説明しなければならない。多様な働き方であるゆえに，個々の労働者の労働条件が不明確となり，また，待遇の決定理由が不明であるために，その待遇について不満をもつパート労働者が多い。したがって，労働条件を明示した文書を交付し，待遇について説明することにより，納得性を向上させることが必要となる。

次に，事業主は，正社員とパート労働者との均衡のとれた待遇を確保しなければならない。つまり，働き・貢献に見合った公正な待遇の決定ルールを整備しなければならない。パート労働者の基幹化を背景として正社員と同じ仕事をしているにもかかわらず，その働きに見合った待遇がなされていない等の不満が高まっている。働きに見合った公正な待遇の決定ルールをつくり，正社員との均衡のとれた待遇の確保をはかることが必要である。とくに，仕事の内容および責任，人事異動の有無および範囲，契約期間が正社員と同じパート労働者については，賃金，教育訓練，福利厚生について差別的取り扱いが禁止される。

そしてもう1つが，パート労働者から正社員への転換を促進することである。パート労働者の一部は非自発的に短時間労働者になっているにもかかわらず，一度パート労働者として就職すると，その働き方が固定化してしまう。希

望するパート労働者には，正社員へ転換できるような機会をつくることが必要である。具体的には，正社員を募集するときには，その雇用するパート労働者に対して当該募集に関する情報の周知を行う，一定の資格を有するパート労働者を対象として登用試験制度を設ける等，転換制度の導入などである（厚生労働省「パートタイム労働者総合実態調査」〔2006年〕によれば，パート労働者から正社員への転換制度のある事業所は45.8%と，ほぼ半数である）。

### （2）雇用機会の選択モデル

上で説明した改正パート労働法では，同じ仕事をしている正社員とパート労働者は同じ時間あたり賃金を受け取ることになる。正社員とパート労働という雇用機会の選択モデルを使って，改正パート労働法のインプリケーションを考えてみよう。

**図表2-17**で，時間あたり賃金 $W^1$ のもと自由に労働時間を選択できるのであれば，正社員の雇用機会である点A（労働時間 $L^1$，賃金収入 $Y^1$）よりも，労働時間が短い雇用機会を選択したほうが満足度が高くなる労働者は，点Aを通る無差別曲線上にある点，たとえば点B（労働時間 $L^2$，賃金収入 $Y^2$）の働き方でもよい。ここで注意したいことは点Bに対応する時間あたり賃金は $W^2$ であり，点Aのときの賃金 $W^1$ よりも低いことである。つまり，正社員と同じ仕事をしていても，労働時間の短いパート労働，点Bを選択する人は，賃金が低くても満足しているということである。

改正パート労働法は，労働時間が $L^1$ のパート労働者にも，正社員と同じ仕事をしている以上，賃金 $W^1$ を支払うことを命ずるものである。パート労働者の雇用機会は点Cとなり，労働時間は同じで賃金収入が増加するわけだから，当然，パート労働者の満足度は高まる。また，賃金 $W^1$ のもと自由に労働時間を選択できるのであれば，$L^1$ より短い労働時間を希望する人も，雇用機会，点Cを選択する可能性がある。これまで正社員として働いていた人が家庭の事情等で，正社員の身分のまま短時間勤務で働くケースである。これも，点Cという雇用機会ができることで，労働者の満足度は高まる。

しかし，補償賃金格差の考えにしたがえば，企業は短い労働時間を労働者に

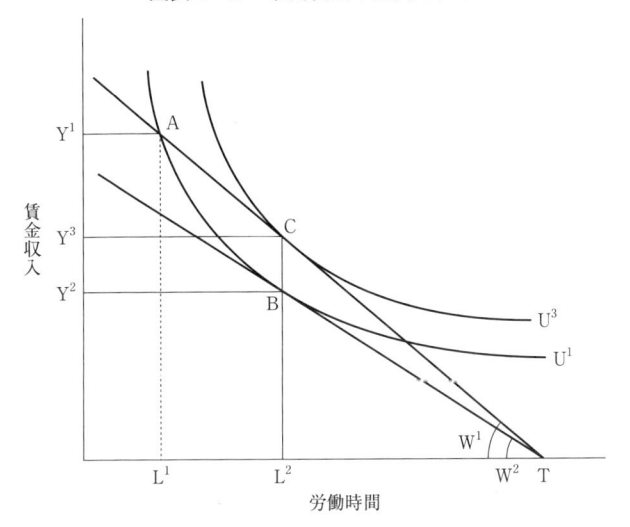

図表 2-17　雇用機会の選択モデル

認めることで得ていた超過利潤（$W^1 - W^2$）を失うことになる。もし，この超過利潤を得ていることで存続できている企業であれば，今回のパート労働法改正により，存続はむずかしくなるであろう。とくに中小企業のなかには，パート労働者に安い賃金で働いてもらうことで，やっと存続できている企業も少なくないだろう。

## おわりに

1990年代以降，雇用形態の多様化，非正社員化が進んでいる。今や，女性では正社員よりも非正社員として働く人のほうが多く，男性でも雇用者のうち2割は非正社員として働いている。企業が非正社員を雇用する理由としては，賃金など労務費を節約するためであり，そして，容易に雇用調整できるためである。また，パート労働者については，業務の繁閑や営業時間の長時間化に対応するためであり，契約社員と派遣社員については，即戦力，専門能力をもった人材を活用するためである。一方，労働者が非正社員として働く理由として，

正社員の仕事がなかったとする人が多い。また，パート労働者では，都合のよい時間に働きたいため，パート労働を選んだ人が多い。契約社員や派遣社員はその専門能力を活かしたいとする人が多い。

ところで，正社員とパート労働者の間には大きな賃金格差が存在する。その賃金格差の要因としては，自分の都合にあわせて働くことができるというメリットを享受しているため，賃金は低くてもよいという補償賃金格差の考え方がある。また，パート労働者は，異動を通じて幅広く仕事を経験することがないため，正社員との間で技能に差が生じてくる。このことが賃金格差の要因になると思われる。

雇用機会の選択モデルを使って，2008年施行のパート労働法改正が労働者や企業にどのような影響を与えるかも分析した。正社員と同じ仕事をしているパート労働者の賃金を正社員並みに引き上げることで，そうしたパート労働者の満足度が高まるだけでなく，今の労働時間は長すぎると感じている正社員にとっても，より満足度の高い雇用機会が提供されることになる。しかし，企業は，短い労働時間を労働者に認めることで得ていた超過利潤を失うことになる。もし，この超過利潤を得ていることで存続できている企業であれば，今回のパート労働法改正により，存続はむずかしくなるであろう。改正パート労働法の影響を注意深く観察していかねばならない。

【参考文献】

安部由紀子・大竹文雄（1995）「税制・社会保障制度とパートタイム労働者の労働供給行動」『季刊社会保障研究』Vol.31, No.2

安部由紀子（1999）「女性パートタイム労働者の社会保険加入の分析」『季刊社会保障研究』Vol.35, No.1

梅村又次（1971）『労働力の構造と雇用問題』岩波書店

大石亜希子（2003）「有配偶女性の労働供給と税制・社会保障制度」『季刊社会保障研究』Vol.39, No.3

大沢真知子（1993）『経済変化と女性労働』日本経済評論社

佐野嘉秀（2000）「パート労働の職域と労使関係」『日本労働研究雑誌』No.481

篠崎武久・石原真三子・塩川崇年・玄田有史（2003）「パートが正社員との賃金格差に納得しない理由は何か」『日本労働研究雑誌』No.512

篠塚英子（1989）『日本の雇用調整』東洋経済新報社
篠塚英子（1995）『女性が働く社会』勁草書房
武石恵美子（2006）『雇用システムと女性のキャリア』勁草書房
中馬宏之・中村二朗（1990）「女子パート労働賃金の決定因」『日本労働研究雑誌』No.369
永瀬伸子（1994）「既婚女子の雇用就業形態の選択に関する実証分析」『日本労働研究雑誌』No.418
永瀬伸子（1995）「『パート』選択の自発性と賃金関数」『日本経済研究』No.28
中村恵（1989）『技能という視点からみたパートタイム労働問題についての研究』大阪婦人少年室
八田達夫・木村陽子（1993）「公的年金は，専業主婦世帯を優遇している」『季刊社会保障研究』Vol.29，No.3
原ひろみ（2003）「正規労働と非正規労働の代替・補完関係の計測」『日本労働研究雑誌』No.518
樋口美雄（1991）『日本経済と就業行動』東洋経済新報社
樋口美雄（1995）「『専業主婦』保護政策の経済的帰結」八田達夫・八代尚宏編『「弱者」保護政策の経済分析』日本経済新聞社
古郡鞆子（1997）『非正規労働の経済分析』東洋経済新報社
本田一成（1998）「パートタイマーの個別的賃金管理の変容」『日本労働研究雑誌』No.460
本田一成（2005）「パートタイマーの組織化の意義」『日本労働研究雑誌』No.544
三山雅子（1991）「パートタイマー戦力化と企業内教育」『日本労働研究雑誌』No.377
脇坂明（1998）『職場類型と女性のキャリア形成〔増補版〕』御茶の水書房
脇坂明（2003）「パートタイム労働者の基幹労働力化について」社会政策学会編『雇用関係の変貌』社会政策学会誌第9号，法律文化社

（冨田安信）

# 第3章

# 長期安定雇用

## はじめに

　日本における雇用慣行の重要な特徴として、「終身雇用」または「生涯雇用」ということがしばしばいわれてきた。「生涯雇用」という言葉は現在ではほとんど聞かないが、「終身雇用」は現在でも、日常的に広く使われる言葉である。それを字義どおりに理解すると、死ぬまでの雇用ということになる。しかし戦後、ほとんどの企業は定年制を設けており、55歳や60歳など一定の年齢に達したことによる、いわば強制退職は普通のこととなってきた。また、いったん勤めた会社を離職して、別の会社に移ることが稀であったということもない。その点では、「終身雇用」が崩壊した（しつつある）といわれている昨今よりも、高度経済成長期のほうがずっとさかんであり、離職率は年率で20％を超えていたのである。さらにまた、企業の経営状況が悪化した際には、人員整理が行われることもけっして稀ではなかった。

　「終身雇用」を字義どおりに受けとると、そのような慣行が広く行われていたことはこれまでなく、定年年齢までの雇用と理解しても、離転職はかなり行われていたし、人員整理もけっして稀ではなかったから、それは実態に合わない言葉である。雇用関係当事者の行動に大きく影響する、いわば雇用規範としての「終身雇用」認識の形成、流布、そしてその近年における変容は重要であると考えるが、本章では、そのことにはあまりふれず、雇用慣行の実態をデータ中心にみていくため、一般に流通している「終身雇用」ではなく、「長期安定雇用」という言葉で日本の雇用慣行の特徴を表そう。その慣行には2つの側

◀コラム❶「終身雇用」という言葉▶

　日本における雇用慣行は「終身雇用」であるとしばしばいわれるが，その言葉は，1958年にアベグレン（James G. Abeggren）が発表した著作 The Japanese Factory の邦訳書である『日本の経営』（占部都美監訳，1958年出版）が，原著の用語 lifetime commitment を「終身関係」と訳したことに由来している。

　その著作でアベグレンは，「どのような水準にある日本の工場組織でも，労働者は入社に際して，彼が働ける残りの生涯を会社に委託する。会社は，最悪の窮地においこまれた場合を除いて，一時的にせよ，彼を解雇することをしない。彼はどこか他の会社に職を求めてその会社を離れることはしない。彼は人々が家族，友愛組織，その他アメリカにおける親睦団体の構成員である場合に似た仕方で，会社の一構成員となるのである」と述べ，そのことを従業員と会社の「終身関係」と表し，欧米と日本の雇用慣行の「決定的な相違点」としたのである。その言葉には従業員の会社組織との一体性，あるいはそれへの依存，また会社の従業員に対する庇護といった古めかしい意味合いがあるものの，一般には最近でも，日本の雇用慣行を「終身雇用」という言葉で特徴づけることは普通である。

　ちなみに，新聞においてその言葉を含む記事の件数の推移をみると，1990年代の前半から雇用不安の高まりのなかで大きく増加してきている。その崩壊，変容に関する話題が多いが，他方で規範としての「終身雇用」が話題となることも，なお少なくはない。

「終身雇用」という言葉を含む新聞記事件数

注：『朝日新聞』は「聞蔵Ⅱビジュアル」によって東京本社発行の本紙面について検索した。『日本経済新聞』は「日経テレコン21」によって検索した。ともに夕刊を含む。

面がある。1つは，勤労者が1つの企業（あるいは企業グループ）に定着して仕事を続けるという面であり，それには，採用のあり方や（日本は新卒採用中心であるといわれる。厚生労働省「雇用動向調査」によると，実際には1000人以上の大企業においても，入職者に占める新規学卒者の割合は最近では2割台の前半であり，比較的高かった1990年代の前半でも3割台の前半であった），人材育成，賃金処遇制度のあり方などが関わっている。もう1つは，企業がいわゆる正社員の雇用の維持を重視し，不況期にもできるだけ解雇などの人員整理を行わないように努めるという面である。本章においては後者の面を中心に述べる。前者については，人材育成，賃金処遇制度などの章において述べられることが多いためである。

## 1　第二次大戦前の状況──頻繁な労働移動

「終身雇用」は古くからある日本の伝統的な雇用慣行というイメージがある。しかし第二次大戦前は，労働移動が非常に活発で，不況期には解雇もかなり行われ，長期安定雇用といいうる実態ではなかった。

戦前の主要産業であった女性労働者が中心の繊維産業においてはとくに，それ以外の産業においても，一般に労働移動が活発であった。そのことは，産業上，社会上の重要な問題であると認識されていた。明治の末年であるが，「工業教育界」を主宰していた宇野利右衛門は「此の職工の勤続年数が短くして，常に出入動揺を仕て居て，一定の熟練な者を使ふことが出来ないと云う事は，我が工業上の一大欠陥である」と述べていた［宇野 1912］。また大正の終わり頃に，ある論者は，「全く労働移動こそは事業界の一大暗礁であつて，それは事業家の好むと好まざるとに拘はらず，依然として彼処に此処に存在する」と書いている［前田 1924］。1920年代には，一部の大経営を中心として昇給，賞与制度の整備，企業内福利制度の整備・拡充が行われたことや，不況ということもあって離職率は低下をみるが，それでも，全体的にみればかなり高い状況であった。**図表3-1**には製造業における月平均の離職率の推移を示してあるが，単純に年率に換算すると，1920年代後半以降，50％台かそれをやや下回る高い水準で推移している。ただし，重工業の大経営においては定着的な層もか

図表 3-1　離職率の推移（製造業，月平均）

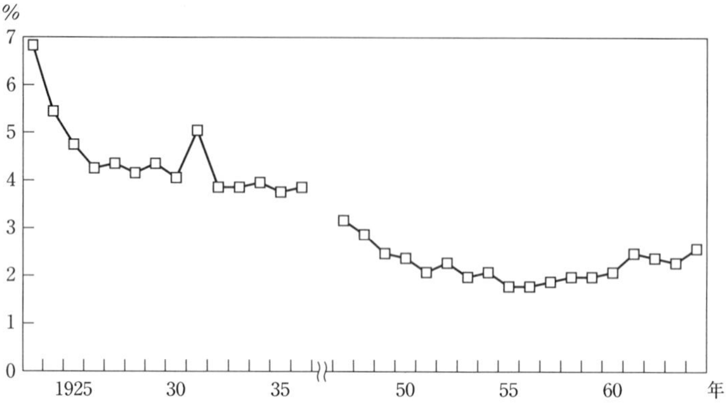

注：戦前のデータは，内閣統計局『労働統計要覧』（工場法適用工場中，常時職工50人以上を使用する工場），戦後のデータは，労働省「毎月勤労統計調査」による（常用労働者30人以上規模の事業所）。調査方法の違いのため，戦前と戦後の厳密な比較はむずかしい。

図表 3-2　雇用調整速度

|  |  | 雇用調整速度 | 代替の弾力性 | 技術進歩率（％） |
|---|---|---|---|---|
| 日　本 | 1927年2月-37年6月 | 0.52 | 0.50 |  |
| 日　本 | 1960-73年 | 0.35 | 0.92 |  |
| 日　本 | 1974-85年 | 0.17 | 0.81 |  |
| アメリカ | 1960-85年 | 0.66 | 0.22 | 3.8 |
| 西ドイツ | 1960-85年 | 0.46 | 0.57 | 3.8 |

出所：[岡崎・奥野 1993]

なり厚く存在するなど，まったく流動的な状況であったわけではないことは留意されるべきである。

　解雇については，不況に際しても熟練労働力を温存するなどのために，できるだけそれを避ける方針をとる企業もあったが，全体としては解雇が多く行われた。第二次大戦前の雇用調整速度は，戦後と比べてかなり大きかったと推計されている（**図表3-2**）。また『1959年版 労働白書』は，1929年から31年の不況期に，製造業全体で約2割の人員の減少がみられたが，その減少の多くを解

雇によるものと推測している。実際，当時の『工場監督年報』(昭和5〔1930〕年版)は「工場閉鎖，休業，操業短縮，経営の合理化等を行うもの続出し，為めに職工解雇数は未曽有の多きを示したり」と記していた。

## 2 労働組合の解雇反対闘争

### (1) 労働組合と長期安定雇用

戦後，労働組合の組織化が急速に進んだことはよく知られている。敗戦の翌年の1946年には労働組合組織率は41.5％(組合員数493万人)，49年には組織率55.8％(組合員数666万人)となった。長期安定雇用慣行の成立には，戦後，多くの事業所，企業において組織された労働組合が大きな役割を果たした。職員・工員の身分差別撤廃，賃金処遇制度や福利厚生制度の改善，不況下における解雇反対の運動などが大きく関わっている。ここではとくに解雇反対闘争についてみる。『1959年版 労働白書』は，不況時における日本の企業の雇用調整においては，入職の引き締め，自然減耗の不補充が基本であり，解雇があまり行われないことを指摘し，そのことを，戦前の日本や，アメリカと異なる「わが国雇用制度の特色」としている。そしてそのことには，生産技術の近代化にともない，熟練労働者を企業内で養成し確保する傾向が大企業を中心として強まったことと，戦後大量に組織された企業別労働組合の圧力とが関連しているとしている。実際に，労働組合は解雇を主要な内容とする「企業整備」(1950年代半ばくらいまでよく用いられた言葉)や「合理化」に対して，しばしば激烈な闘争を行ってきたのである。

### (2) 人員整理の状況

戦後も1950年代までは，不況時に人員整理がかなり行われていた。たとえば，1949年から50年の朝鮮戦争勃発までの時期は，経済安定9原則，ドッジ・プランによってインフレーションが鎮静するなかで，日本経済は深刻な不況に直面することになったが，そのなかで多くの企業において，解雇を含む企業整備が実施された。その当時の主要企業の人員整理の状況をみると，**図表3-3**の

**図表3-3　主要企業における人員整理状況**
(1949年1月-50年10月，整理人員数1000名以上)

| 事業所名 | 整理人員数 |
|---|---|
| 日立製作所 | 5555 |
| 民生ヂーゼル | 1000 |
| 三菱重工 | 2000 |
| 沖電気 | 2819 |
| 日本電気 | 3569 |
| 東芝 | 4581 |
| 三菱電機 | 1700 |
| 富士通信機 | 1490 |
| 大同製鋼 | 3000 |
| 扶桑金属 | 2350 |
| 日本製鋼所 | 1300 |
| いすゞ自動車 | 1279 |
| 日産自動車 | 2000 |
| トヨタ自動車 | 1600 |
| 昭和電工 | 1868 |
| 三井化学 | 1540 |
| 日本セメント | 1314 |
| 汽車会社 | 1521 |
| 川崎車両 | 1700 |
| 川崎重工泉州 | 1200 |
| 古河電工 | 2350 |
| 日本冷蔵 | 1077 |
| 日本水産 | 1151 |

出所：[労働省編 1952]

ようになっているが，現在の日本を代表する企業のいくつかも，かなり大規模な人員整理を実施していたことがわかる。

　一般的な状況を示すデータとして，**図表3-4**は，入職率とあわせて，製造業の離職率を示したものである。1949年になって，入職率が低下する一方で，離職率が上昇していることがわかる。不景気の時期には，良好な転職機会が減少するため，自発的な離職は少なくなる。他方で，人員整理などによって非自発的に離職せざるをえない人々は増加する。この時期に全体として離職が増加しているのは，後者が大きく増加したことによっている。実際，離職者中の「任意退職者」の割合をみると，1948年10月から49年3月までについては71.4％であったが，49年5月から12月までは52.4％と大きく低下している（労働省「雇用状態調査」）。景気変動と離職率の関係について，このように，景気調整期に入職率が低下する一方，離職率が上昇する傾向は，1951年6月の朝鮮戦争休戦会談開始以後の景気低迷期，そして金融引き締めによるデフレ政策の影響が顕著になった54年の時期においてもみられた。高度経済成長開始以後も，1957年から58年にかけての「なべ底不況」期において同様の傾向がみられたが，それ以降は，「（離職率は）好況時には上昇し，景気停滞期には下降し，入職率と同一

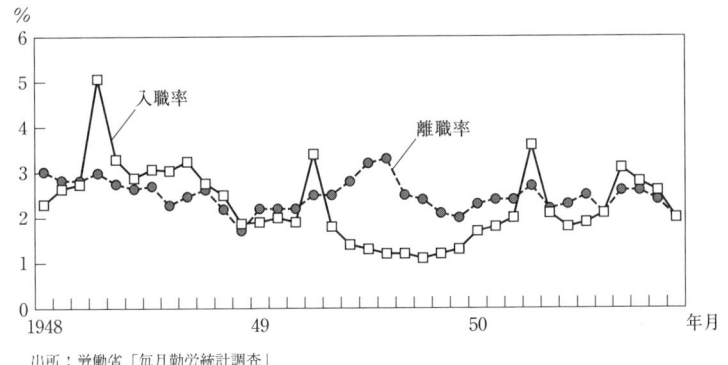

図表3-4　離職率・入職率の推移（1948年1月-50年12月，製造業）

出所：労働省「毎月勤労統計調査」

傾向に動く傾向をみせはじめる」[労働省労働統計調査部編 1968]。人員整理があまり行われなくなるからである。そのことには，労働組合による解雇反対闘争が1つの重要な要因として関わっている。

### (3) 解雇反対闘争

　1950年代までは，不況期の雇用調整において人員整理が行われることが比較的多かった。その場合，指名解雇，あるいは指名解雇に類した希望退職募集が行われ，労働組合の解雇反対闘争によって，深刻な労使紛争にいたることが少なくなかった。とくに著名なものを若干紹介しておく。

【日立争議】1950年，労働組合の賃上げ要求に対して，日立製作所は5555名もの大量の人員整理を行うと発表した。これに対し組合は強く反発するが，会社は団体交渉の席上，「人員縮減や企業合理化は会社の経営権である」，「人員縮減については団体交渉を行わない」として交渉を打ち切り，整理対象者に対して解雇通知書を発送した。そして以後，約2ヶ月間にわたる深刻な紛争が生じることとなった。ストライキ，ロックアウトの最中，各事業所において組合員またその家族によって，部課長，会社幹部に対する激しい，暴力的な集団交渉，吊るし上げが行われ，荒廃した職場状況となった。争議は結局，暴力的な闘争に対する一般組合員の批判が高まり，退職申出者も増加し，暴行事件によ

る組合幹部層の検挙などもあって，組合が人員縮減の会社提案を諒承して終結した。[労働省編 1952]

【日鋼室蘭争議】1954年，経営状況が悪化していた日本製鋼所は，全社的に1246名，うち室蘭製作所においては組合員915名を含む1010名の人員整理案を組合に提示した。団体交渉において日鋼労連は，組合との協議を行わずに会社が一方的に整理案を発表したこと，ほとんど個人指名と同様の整理基準項目があることなどを批判したが，会社は問題とせず交渉は行き詰まり，組合はストライキに入った。その後，室蘭製作所以外では，希望退職の募集を受け入れて短時日のうちに争議は終結した。人員整理が集中した室蘭では，当初，周囲からはどうせ闘えまいとみられていた室蘭労組が，希望退職を拒否し，外部の労働組合などの指導，協力を得ながら，「一名も首切りを出さないという基本に立ち」，反対闘争を6ヶ月以上も継続した。「青年行動隊」，「主婦協議会」が組織され，「地域ぐるみ」，「家族ぐるみ」で闘争が続けられた。争議が長期化するなか，早期解決を求める組合内の勢力によって新労組（第二組合）が結成されると，従業員間の反目，抗争が激しくなり，暴力事件などトラブルが相ついだ。結局，中央労働委員会（以下，中労委という）の斡旋案を労使がともに受諾して解決することとなり，希望退職募集によって662名が解雇された。争議による会社側の損害は約12億円に達した。[労働省編 1955]

【三井三池争議】1959年から60年にかけて1年近くにもおよんだ三井三池争議もまた，人員整理をめぐって争われ，「総資本対総労働の対決」とまでいわれた大争議であった。争議の直接のきっかけは，全社で4580名の人員削減を主内容とする三井鉱山の第2次合理化案である。三池鉱業所では2020名の削減予定とされたが，三池労組は白紙撤回を要求して，退職応募者がほとんど出なかった。その後組合は，指名解雇を会社が撤回すれば，希望退職募集を認める方針をだすが，会社は予定人員数の削減ばかりではなく，300名の「業務阻害者」の解雇を主張して譲らず，折り合いがつかなかった。中労委の斡旋も不調に終わり，会社が1278名に対し指名解雇通告を行うと，争議は，会社による全山ロックアウト，三池労組による全山無期限ストライキという事態にいたり，長期化，深刻化していった。その間には，組合の分裂が起こり，旧・新組合間の対

第3章　長期安定雇用

立が深刻化し，暴力行為も頻発した。また，暴力団によって組合員が刺殺される事件も起きた。結局，中労委の第3次斡旋案を労使が受諾して争議は解決されたが，その内容は，会社は指名解雇を取り消すが，解雇該当者は1ヶ月の整理期間をまって自発的に退職したこととするというもので，最大の争点であった指名解雇を事実上認めるものであった。こうして争議は組合の敗北に終わったが，会社の受けた損害もまた甚大なものであった。[労働省編 1961；1962]

### （4）紛争の教訓

　上に挙げた著名な争議もすべてそうであるが，労働組合による解雇反対闘争の結果，経営側に人員整理を撤回させ，勝利した例はほとんどなく，組合はその困難さを痛切に自覚することになった。組合が解雇撤回に固執し続け争議が長期化するなか，会社の資金繰りが悪化して倒産，全員解雇という悲惨な結果となったものもあった（1954年の尼崎製鋼所の争議）。他方で経営側も，雇用調整の手段として解雇を選択することが，労使紛争を招き損失が大きいことを自覚するようになっていった。このことに関する，1960年代半ばの労務担当者の言を紹介しておく。日立製作所の勤労部門の管理者は，1950年の争議をふり返って，「今日から十三年前の二十五年の大争議を思うとまさに昔日の感に打たれるが……今日の相互信頼の円満な労使関係は二十五年の大争議の教訓により出来上がったのであり，あの悲惨な人員整理を思うにつけ，人員整理は絶対に避けるべきであり，そういう経営管理，労務管理を行うことが，経営の衝にある者にとっての責任」であると述べている [森岡 1963]。また石川島播磨重工の勤労部門の管理者は，「……離職は，すなわち失業を意味し，失業が生活圧迫を必然的にともなうことから，雇用合理化，特に人員整理は，従来から例外なく，深刻な労使紛争を惹起していた。人員節減の諸方策はそれを進める一方で常に労使の協力関係を維持し，それを基礎として展開されなければならない。そのためには企業の利益を不当に阻害しない限り，解雇や整理という事態はあらゆる手段を講じて回避してゆく努力が経営態度として，是非必要である」と述べている [浅沢 1966]。

　労使紛争の経験や，高度経済成長の過程で労働力不足が深刻になってきたこ

と，また経営内容が改善充実したことなどから，雇用調整をできるだけ人員整理によらずに行うことが一般的となっていった。その場合，残業規制，新規採用の削減・停止，配置転換，出向，臨時工・パートタイム労働者の再契約停止，一時帰休などの諸方策が実施された。配置転換は，重要な雇用調整施策として1960年代に定着をみたものである。やむなく人員整理を行う場合も，指名解雇ではなく，退職金の増額，再就職の斡旋などの措置をとって退職希望者を募集するというかたちがとられた。そして雇用調整策の実施に際しては，労働組合との協議をつくし，その協力を得ることが重要視された。

## 3 オイルショック後（1970年代後半）

### (1) 労使慣行の成熟

　長期におよんだ高度経済成長の終わりを画した1973年の第一次オイルショック後の不況下における雇用調整は，広範かつ長期におよび，雇用不安が深刻化した。そうしたなかでの，労使，また政府，法の対応は，長期安定雇用慣行の確立に重要な意義をもった。

　1970年代後半における製造業の雇用調整の実施状況を労働省「雇用変動総合調査」（1979年）によってみると，**図表3-5**のようになっていた。「希望退職，指名解雇の実施」を行ったのは全体で19.4％であり，1000人以上の規模においても同程度となっている。かなり多くの企業が直接的な人員削減策を実施し，それは大会社でも例外ではなかった。しかしこの時期の人員整理に際しては，1950年代までとは異なり，労使紛争をともなうことが比較的少なかったことが特徴である。**図表3-6**をみると，オイルショック以後，「解雇反対・被解雇者の復職」を求める争議の件数はとくに高まっておらず，その争議全体に占める割合も1-2％台の低さにとどまっていた。それは1つには，労働組合が戦後激しく抵抗してきた指名解雇が少なかったことによる。とくに労働組合が組織されていることの多い大企業ではきわめて少なかった。前記の労働省の調査によると，製造業の1000人以上規模の企業では，指名解雇による常用労働者の減員は調査対象期間の減員全体の0.8％でしかなく，希望退職が8.8％であった

第3章　長期安定雇用

図表3-5　雇用調整の実施状況（1975年1月-78年6月，製造業）
(%)

|  | 企業規模計 | 1000人- | 300-999人 | 100-299人 | 30-99人 | 5-29人 |
|---|---|---|---|---|---|---|
| 残業規制 | 16.6 | 40.3 | 37.5 | 24.3 | 22.9 | 13.3 |
| 中途採用の削減 | 11.7 | 32.4 | 29.4 | 18.7 | 16.1 | 9.0 |
| 下請・外注の減少 | 16.1 | 14.0 | 19.5 | 18.1 | 19.1 | 15.3 |
| 配置転換の実施 | 7.3 | 79.0 | 55.0 | 27.4 | 11.2 | 1.0 |
| 出向の実施 | 3.5 | 32.4 | 21.6 | 13.6 | 4.4 | 1.0 |
| 所定内労働の短縮 | 5.4 | 21.9 | 16.3 | 7.5 | 5.8 | 4.2 |
| 新規学卒採用の中止 | 7.2 | 21.2 | 31.9 | 19.2 | 12.8 | 3.9 |
| 一時休業（帰休） | 5.1 | 12.0 | 15.3 | 13.9 | 8.8 | 3.1 |
| 希望退職，指名解雇の実施 | 19.4 | 20.3 | 30.7 | 29.5 | 26.1 | 16.9 |

出所：労働省「雇用変動総合調査」（1979年）

図表3-6　「解雇反対・被解雇者の復職」が主要要求の争議の件数，割合

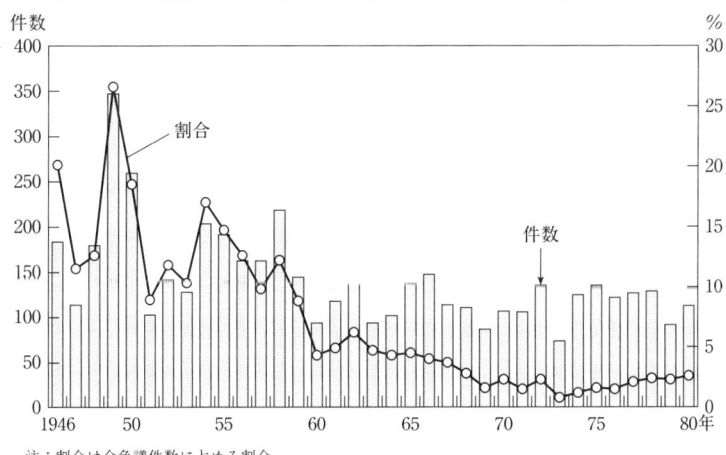

注：割合は全争議件数に占める割合
出所：労働省「労働争議統計調査」

（規模計では，それぞれ3.2％，12.3％であった）。

　またその希望退職募集の実施についても，その提案が労働組合との協議を経て行われ，労働組合の要求にそって，比較的その字義に近いものが多かったと考えられる。1950年代までは，希望退職といっても，整理基準を細かく設けた

り，それにそって退職勧奨したりすることが多く，さらにその基準には，会社の恣意的な運用を可能とするあいまいなものが含まれていることも多かった。一例を挙げれば，1954年の日亜製鋼の場合は，身体的な状況，家族の状況に関わる6項目の基準のほかに，「出勤状況不良の者」，「執務成績，労働能率不良の者」，「素行不良で会社や他の従業員に迷惑を及ぼし若しくは及ぼす恐れのある者」，「減員にともなう剰員で配転が困難な者」といった基準で該当者を勧誘するとしていた［労働省編 1955］。1970年代後半においても，たとえば安川電機では，「勤務状況に問題のある人」，「会社の施策に協力度合いの少ない人」などの基準で退職希望者を募集するとして紛争となったが［労働省編 1980］，総体的には，そのような例は少なかったため，労使紛争にいたることが多くなかったと考えられる。そうしたことを含めて，人員整理，解雇をめぐる紛争を避けて雇用調整に対処する労使慣行の成熟をみてとることができる。

### （2）配置転換，出向

不況の影響が広く，長期におよんだため，その間には人員整理がかなり行われ，マスコミでは，「人減らし」に積極的な企業経営が賞賛されたり，「終身雇用崩壊論」が唱えられたりした。しかしそれは苦境に陥った企業が多かったからであり，直接的な雇用の削減，とくに解雇をできるだけ避けるという雇用調整のあり方が大きく変化するようなことはみられなかった。先進諸国において失業率が大きく上昇した状況に比べて，日本は2％台にとどまり，比較的安定した雇用・失業状況を保ちつづけていたことから，その背景にある日本の企業の雇用慣行に注目が集まりもした。

とくに注目されたことの1つが，企業内あるいは企業グループ内における活発な労働移動であった。配置転換，出向である。さきの**図表3-5**によると，1000人以上の規模では，それらを実施した割合はそれぞれ79.0％，32.4％とかなり高くなっている。また同じ調査によると，希望退職，指名解雇に比べて，常用労働者の「減少要因」としての割合がかなり高く，あわせて減員全体の34.2％にもなっている（製造業の1000人以上規模）。配置転換，出向は，雇用調整ばかりを目的としたものではない。従業員の人材育成，適正配置のため，ま

た出向の場合は子会社，関連会社に対する経営指導，援助などの目的でも行われるものであるが，大きな雇用調整機能も果たした。配置転換，出向は技能適応の問題や家庭生活への大きな影響などをともなうことがあり，必ずしも問題なく実施されたわけではないが，一般に労働組合は雇用確保をはかるために協力的姿勢で対応した。労働組合の協力的対応も含めて，企業（企業グループ）内の人材再配置の柔軟性が雇用の維持に果たした役割には大きなものがあった。

### （3）雇用調整給付金制度の導入

　オイルショックによる不況は，政府の雇用政策の面にも大きな影響を与えることとなった。現在の雇用保険法が失業保険法にかわって制定されたのが1974年であった。もともとの失業保険法の目的は，失業者に対して失業保険金を支給することによって，その生活の安定をはかることであったが，雇用保険法においては，その失業給付事業に加えて，失業発生の予防などをはかるための雇用構造の改善，労働者の能力の開発，労働者の福祉の改善のための事業を行うこととされた。

　そして雇用改善事業の1つとして，「事業主に対して，景気変動，国際経済情勢の変化その他の経済上の理由により事業活動の縮小を余儀なくされた場合における被保険者の失業の予防をはかるため必要な交付金の支給を行う」ための雇用調整給付金制度がつくられることとなった。事業主による休業手当の一定割合を給付するもので（大企業は2分の1，中小企業は3分の2），折からの不況のなかで，給付金に対するニーズは高く，制度創設直後の1975年度には，5万9418事業所に対し，550億円あまりが支給された。当初は，景気が回復するまでの一時的な不況における過剰人員を，一時休業によって調整する事業主に対する助成として意図されたものであった。しかし1977年の改正により，雇用安定事業が新設され，景気の変動ばかりではなく，産業構造の変化による事業転換，事業規模の縮小にともなう，教育訓練，休業，出向を行う事業主に対しても助成する仕組みがつくられることとなった。雇用調整給付金は，その後1981年に，出向給付金と統合されて，雇用調整助成金制度が創設される。

　こうした制度に対し，構造的な不況業種において，過剰な雇用を抱え込ま

◀コラム❷「終身雇用崩壊論」▶

　1990年代以降の長期にわたる不況期に，マスコミなどで「終身雇用崩壊論」がよく話題となった。しかし，30年ほど前の1970年代後半の時期にもそれが話題となっていたのである。以下に，当時のものを2つほど紹介しておく。

　『エコノミスト』誌の1978年12月12日号は「本番迎えた減量新時代」という特集を組んでいるが，そのなかに「"人減らし攻勢"の恐怖　崩れゆく終身雇用制」という論説がある。若干を引用する。「高度成長時代に売上高競争を演じ，設備の拡大競争を行った産業界は，一転してこんどは"人減らし競争"に血道をあげている。そのやり方のすさまじさを見ていると，最近の合理化は不況を乗り切るための一時の緊急避難とはとても思えない。」「かつてOECDはわが国の労働慣行である終身雇用制，年功序列制，企業別組合を，日本的経営の秘密はこの三つに隠されていると指摘した。しかし，いまやこの三種の神器は経営者みずからの手で無用の長物として打ち捨てられようとしているかのように見える。……大規模な合理化の動きは，わが国の経営者が意識的にかどうかはともかく終身雇用制の破壊に手をつけ始めたことを示している」。

　もう1つは，外国のものであるが当時話題となった Business Week 誌の「終身雇用の終焉」と題された論説である（1978年7月14日号）。これも若干を引用する（拙訳）。「第二次大戦後から4年前まで，日本の『終身雇用』制度——定年までの安定した雇用を保障する制度——は急速に拡大する経済の重要な支柱であった。しかし1973年終わりのオイルショックによって日本経済の2桁成長が終わり，終身雇用は多くの労働者たちにとって無意味なものとなってしまった。……実際，多くの事実が，終身雇用がすたれつつあり，消滅しそうなことを示している。それがアメリカにみられるようなより柔軟な労働関係にとって代わられることはほとんど確実である。経営者は不況期に過剰な従業員を解雇できるようになり，勤続を基準に行われている昇給は，より直接的に技能と結びついて行われるようになるだろう。しかしその場合，経営者は労働移動の増加，また敵対的な労使関係に対処することを迫られるようにもなる。」

せ，構造調整を阻害するという批判も強く主張されてきたが，景気変動，産業構造の変化に際して，積極的に失業の予防，雇用の安定をはかるための重要な施策として活用されていくことになる。

### （4）整理解雇の4要件の確立

　長期雇用慣行を反映して，またそれを補完する，解雇に関する判例法理が確立するのもオイルショック後であるといわれている。もともと，明治期に制定された民法は，期間の定めのない雇用契約においては，各当事者はいつでも解

約を申し入れることができ，申し入れの2週間後に契約は終了するものと定めていた。敗戦後，労働基準法などの労働諸法制が制定されるが，それらは民法の解雇自由の原則をくつがえすのものではなく，その原則のもとで，一定の理由による解雇や一定の期間内の解雇を禁止し，また解雇に手続き的制約を課するものであった。しかし実際には，判例法理によって，解雇はかなり厳しく制限されることとなった。解雇権濫用法理と呼ばれるものである。それは，客観的に合理的な理由がなく，社会通念上相当なものとして是認することができない解雇は，解雇権の濫用として無効になる，というものである。戦後の厳しい雇用・失業情勢のなかで，1950年代前半に，権利濫用説に基づいて解雇権を制約しようとする裁判例が多くみられるようになり，その後の下級審裁判例の蓄積を受けて，70年代後半の最高裁判例（75年日本食塩製造事件，77年高知放送事件）によって確立することになる。なおこれは，2003年の労働基準法の改正によって，その第18条の2において明文化され，その後2007年に成立した労働契約法の第16条に移行された。

　事業経営の不振を理由とする整理解雇を規制する判例法理が本格的に確立するのは，オイルショックの影響により雇用調整が大きく増加した時期以降，1980年代前半にかけてであるとされる。整理解雇の4要件と呼ばれるものである（東洋酸素事件の東京高裁判決〔1979年〕がそうした定式化を行った代表的な判決）。その内容は，整理解雇が有効となるためには，①人員削減を行う高度の必要性があること（人員整理の必要性），②人員削減の手段として，配転・山向，一時帰休，希望退職募集などの手段により解雇を回避するように努力したこと（解雇回避努力），③整理の人選基準，その適用が妥当であること（人選の妥当性），④労働組合または労働者に対して解雇の必要性，その実施方法などについて説明し，納得を得るように努めたこと（実施手続きの妥当性），が必要である，というものである。できるだけ解雇という厳しい方策を回避する，事前に労使協議を経て，労働組合の納得を得て雇用調整を実施するという，その当時までに確立されていた雇用調整のパターンを反映して定式化されたものである。しかし最近，このような解雇規制が正社員の雇用を減らし，不安定雇用を増加させているという批判が強く主張されてきている。

## 4 国際比較

### (1) 日本の特異性？

　高度経済成長期，そしてオイルショック後の時期を通じて形成，確立してきた長期雇用慣行は，「終身雇用」と呼ばれることが一般的であり，また「年功賃金」，「企業別組合」とともに，日本的経営の「三種の神器」といわれることもかつてはあり，日本に独自の特殊な慣行のような印象がある。その「三種の神器」論が内外に広まるきっかけになったといわれるのは，1970年代初めのOECDによる日本の労働力政策に関する報告書（OECD Reviews of Manpower and Social Policies - Manpower Policy in Japan, 1973. その第1部と第2部は，労働省により邦訳され『OECD対日労働報告書』として1972年に出版された）である。それは，日本的雇用制度の3つの主要な特徴として，「生涯雇用」，「年功賃金制度」，「企業別組合主義」を指摘したが，そうした特徴をもつ日本の雇用制度を国際的にみて特異なものとはみていなかった。「この制度には，西欧諸国にとって全く異質なものはない。欧州と北米の労使関係または人事政策の特色と傾向で，日本の制度に非常に類似するものは多くある。ことにその中で各企業の労働力を定着させるための雇用保障やとりきめなどがそうである。そのちがいは原理的なものというより程度の問題である」と書いていた。

### (2) 労働移動率

　その程度の違いをみるために，労働市場の流動性，雇用の安定などについての統計を国際比較してみる。過去に何度かOECDの報告書がその種の統計表を掲載している。まず**図表3-7**は，入職率，離職率をみたものである。時期は1970年代，そして80年代の前半についてのものである。オイルショック以後，各国ともおおむね移動率の低下がみられる。1970年代後半以降についてみると，日本と欧米の違いではなく，日本およびヨーロッパと，アメリカとの違いが目立つ。アメリカが際だって高い数値となっている。その他の国については，イギリスがやや高く，日本はフランス，イタリア，スウェーデンとあまり

図表3-7 労働移動率の国際比較
(％)

| 年 | 日本 | | フランス | | イタリア | | スウェーデン | | イギリス | | アメリカ | |
|---|---|---|---|---|---|---|---|---|---|---|---|---|
| | 入職率 | 離職率 | 入職率 | 離職率 | 入職率 | 離職率 | 入職率 | 離職率 | 入職率 | 離職率 | 入職率 | 離職率 |
| 1971 | 18 | 19 | 22 | 19 | 28 | 29 | ‥ | ‥ | 28 | 32 | 47 | 50 |
| 1972 | 17 | 18 | ‥ | ‥ | 29 | 26 | ‥ | ‥ | 25 | 26 | 54 | 52 |
| 1973 | 19 | 18 | ‥ | ‥ | 33 | 26 | ‥ | ‥ | 32 | 31 | 58 | 56 |
| 1974 | 14 | 17 | ‥ | ‥ | 18 | 17 | 28 | 22 | 31 | 33 | 50 | 59 |
| 1975 | 11 | 15 | ‥ | ‥ | 11 | 15 | 22 | 21 | 23 | 30 | 44 | 50 |
| 1976 | 14 | 14 | ‥ | ‥ | 15 | 15 | 19 | 19 | 24 | 25 | 47 | 46 |
| 1977 | 12 | 14 | 18 | 17 | 12 | 14 | 14 | 17 | 25 | 24 | 48 | 46 |
| 1978 | 11 | 13 | 15 | 10 | 11 | 12 | 15 | 15 | 23 | 24 | 49 | 47 |
| 1979 | 13 | 13 | 16 | 16 | 14 | 13 | 21 | 19 | 22 | 24 | 48 | 48 |
| 1980 | 14 | 13 | 15 | 14 | 12 | 13 | 21 | 20 | 16 | 25 | 42 | 48 |
| 1981 | 13 | 12 | 13 | 16 | 9 | 13 | 13 | 18 | 12 | 22 | 39 | 41 |
| 1982 | 13 | 13 | ‥ | ‥ | 8 | 14 | 14 | 17 | 14 | 21 | ‥ | ‥ |
| 1983 | 13 | 12 | ‥ | ‥ | ‥ | ‥ | 15 | 16 | 16 | 21 | ‥ | ‥ |
| 1984 | 14 | 12 | 13 | 14 | ‥ | ‥ | 20 | 17 | 19 | 21 | ‥ | ‥ |

注：同一企業内の事業所間異動を含む。原表にある西ドイツは製造業のみの統計のため除いてある。
出所：OECD, *The OECD Jobs Study: Evidence and Explanations, Part II : The Adjustment Potential of the Labour Market, 1994.*

違いはない。その報告書は「ヨーロッパと日本の間には，移動率においてとくに違いがない」と指摘している。

### (3) 勤続年数

　図表3-8は，勤続年数についてみたものである。数値は1995年のものである。まず，勤続年数が1年未満の割合をみると，労働移動率の低さを反映して，日本は7.6％であり，8.5％のイタリアとともに，最も低い部類である。最も割合が高いのはアメリカで26.0％となっており，オーストラリア，カナダ，イギリスといったアングロサクソン諸国も比較的高い。ドイツ，フランスはそれらの中間で，10％台の半ばである。2年未満まででみると，日本はドイツ，フランスと同じくらいの割合となる。他方，勤続年数が長い20年以上の割合に

図表 3-8　勤続年数の国際比較（1995年）

(%)

| | 日本[1] | アメリカ[2] | カナダ[3] | イギリス | オーストラリア[4] | ドイツ | フランス | イタリア |
|---|---|---|---|---|---|---|---|---|
| 勤続年数別の構成 | | | | | | | | |
| 　6ヶ月未満 | － | 12.6 | 14.8 | 10.5 | 15.8 | 7.9 | 10.1 | 4.5 |
| 　6ヶ月－1年未満 | 7.6 | 13.4 | 7.9 | 9.1 | 9.4 | 8.2 | 4.9 | 4.0 |
| 　1－2年未満 | 15.0 | 8.5 | － | 10.7 | 12.6 | 9.4 | 8.0 | 7.0 |
| 　2－5年未満 | 13.9 | 20.0 | 28.0 | 19.5 | 21.6 | 22.0 | 17.7 | 18.1 |
| 　5年未満 | 36.5 | 54.5 | 50.8 | 49.8 | 59.4 | 47.5 | 40.6 | 33.6 |
| 　5－10年未満 | 20.7 | 19.8 | 19.8 | 23.5 | 19.5 | 17.2 | 17.4 | 20.8 |
| 　10－20年未満 | 21.5 | 16.8 | 18.1 | 17.3 | 14.3 | 18.4 | 23.3 | 26.1 |
| 　20年以上 | 21.4 | 9.0 | 11.3 | 9.4 | 6.8 | 17.0 | 18.7 | 19.5 |
| 勤続年数の中位数（年） | 8.3 | 4.2 | 5.9 | 5.0 | 3.4 | 10.7 | 7.7 | 8.9 |
| 平均勤続年数（年） | 11.3 | 7.4 | 7.9 | 7.8 | 6.4 | 9.7 | 10.7 | 11.6 |
| 性　　別 | | | | | | | | |
| 　男　性 | 12.9 | 7.9 | 8.8 | 8.9 | 7.1 | 10.6 | 11.0 | 12.1 |
| 　女　性 | 7.9 | 6.8 | 6.9 | 6.7 | 5.5 | 8.5 | 10.3 | 10.6 |
| 年齢階級別 | | | | | | | | |
| 　15－24歳 | 2.5 | 1.6 | 1.6 | 2.2 | 1.9 | 2.4 | 1.6 | 2.8 |
| 　25－44歳 | 9.5 | 6.2 | 6.5 | 7.0 | 5.9 | 7.7 | 9.0 | 9.4 |
| 　45歳以上 | 18.0 | 12.4 | 13.8 | 12.2 | 11.1 | 16.2 | 17.5 | 19.2 |

注：1）区分は1年未満，1-2年，3-4年，0-4年，5-9年，10-19年，20年-，2）1996年。区分は6ヶ月未満，6ヶ月-1年，13-23ヶ月，2-5年未満，5年未満，5-10年未満，10-20年未満，20年-，3）区分は6ヶ月以下，7-12ヶ月，1-5年，5年以下，6-10年，11-20年，20年-，4）1996年。
出所：OECD, *Employment Outlook*, 1997.

ついてみると，日本が最も高く，2割を超える。ただし，突出して高いわけではなく，イタリア，フランス，ドイツも2割に近い数値である。総じてアングロサクソン諸国は長期勤続者の割合が低く，1割かそれに満たない程度である。勤続年数の中位数，平均勤続年数についてみると，日本は，ドイツ，フランス，イタリアとだいたい同じような水準で，アングロサクソン諸国よりもかなり長くなっている。日本は長期勤続者の割合が高く，平均勤続年数も長い国であることがわかるが，そのことは日本の特異性とはいえない。この表から

も，日本およびヨーロッパ大陸の諸国と，アメリカをはじめとするアングロサクソン諸国との違いが目立つ。また最近の勤続年数の統計について，ILOの研究者によるものを**図表 3-9**に示しておく。

以上にみたデータからは，長期雇用が日本に特有のものとはいえないことがわかる。また雇用調整速度についても，雇用人員ベースで，日本が顕著に遅いとは必ずしもいえないようである。たとえば，オイルショック後の，アメリカ，イギリス，西ドイツ，日本の製造業について計測した研究によると，アメリカがかなり大きく，日本を含めた3国はあまり違いがないという結果となっている［篠塚 1989］。

**図表 3-9　勤続年数の国際比較**（2002年）

|  | 平均勤続年数(年) | 勤続1年未満の割合（％） | 勤続10年以上の割合（％） |
|---|---|---|---|
| ベルギー | 11.6 | 12.2 | 46.7 |
| デンマーク | 8.4 | 20.9 | 31.5 |
| フィンランド | 10.3 | 19.8 | 40.0 |
| フランス | 11.3 | 15.3 | 44.2 |
| ドイツ | 10.7 | 14.3 | 41.7 |
| ギリシャ | 13.2 | 9.8 | 52.1 |
| アイルランド | 10.0 | 16.3 | 34.6 |
| イタリア | 12.1 | 10.8 | 49.3 |
| ルクセンブルク | 11.3 | 9.9 | 45.3 |
| オランダ | 9.9 | 12.0 | 39.0 |
| ポルトガル | 11.7 | 13.2 | 44.9 |
| スペイン | 9.9 | 19.5 | 38.7 |
| スウェーデン | 10.5 | 14.1 | 40.4 |
| イギリス | 8.1 | 19.1 | 32.1 |
| 日　本 | 12.2 | 8.3 | 43.2 |
| アメリカ | 6.6 | 24.5 | 26.2 |

注：日本について，平均勤続年数は2001年，その他の数値は1998年のもの。アメリカの平均勤続年数は1998年の数値。

出所：Peter Auer, Janine Berg and Ibrahim Coulibaly, "Insights into the tenure-productivity-employment relationship", Employment Analysis and Research Unit, 2004.

## 5　最近の動向

### （1）離職率の動向

長期雇用慣行は，最近，大きく変化してきた印象がある。1990年代からの長期にわたる日本経済の停滞，景気の先行きの不透明化のなかで，雇用が安定し

「終身雇用」と思われてきた大企業においても「リストラ」が多く行われ，それがマスコミでさかんに報じられてきた。そして国民の雇用不安，失業不安が大きく高まった。労働市場の流動化が不可避的に進んでいくという見通しが多く示されるなかで，エンプロイアビリティ（転職できる能力，雇用され続ける能力）が重要という考えが広まり，資格取得ブームが生じた。転職が否定的にみられることも少なくなった。雇用形態の多様化が進展し，パート・アルバイト，派遣・請負など不安定な雇用が増大してきた。若年者の就職環境が悪化するなかでフリーターが増加し，また，離職率の高さ（七五三現象）が問題とされてきた。こうしたなかで，日本が「終身雇用」であるという認識は一般に大きく変化したと思われる。しかし実態としても，大きく変化してきたのか，ここではそれをみてみる。

まず，離転職が増加し，労働移動が活発になってきたのだろうか。**図表3-10**は，厚生労働省「雇用動向調査」によって，入職率とあわせて離職率の変化をみたものである。離職率は，高度経済成長期には20％を超えていたものの，第一次オイルショック以後に大きく低下し，1970年代半ばから90年代半ばまで，15％前後で推移してきており，とくに大きな変化はみられなかった。しかし，1990年代半ば以降はやや上昇傾向にあることがわかる。1996年と2005年を比較すると，3.7％ポイントの増加である（13.8％から17.5％）。ただし，「パートタイム労働者」（この統計上では，字義どおり労働時間がその事業所の一般労働者よりも短いものをいう）を除く「一般労働者」（常用労働者のうち，「パートタイム労働者」以外をいい，いわゆる正社員にだいたい重なる）については，その間の増加は1.5％ポイントと小さく（12.3％から13.8％），「パートタイム労働者」が7.0％ポイントと大きく増加している（23.3％から30.3％）。

「一般労働者」について，男女別に最近の離職率の動向を示すと，**図表3-11**のようになっているが，1990年代以降，とくに傾向的に大きく上昇してきているわけではない。おおむね，男性については10-12％，女性については16-18％の幅で推移してきている。したがって，最近の全体的な離職率の上昇傾向，労働市場の流動化は，「パートタイム労働者」の比率の高まり，またその離職率の上昇によるところが大きい，ということができる。

図表3-10 労働移動率の推移

出所：厚生労働省「雇用動向調査」

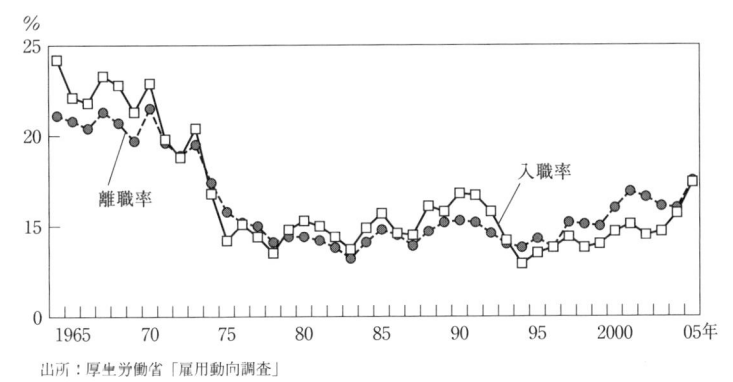

図表3-11 離職率の推移（一般労働者，男女別）

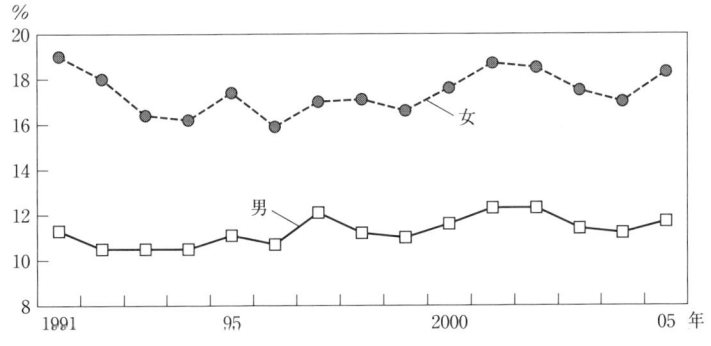

出所：厚生労働省「雇用動向調査」

## （2）定着状況

「一般労働者」について，離職率にはさほど大きな変化がみられなかった。次に，その平均勤続年数をみてみる。離職とは逆に，定着の状況からみるとどうだろうか。1985年からの20年間の推移をみると，全体での年数は10.3年から12.0年に1.7年増加している。男女別では，男性が11.9年から13.4年，女性は6.8年から8.7年へと増加している。しかし，その間，高年齢化がかなり進んできているため，その影響を除くために，男女別にそれぞれいくつかの年齢階層別にみてみた（図表3-12）。ここ20年間の変化で目立つことは，1990年代半ば

**図表 3-12　平均勤続年数の推移**（年齢階級別）

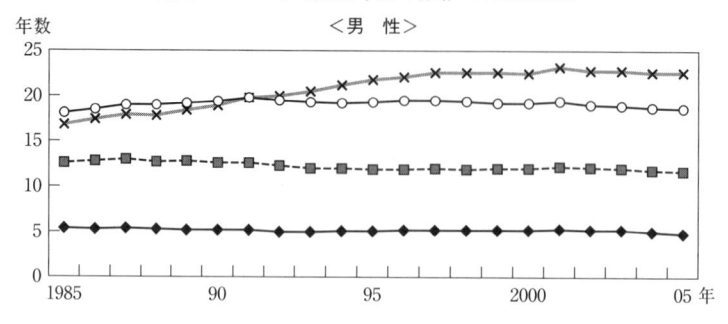

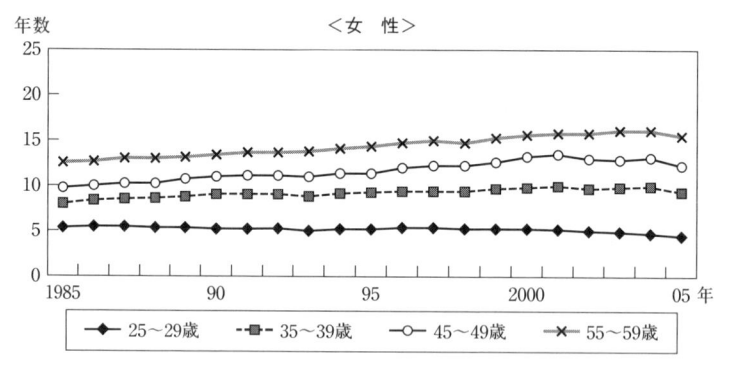

＜男　性＞

＜女　性＞

◆ 25〜29歳　　■ 35〜39歳　　○ 45〜49歳　　× 55〜59歳

出所：厚生労働省「賃金構造基本統計調査」

までに男性の50歳代後半の勤続年数が大きく上昇してきたことである。それは定年延長が進んだことが大きな理由である。その他の年齢階層については勤続の短期化はみられない。女性については，20歳代後半を除いて勤続年数が上昇してきている。

「一般労働者」の平均勤続年数についてみたところ，短期化の傾向はとくにみられなかった。しかしそれは，短期勤続の「一般労働者」が「パートタイム労働者」にかわることや，失業，非労働力の状態になる場合，また独立して事業を営む場合などが増加すると，逆に平均勤続年数は増加することになるため，定着状況をみる指標として不十分なところもある。実際に，たとえば雇用者のなかでいわゆる正社員の占める割合は，**図表3-13**にみられるように低下してきているのである。

そこで1985年から2005年における継続就業割合（5年間）の変化をみると（**図表3-14**），女性については低下してきているわけではないが，男性については，50歳代前半を除いてどの年齢階層においても低下傾向にあることがわかる。しかし最近の期間については，20歳代前半は64％であるが，それ以外の年齢階層においては，7割近くから8割近くとなっており，定着傾向が大きく低下したとはいえない。その低下には，長引く不況下における就業環境の悪化，そして人員削減が多くの企業において進められてきたことが関係していると考えられる。次に，雇用調整についてみてみる。

**図表3-13** 正規雇用比率の推移（役員を除く雇用者に占める正規の職員・従業員の割合，％）

| | | 1985年 | 1995年 | 2005年 |
|---|---|---|---|---|
| 男性 | 15-24歳 | 94.9 | 90.2 | 71.8 |
| | 25-34歳 | 96.8 | 97.1 | 87.3 |
| | 35-44歳 | 96.9 | 97.6 | 93.0 |
| | 45-54歳 | 95.0 | 97.1 | 91.8 |
| 女性 | 15-24歳 | 91.7 | 84.0 | 60.4 |
| | 25-34歳 | 75.7 | 73.1 | 59.4 |
| | 35-44歳 | 55.4 | 51.1 | 45.6 |
| | 45-54歳 | 62.6 | 53.2 | 42.6 |

注：1985年，1995年は総務省統計局「労働力調査特別調査」，2005年は同「労働力調査」による。15-24歳については，在学中のものを除いた数値。

### （3）雇用調整

雇用調整について，希望退職の募集や解雇といった直接的な人員削減策を企業はより積極的に行うようになってきたのだろうか。**図表3-15**は，「経営上の都合」による離職者，そして「契約期間満了」による離職者の雇用者に占める割合の推移を示したものである。「経営上の都合」による離職者の割合は，オイルショック後に大きく上昇し，円高不況の時期にもやや高まっている。最近についてみると，1990年代半ばから大きく上昇し，2001年，02年には2％を超えている。調査方法の変化があるため厳密な比較はできないものの，過去のどの不景気の時期と比べても高い割合である。また，長期の景気低迷を反映して，高い割合の期間が長期におよんでいる。1998年から2003年の6年間にわたってほぼ1.5％を超えている。「契約期間満了」による離職者の割合についても，1990年代に入って以降，大きく高まりつづけ，2004年には2％を超えてい

図表3-14　継続就業率の推移（5年間）

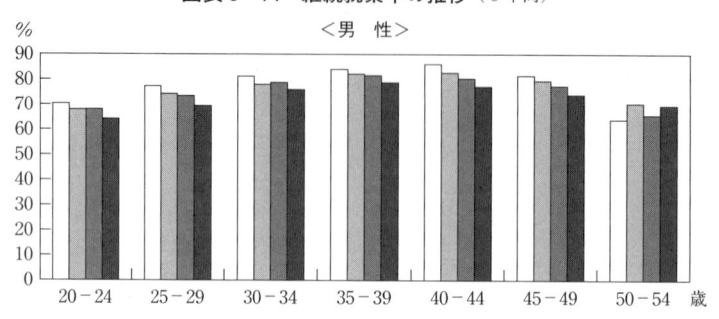

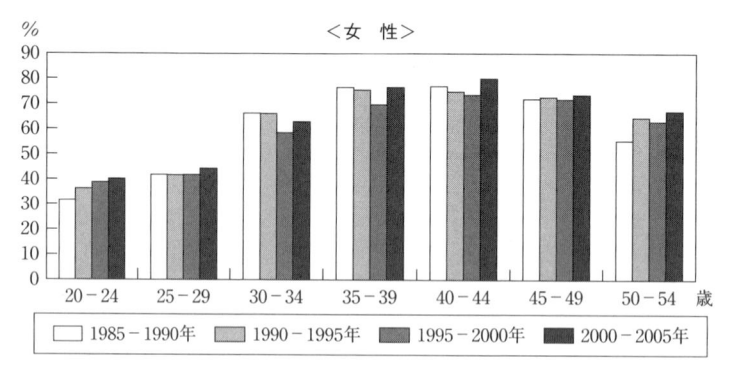

＜男性＞

＜女性＞

□ 1985-1990年　　■ 1990-1995年　　■ 1995-2000年　　■ 2000-2005年

注：継続就業率は、期間初年における当該年齢階層の一般労働者の人数を分母とし、最終年における5歳上の年齢階層の勤続年数5年以上の一般労働者の人数を分子として算出した。
出所：厚生労働省「賃金構造基本統計調査」

図表3-15　雇用者に占める離職者の割合の推移（離職理由別）

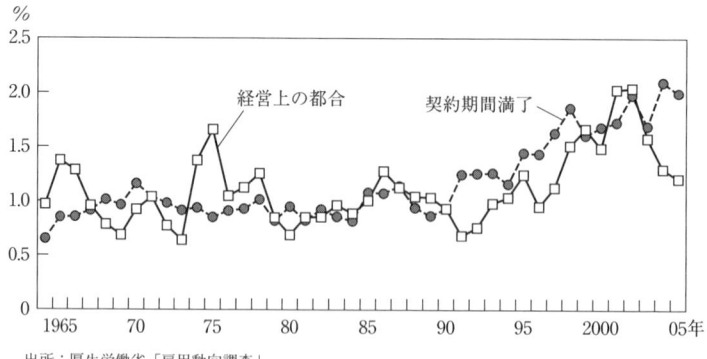

経営上の都合　　契約期間満了

出所：厚生労働省「雇用動向調査」

第3章 長期安定雇用

**図表3-16 希望退職募集を実施した企業の損益状況**（会社数）

|  | 赤字なし | 1期赤字 | 2期以上赤字 |
| --- | --- | --- | --- |
| 経常損益 | 17 | 18 | 12 |
| 最終損益 | 4 | 10 | 33 |

注：企業のリスト：日立国際電気，TDK，上新電機，ダーバン，岡本工作機械，昭和電工，日本コロムビア，日本精線，常磐開発，ジェコー，油研工業，河合楽器製作所，大興電子通信，日本カーバイド，富士電工，日本製箔，住友重機械工業，ダイエー，JT，ミズノ，黒田精工，ユアサ商事，箱根登山鉄道，リズム時計工業，日本タングステン，京阪電気鉄道，ポッカ，住友金属鉱山，松下寿電子工業，佐伯建設工業，ルシアン，大江工業，ミロク製作所，クロサキ，不動建設，コマツ，日本鋳鉄管，田辺製薬，輸送機工業，タカトリ，五洋建設，東芝タンガロイ，安藤電気，新星堂，きんでん，積水樹脂，新日本空調（これらのうち3社は，合併などで上場廃止のため2003年3月期決算の状況は不明）

る。景気の停滞のなかで，雇用形態の多様化が進み，いわゆる非正社員が大きく増加してきたことの反映である。

1990年代，そして2000年代初めの不況期における企業の人員削減の規模がかなり大きかったことがわかるが，それは企業の雇用調整行動の変化を反映しているのだろうか。不況期に企業が解雇や希望退職の募集などによって人員削減を行うことは，日本においても稀なことではない。しかしそうした，正社員に対する直接的な人員削減策はできるだけ避け，残業規制，採用の削減・停止，配置転換・出向，非正社員の雇い止め・解雇などの方法によって対応することが，日本の企業の特徴であり，正社員に対する直接的な人員削減策を行うのは「よほどの場合」であり，大企業においては，2期続けて赤字に陥ると，そうした対応をとることが多いとされていた。

この点に関して，希望退職募集を実施した企業の損益状況を**図表3-16**によってみてみる。2002年1月から3月までの『日経産業新聞』において，その期間に希望退職の募集を実施した，または実施する予定と報じられた上場企業47社の連結経常損益，連結最終損益について，2000年3月期から2003年3月期までの4期の状況を簡単にまとめたものである（決算期が異なる会社もあるが，適宜処理した。また一部は単独決算の数値によった）。経常損益についてみると，4期とも黒字が17社とかなり多いが，そのうちの8社は最終損益では2期ないし3期の赤字となっており，5社は1期の赤字であった。経常損益で1期が赤字の会

図表 3 - 17　赤字企業の割合の推移

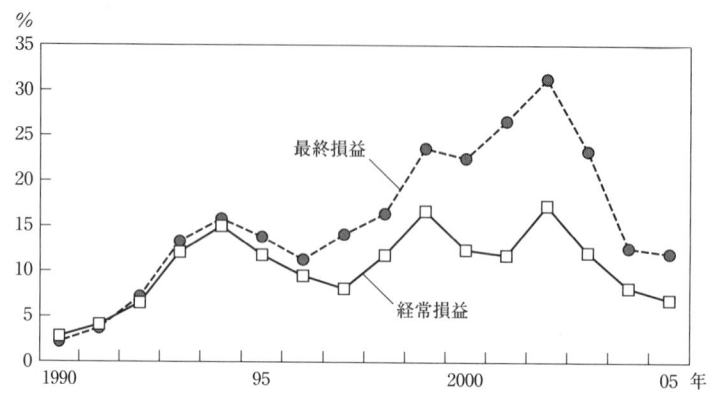

（グラフ：最終損益と経常損益の推移、1990年〜2005年）

出所：「日経NEEDS財務データ」によって，銀行・証券・保険を除く上場企業の単独本決算について，赤字決算の企業の割合を計算した。

社は18社であるが，そのうち12社は最終損益では2期ないし3期の赤字となっていた。最終損益の状況についてみると，全体の7割の33社が2期以上の赤字であった。希望退職募集を実施した会社のほとんどが，困難な経営状況に当面していたことがうかがえる。

　会社が希望退職の募集を実施することなどが増加して，「経営上の都合」により離職せざるをえない人々が増加したのは，企業の雇用調整行動の変化というよりも，**図表3-17**にみられるように，困難な経営状況におちいった企業が増加したことが大きな理由であると考えられる。雇用調整行動の変化について，『2002年版 労働経済白書』において，比較的詳しい検討が行われているが，そこでは，「人員削減」（希望退職の募集や解雇といった直接的な人員削減策ばかりではなく，採用抑制，出向・転籍などを含む広い意味での）を実施した企業の多くは，現在または将来の「重大な経営上の困難に対処するため」という理由で行っており，「一時的な収益の低下に対応するために行う人員削減や経営上の困難や収益の低下を理由としない人員削減は例外的である」。そして，なかでも「直接的な人員削減」を実施した企業は，経営上の重大な困難に迫られていることが多い。このようなことから，「直接的な人員削減を行う企業が増えているのは，主として不況の長期化やそれに伴う雇用過剰感の高まりによるもの

である可能性が高く」，企業の雇用戦略が大きく変化してきているためとは必ずしもいえない，としている。

### (4) 長期安定雇用についての企業の考え

いわゆる終身雇用，長期安定雇用についての企業の考えもみておこう。企業の考え，方針が，近年，大きく変化してきたことを示す調査はいくつもある。たとえば，厚生労働省「雇用管理調査」における「今後の人事管理の方針」についての調査結果を**図表3-18**に示した。1990年代初めから2000年代の初めにかけて，「終身雇用慣行を重視する」企業の割合が減少している。とくに大企業では終身雇用慣行がより強固とみられているが，5000人以上の規模についてみると，重視する企業が1993年には過半を占めていたのに対し，2002年には14％と大幅に減少している。しかし，「終身雇用慣行」とは何かが明確ではないため，このような調査結果から，実際の雇用方針の大きな変化があるとしても，それが何かを具体的に読み取ることは困難である。「終身雇用」とはあいまいな言葉であるから，この種の調査の結果は，調査の文脈，選択肢の種類などによって，かなりの違いがでてくる。たとえば，日本労働研究機構「今後の人事戦略と労働者の就業意識に関する調査(企業調査)」(2003年)の結果をみると，「今後の終身雇用のあり方」について，「原則，これからも終身雇用を維持していく」が3分の1強を占め，「部分的な修正」を含めて，維持していく考えの企業が4分の3以上を占めているのである。

**図表3-18　今後の人事管理の方針**(雇用慣行)　(％)

| | (年) | 終身雇用慣行を重視する | 終身雇用慣行にこだわらない | どちらともいえない |
|---|---|---|---|---|
| 全体 | (1990) | 27.1 | 36.4 | 25.4 |
| | (1993) | 31.8 | 41.5 | 22.1 |
| | (1995) | 18.9 | 50.5 | 29.0 |
| | (1999) | 9.9 | 45.3 | 38.3 |
| | (2002) | 8.5 | 48.6 | 39.9 |
| うち5000人以上 | (1990) | 42.5 | 28.3 | 27.4 |
| | (1993) | 51.6 | 17.3 | 29.9 |
| | (1995) | 29.3 | 31.8 | 38.9 |
| | (1999) | 22.2 | 35.9 | 39.7 |
| | (2002) | 14.2 | 43.8 | 38.8 |

出所：厚生労働省「雇用管理調査」

**図表3-19　正社員の雇用期間についての企業の考え方**

(％)

| | 定年なく,働ける限りは働いてもらう | 原則として定年まで雇用する | 中高年齢者には,出向・転籍もすすめる | 独立や転職が多いことを前提に管理を行う | その他 |
|---|---|---|---|---|---|
| | | | <現　状> | | |
| 全体 | 1.3 | 85.1 | 7.1 | 1.6 | 1.1 |
| -299人 | 2.0 | 87.3 | 4.3 | 0.7 | 1.6 |
| 300-499人 | 0.4 | 85.2 | 7.6 | 2.7 | 1.1 |
| 500-999人 | 0.8 | 85.8 | 9.4 | 1.6 | 0.4 |
| 1000人以上 | 0.4 | 77.9 | 13.1 | 2.9 | 0.4 |
| | | | <今　後> | | |
| 全体 | 1.1 | 69.6 | 14.8 | 4.4 | 2.1 |
| -299人 | 1.3 | 71.9 | 11.7 | 2.5 | 2.5 |
| 300-499人 | 0.8 | 74.2 | 12.5 | 3.8 | 1.9 |
| 500-999人 | 1.2 | 66.9 | 21.3 | 5.1 | 1.6 |
| 1000人以上 | 0.4 | 60.2 | 20.9 | 9.8 | 1.2 |

出所：日本労働研究機構「今後の人事戦略と労働者の就業意識に関する調査（企業調査）」(2003年)

　そこで，より明確な設問による調査の結果をみてみる。**図表3-19**は，「正社員の雇用期間についての企業の考え方」についての調査結果である。調査時点の「現状」では，85％と大半の企業が「定年まで雇用」としている。「今後」については，その割合は70％に減り，「中高年齢者には，出向・転籍もすすめる」とするものの割合がやや増え，企業グループ内における人材活用がより活発に行われていくことが予想されるものの，「独立や転職が多いことを前提に管理を行う」企業はごくわずかでしかない。また，上場企業を対象とした，内閣府「企業統治・財務・雇用に関するアンケート」(2006年)の結果によると，「正規社員に対する雇用の方針」として，「長期安定雇用」を「経営環境等にかかわらず原則として」あるいは「経営環境等を考慮しつつ」，「できるだけ多くの従業員を対象にして維持していく」とする企業が9割近くと大半を占めている。

　正社員については，長期安定雇用慣行が大きく変化してきたわけではない

### ◀コラム❸ 定年制（長期雇用関係の終了）▶

現在，ほとんどの企業には定年制がある。厚生労働省「就労条件総合調査」（2006年）によると95.3％である。定年制は定年年齢（現在は60歳が大半）において，長期雇用関係を終了させる機能をもっている。この定年制は，古くはすでに明治後期に導入していた企業もあったが，大経営において一定の普及をみるのは，基幹工の長期勤続を促す諸施策が導入され，その定着化が進んだ大正期であった。その後，昭和の初めの不況期には，人員整理を制度的に行うことを目的にして定年制を実施する企業が増加し，また退職積立金及退職手当法の成立を契機にして，定年制はさらに普及をみた。戦後しばらくの期間も定年制の普及期であった。この時期は，「水ぶくれ雇用」の整理を目的に導入が進んだという面もあったが，戦後，劇的に発展した労働組合が，雇用保障のために定年制の実施を要求して普及をみた面もあった。

定年制は，従業員の働く意思や能力とは無関係に，ある年齢に到達したことのみをもって雇用契約を終了させる制度であり，不合理な制度とも考えられるが，いわゆる年功的処遇制度のもとで人材の新陳代謝をはかる機能をもち，また定年までの雇用保障の機能をもつ点から，不合理なものとは考えられてこなかった。しかし，賃金・処遇制度の見直しが進み，また中高年齢者の定年前の早期退職が増加する状況のなかで，その合理性が問われるようにもなってきている。

---

し，その人材育成・能力開発上の合理性や，それが安定的な労使関係を維持するために重要であること，また組織内の情報共有の促進，モラールの維持・向上などにもつながることから，近い将来においても大きく変化する見込みはない。近年の変化は，雇用形態の多様化が進み，そうした慣行のもとにある正社員の割合が低下してきていることである。現在は雇用者の3人に1人が，いわゆる非正社員である。しかし，雇用の非正規化が今後も大きく進展して，正社員が少数派となる状況は想像しがたい。長期安定雇用は，日本の雇用慣行の重要な特徴として，存在しつづけるだろう。

### 【参考文献】

浅沢誠夫（1966）「人員節減の各種方策の研究」『経営者』第20巻第3号，日本経営者団体連盟出版部

宇野利右衛門（1912）『職工問題資料　第壱輯』工業教育會出版

篠塚英子（1989）「第一次オイル・ショック時の雇用調整」篠塚英子『日本の雇用調整』東洋経済新報社

前田一（1924）「労働移動防止に関する研究」『社会政策時報』第43号，財団法人協調会
森岡道一（1963）「□立製作所－戦後大争議の教えるもの」『経営者』第17巻第5号，日本経営者団体連盟出版部
労働省編（1952）『資料　労働運動史　昭和25年』
労働省編（1955）『資料　労働運動史　昭和29年』
労働省編（1961）『資料　労働運動史　昭和34年』
労働省編（1962）『資料　労働運動史　昭和35年』
労働省編（1980）『資料　労働運動史　昭和51年』
労働省労働統計調査部編（1968）『戦後労働経済史　解説篇』

（土屋直樹）

# 第4章

# 賃金処遇制度

## はじめに

　これまでの日本の企業の賃金処遇制度は，一般に「年功序列」と特徴づけられてきた。年功序列という言葉を辞書で引くと，「年齢や勤続年数の多少によって地位の上下をつけること」（『広辞苑〔第6版〕』），「勤続年数や年齢によって，職場での地位や賃金が決まること」（『大辞林』）などとなっている。しかし日本の企業では，勤続年数，年齢によって，いわば自動的に地位や賃金が決定されてきたわけではない。従業員の仕事や仕事ぶり，能力の評価は処遇決定上の重要な要素であった。地位が上層の従業員についてはとくにそうである。しかし，賃金処遇制度の改革が話題となる際に，従来のあり方が「年功序列」と特徴づけられることが普通であるのは（**図表4-1**），従業員の生活の安定をも考慮した年々の一定の昇給，そして長期雇用のもとで継続的に従業員の能力の開発と活用をはかっていく観点から，短期的には賃金処遇に差が大きくはつかないこと，そしてまた評価制度における評価基準や評価プロセスのあいまいさから，はっきりみえる「年齢や勤続年数の多少」が賃金処遇決定において前面にでていると意識されてきたことなどに，その理由があると考えられる。近年の賃金処遇制度の改革においては，定期昇給制度の見直しや「廃止」，「メリハリのある処遇」，人事評価の基準，プロセスの明確化などが課題となっているから，近い将来には，「年功序列」という言葉も，あるいは歴史的なものになるかもしれない。

　しかし，「年功序列からの脱却」の動き自体はかなり古くからあり，決して

**図表 4-1　「年功序列」という言葉を含む新聞記事件数**

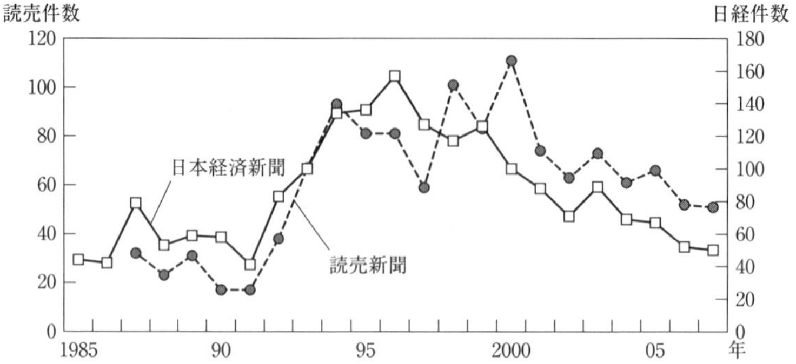

注：『読売新聞』は「ヨミダス文書館」により検索（全国版），『日本経済新聞』は「日経テレコン21」により検索。ともに夕刊を含む。

新しいことではない。さらに，年功序列が崩壊しつつあるという議論も古い歴史をもっている（たとえば，職務給・職能給の導入が進むなかで，『月給革命』〔村田多嘉治著〕という本が40年以上も前に出版されている）。ところが今日にいたるまで，日本は「年功序列」であり，特徴づけの言葉のうえでは変化はないのである。だがこのことは，賃金処遇制度においてこれまで重要な変遷がなかったということではない。ここでは，第二次大戦後の日本の賃金処遇制度を扱い，取り上げるべきことがらは多いものの，敗戦直後から1960年代までの賃金処遇制度の合理化の動き，オイルショック以後の安定成長期に大きく注目され始める高齢化・高学歴化など従業員構成の変化への対応の動き，そして近年の「成果主義」化の動きについて，それぞれ述べることにする。なお，賃金処遇制度のなかで，評価制度とその運用は最も中心的なことがらであるが，それは第5章のテーマであり，ここではとくには扱わない。

# 1　第二次大戦後の変化

### （1）戦前の学歴別身分制の修正

敗戦後，日本企業の賃金処遇制度は大きな変化を経験した。その変化に最も影響を与えたのは，戦後，多くの事業所，企業において結成された労働組合の

運動であった。

　変化の1つは,戦前の学歴別身分制の一定の修正である。戦前の大経営においては,社員,準社員,工員などの従業員の区分があった。それらの間には,単なる職能の違いばかりではなく,採用,昇進,賃金,福利厚生,退職・解雇のあり方などに大きな懸隔が存在していた。また,各区分は相互に封鎖的で,区分内での昇進はあっても,区分の転換は例外的な少数者に限られていた。どのような違いがあったか,たとえば,社員は,採用は本社採用であり,将来,経営幹部となることが期待され,そうした観点から配置,昇進などが行われた。社員の勤務は時間単位のものではなく,常時勤務であり,また社員は企業経営と運命をともにするという考えから,給与は完全月給制で(時間外労働の割増がなく,欠勤等による減額もない),会社の営業成績があがれば,その利益分配として相当額の賞与が支給された。準社員は,採用は事業所採用であり,特定の分野の事務・技術関係の業務に従事し,社員の補助的立場であった。給与の形態も社員と異なり日給月給制で,賞与の支給額にもかなり格差があった。以上の職員がいわゆるデスクワークを行うのに対し,工員は製造部門の現場において筋肉労働に従事した。給与の形態は,日給(割増・減額があり,時間給に近い)あるいは出来高給制であった。賞与の支給額も職員と比べてかなり少なかった(警視庁工場課の1935年の調査によると,下級職員との比較であるが,工員の賞与の平均は職員の5分の1以下でしかなかった)。このような従業員の階層区分は,それぞれ高等教育,中等教育,初等教育という従業員の学歴と照応しており,そして学歴は出身家庭の階層と対応していた。

　このような身分制的経営秩序は,戦後,「経営民主化」,「身分差別撤廃」を要求する労働組合運動の成果として,身分差を表徴する制度・慣行(呼称,徽章の区別や,通用門の違いなど)の廃止,家族手当など各種手当の格差廃止・縮小,一時金や賃金水準の格差縮小など,さまざまな面において修正をみた。しかし学歴を基準として,ホワイトカラー(職員),ブルーカラー(工員)を区分し,それぞれ別個の管理,処遇体系とし,相互の転換も稀であるという仕組みは多くの企業において残りつづけた。制度的に新たな人的秩序が短期間のうちに確立されたわけではなかった。労務管理研究会による1956年の主要企業を対

象とした調査によると,「社,工員の身分制度」が存続しているのは31％であった。また資格制度がある企業のうち（全体の53％），それが「戦前のまま，或いは，大体そのまま残っている」のは55％であった。1958年の日本経営者団体連盟（以下，日経連という）の調査でも，「職工員身分制」が34％の企業にあるという結果になっている（資格制度は47％であった。その性格は調べられていないが，それも多くは戦前と同様のものであったと考えられる）。また，労働組合がその統一化を強く要求してきた賃金形態についてみると，1957年の労働省の調査（「給与制度特別調査」）では，1000人以上の製造業の大企業においても，「職員」は月給制，「労務者」は日給制などと賃金形態を区分している企業の割合は44％と，なおかなり多かった。

## （2）電産型賃金体系

　戦争による生産設備の荒廃，食糧難により，インフレーションが亢進して実質賃金が低下するなか，戦後直後の国民の生活状態はきわめて悪化していた。新たに結成された労働組合が要求したのは，まず賃金増額であった。本給，諸手当，実収の何倍増あるいは何割増の要求，また飢餓突破資金や生活補給金の要求をだして，会社に認めさせていった。そうしたなか，当時「一世を風靡し」，のちも長く影響しつづけた「電産型賃金体系」が登場する。日本電気産業労働組合協議会（以下，電産という）が，1946年，従業員の生活実態調査をもとに，「生活費を基準とする最低賃金制の確立」として要求し，争議，中央労働委員会（以下，中労委という）の調停を経て，獲得したものである。

　その構成は**図表4-2**のようになっていた。基準労働賃金は基本賃金と地域賃金に分かれ，基本賃金は，本人給および家族給からなる生活保障給と，能力給，そして勤続給から構成されていた。本人給は年齢給で，17歳以下500円，30歳890円，40歳以上1090円などとなっており，家族手当は，扶養家族の数に応じて，1人めが200円，2人めから1人につき150円となっていた。年齢等によって機械的に決まるこれらの生活保障給は基準賃金の67％とかなりの割合を占め，「技術，能力，経験，学識等を総合加味」して査定し決定される能力給は1人平均400円で，その比重は20％と低かった。勤続給は1年につき10円と

**図表4-2 電産型賃金体系**

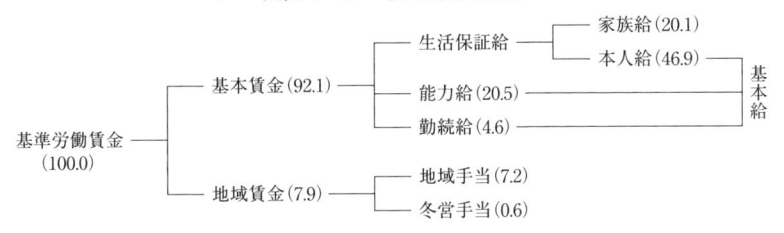

```
                                          ┌─ 家族給(20.1)    ┐
                        ┌─ 生活保証給 ─────┤                  │
                        │                  └─ 本人給(46.9)    │ 基本給
          ┌─ 基本賃金(92.1) ─── 能力給(20.5) ──────────────────┤
基準労働賃金│            └─ 勤続給(4.6) ─────────────────────┘
 (100.0)  │
          │                  ┌─ 地域手当(7.2)
          └─ 地域賃金(7.9) ──┤
                             └─ 冬営手当(0.6)
```

注：（　）内は構成比率（％）。

定められた。

　それまであいまいに決定されていた基本賃金の決定基準を明確にしたこと，学歴，資格などによらず，生計費を基礎とする生活保障給を中心とした簡明な体系であったことなどから，当時の状況のなかで，電産型体系は他産業にもきわめて大きな影響力をもたらした。しかし，インフレが収まり，生活がある程度安定してくるなかで，生活保障給の役割は薄れていき，その構成比率は減少し，能力給の割合が高まっていった。そして体系自体も，1950年代半ばに電力各社が「職務給」制度を導入し，消滅した。

　この電産型賃金体系を典型とする生活給体系の是正と，戦前の身分制にかわる社員秩序の構築の課題を職務給制度によって実現していく試みが展開されていくことになる。

## 2　賃金処遇制度の合理化

### （1）戦後初期の職務給（職階給）導入の試み

　職務給とは，まず職務分析により職務の内容，その遂行に必要な知識，能力，そして遂行過程における精神的，肉体的負荷などを明らかにし，職務評価によって，各職務の経営内における価値序列を，知識，熟練，精神的・肉体的負荷，作業条件，責任などの要素から決定し，それをもとに各職務をいくつかの等級に分類し，これと賃金を結びつける制度である。

　1946年にGHQによって招聘された米国労働諮問委員会が，「現在の如き年

齢，性別，及び婚姻関係の相違に基礎をおく賃金給料制度は，経済的に不健全」であり，「不公平」であるとして，「職務評価の健全なる原則即ち，被傭者の個人的条件，即ち性，年齢，或いは婚姻状態に基かず，当該職務に必要な義務及び責任に基づくところの賃金，給料制度に向って努力すること」を，政府，民間企業に勧告したことをひとつの契機に，アメリカの制度を参考に，政府，一部の企業において，職務給制度の調査，研究，導入が進められた。当初の導入の主要な動機は，日経連［日本経営者団体連盟 1955］が「要するに戦後の身分制撤廃に伴う職場秩序の混乱の是正という点に主体が置かれ，付随的には生活給に堕した賃金体系の合理化，即ち企業内における秩序づけられた職位間の適正な賃金差異の設定に職務給導入の目的があった」と述べているように，身分制にかわる新しい職場秩序，処遇秩序をつくることにあった。

しかし，戦後初期の職務給制度の導入の試みは，1950年頃を転機に「停滞」し，「挫折」，「破綻」した。合理的な制度として，「時代の脚光を浴びて」，「新しい万能薬的効用」を期待されて登場したものの，「幻滅」に結果したのである。その理由，事情として，ある企業実務家は次のようなことを指摘していた。賃金水準が低位なため，年齢，勤続に応じた昇給をせざるをえなかったこと，これまでの賃金決定基準における，能力，学歴，資格，勤務態度などの属人的要素の重視が，従業員の公平性の基準を形成してきたこと，職務の標準化が未成熟で，確定した職務が存在していなかったこと，従業員の能力評価が未熟なため，適材適所の配置，昇進管理が困難であったこと，労務管理，経営管理における合理的，科学的管理が確立されていないこと，一般に階級対立的意識が強い労働組合の理解が得られなかったこと，社会的な賃金水準の決定が非職務的な要因によっていること，などである［丹生谷 1957］。以下の要因に加えて，職務分析の煩雑さ，職務評価の困難性から，職務給制度は普及しなかった。労働省「給与構成調査」によると，導入事業所の割合は（30人以上規模），1953年が9.4％で，以後低下しつづけ，58年には1.6％でしかなかった。さらに導入企業においても，職務給の基本給に占める割合は高くないか，またシングル・レートの単一職務給ではなく，昇給の頭打ちを避けるために，幅の広い，あるいは「青天井」の範囲職務給をとるところが多かった。

## （2）定期昇給制度の確立

「合理的」ではあるが現実的でなかった職務給化の動きが破綻して，賃金制度合理化の方向は定期昇給制度に向けられることになった。

一般に定期昇給とは，毎年，一定の時期を定めて，その企業の昇給制度に従って行われる昇給のことをいう。戦後，大多数の企業において定期昇給が規定化されて，毎年，多くは4月に，ほとんどの従業員の基本給の昇給が実施されることが，普通のことになった。従業員は学歴別に定められる規定の初任給に，毎年の昇給を受けて賃金が増額していくため，賃金は勤続年数，年齢と高い相関をもつことになる。定期昇給が，年齢，勤続に応じて上昇してゆく「年功賃金」の支柱と理解されるゆえんである。ただし，昇給額は年齢，勤続年数によって機械的に決定されてきたわけではない。1957年の労働省の調査によると（「給与制度特別調査」），自動昇給のみによるのは1割に満たず，大半の企業が，考課昇給のみか，それと自動昇給との併用によって昇給額を決定していた。したがって，勤務成績，能力，職務等の評定結果によって格差がつくものであった（また，職員・工員別，学歴別，男女別に従業員をグループ分けして，昇給基準線を設定ないし想定している企業も多く，そうした区分での格差もあった）。しかし，考課基準，プロセスのあいまいさ，あるいはそれによる格差の少なさなどから，学歴，勤続，年齢などによる決定という面が強くでていた。

近年（1990年代後半以降），会社は定期昇給の「廃止」や見直しを進めているが，定期昇給の制度化は，もともと，1950年代に日経連が強く主張したことであった。労働組合による「年中行事的ベースアップ闘争」に対して，日経連は1954年に「賃金三原則」（物価引き上げ要因となる賃上げ，企業経理の枠を超えた賃上げ，労働生産性の向上をともなわない賃上げ，を認めない）を打ち出した。その具体化が定期昇給制度であった。おりしも，電産の賃金争議の中労委による調停案において，定期昇給制の実施が提起され，引きつづいて，私鉄，日通における賃金争議の中労委調停案においても，定期昇給制の実施が盛りこまれた。日経連はこうした動きを歓迎し，「ベースアップというが如き賃金のあり方を否定し，労使関係安定のため定期昇給制度を提唱したこと」は「一歩前進というべく画期的な調停案」と評価したのであった。

定期昇給制確立は，日本経済の不況のもとでの，企業経理の逼迫という当時の事情からベースアップにかわるものとして主張されたばかりではない。戦後に混乱した賃金秩序を（このことに関して，日経連［日本経営者団体連盟事務局編 1957］は，知識能力をもった熟練者である職員とほとんど不熟練者として存在している労務者との賃金格差が，戦前の状況より大きく縮小していることを，極端な不均衡で早急の是正が必要と述べている），昇給制度の確立によって，賃金配分を「公正化」し，企業内の賃金格差を「適正化」してただす意図もあった。したがって定期昇給制は，単に昇給の毎年の継続的な実施を成文化するというだけではなく，適正な昇給基準線（標準者のあるべき昇給曲線）の設定とその維持，運用によって，賃金秩序，職場秩序の再編成をはかろうとするものでもあった。そしてさらに，昇給制度の運用を「属人的なるものから職務中心的なものに切替えてゆく」ことによって，行き詰まった職務給化の「架け橋」となることを期待する面もあった。

### (3) 高度経済成長期の職務給導入の試み

いったんは挫折した職務給導入の試みは，1960年代に入ってしばらく，大きく再燃する。1961年に発表された日経連『新段階の日本経済と賃金問題』は，「年功序列給から職務給へというわが国戦後における合理的な賃金体系への指向は，一進一退的にのび悩んできた。しかし……現在理論から現実へと発展しうる様々な要因が徐々ながらみえはじめた」として，各企業において，職務給への移行の方策を検討すべきと述べた。

この諸要因として当時指摘されたことは，いくつかある。1つは，技術革新によって生産過程における技能のあり方が，従来の勤続に応じて形成される熟練ではなく，一定の学力，知識をベースとしたものに変化してきて，勤続年数による序列と，技能・熟練の序列の均衡が崩れてきたことである。また，生産工程の新しい技能の担い手として，高校卒の従業員が大量に採用されるようになったが，そうした若年の従業員を中心に，仕事に見合う賃金を求める意識が高まってきた。そして，労働力不足，とくに新規学卒労働者の需給逼迫によって，賃金水準とくに初任給水準が上昇し，それが今後も見込まれ，また従業員

の年齢構成が高まってくるなかで，労務費負担の軽減をはかる必要が強くなってきた，ということなどである。

　こうした状況のなかで，職務給制度に対する関心は高まった。1962年の関東経営者協会による会員企業に対する調査では，職務分析を完了して，職務給ないし職能給を導入している企業と職務分析を実施中の企業はあわせても11.3%に過ぎないが，職務分析を研究中の企業は46.7%とかなり高い割合となっていた。また，1962年の賃金交渉において，当時の基幹産業である鉄鋼業の大手3社（八幡製鉄，富士製鉄，日本鋼管）で職務給の導入が決定されたことは大きく注目された。1964年には，日経連が職務分析センターを設置し，職務給導入推進への積極的な姿勢を示した。しかしこのような導入の気運とは別に，実際には普及をみなかった。労働省「給与構成調査」によると1965年の採用割合は1.3%でしかなかった。製造業の大規模事業所（500人以上）に限ってみても14.1%であり，増える傾向はなかった（調査方法の変更があるため直接の比較はむずかしいが，1956年には21.9%であった）。

　賃金処遇制度は，理論的な面だけでその合理性が保証されるわけではない。働く人々の公平の価値観に訴えうる効果をもち，理解され，支持されなければならない。人ではなく，従事する職務の価値によって処遇する職務給制度は，勤続や年齢，能力による処遇の違いを肯定する公平観とは，基本的に相容れなかった。また，担当者に応じた柔軟な職務編成との齟齬や，長期雇用のもと，人材育成，雇用調整などの面において必要となるローテーション，配置転換が柔軟に行えないこと，そして新技術導入などによって職務内容の変化，職務の改廃・新設がたびたび起こる状況に合わないことなどから，普及をみなかったのである。

### （4）職能給の普及，定着

　職務給が普及をみなかった一方，当初，日経連が，職務給化の「やむをえざる便法」としてしかみなかった職能給の導入が，大企業を中心に進んでいった。図表4-3は，労働省の調査による1969年における職務給，職能給の導入割合を示したものである（この調査で職能給とは，「職務遂行能力を評定する査定基準

**図表 4-3 職務給，職能給の導入割合**（導入事業所の総事業所数に対する割合）
(%)

|  |  | 企業規模計 | 5000人以上 | 1000-4999人 | 500-999人 | 100-499人 | 30-99人 |
|---|---|---|---|---|---|---|---|
| 職務給 | 産業計 | 4.9 | 12.9 | 11.3 | 4.1 | 4.2 | 2.3 |
|  | 製造業 | 4.1 | 28.5 | 7.1 | 3.6 | 2.6 | 3.4 |
| 職能給 | 産業計 | 14.0 | 38.9 | 21.6 | 11.6 | 13.0 | 7.6 |
|  | 製造業 | 12.1 | 44.9 | 24.8 | 9.8 | 12.5 | 9.1 |

出所：労働省「賃金労働時間制度総合調査」(1969年)

が組織的に制度化され，労働者をその職能に応じて職能等級に分類，格付けし支給する賃金」と定義されている）。従業員の職務遂行能力を評定して支給する職能給は，1960年半ば以降，大企業を中心に広まっていく。

当初，職能給が積極的に意義づけされなかった理由は，「㈠賃金の近代化技術としての職務分析・評価という科学的方法の裏づけをもたず，㈡賃率設定の対象として〝職務〟ではなく〝職務遂行能力〟という客体化不十分なものをとり，しかもその内容が，主として資格，学歴，年齢，勤続等，従来どおりの属人的要素によっており，㈢また昇給，昇進などの実施自体が年功序列的運用を踏襲するだけでなく，かえって職務給類似の外形によって，本来の職務給化への途を阻害する可能性が存在する」ということにあった［大橋 1960］。このような危惧が一方でありながら，職能給が定着したのは，従来の年功給からの移行が容易であるという消極的理由がひとつにはあった。しかしそれだけではなく，従業員の能力を，「職務遂行能力」として，仕事を基準に，適切な人事考課を通じて，客観的に捉えうるという理解，そして，「従業員の職務遂行能力を発見し，十二分に開発し，かつ発揮する機会と場所を与え，またそれに応じて処遇する」「能力主義管理」の考えが広がるなかで，日本の諸条件に適合した積極的な意義をもつものとして，職能給化が進んでいった。その広がりを時系列的に追うことはむずかしいが，1960年代後半から70年代に普及し，1987年の労働省「賃金労働時間制度等総合調査」によると，大企業（1000人以上）では「職能給的要素のある基本給」を採用している割合は80.9％，そのうち「職能の等級を分けている」のは90.5％となっている。

図表 4-4　資格制度の導入時期
(%)

|  |  | -1954年 | 55-64年 | 65-69年 | 70-74年 | 75-80年 | 不　明 |
|---|---|---|---|---|---|---|---|
| 5000人以上 | (87.8) | 2.2 | 10.3 | 17.5 | 28.2 | 35.8 | 5.8 |
| 1000-4999人 | (76.7) | 2.1 | 7.9 | 16.7 | 26.9 | 40.7 | 5.7 |
| 規 模 計 | (27.0) | 3.0 | 8.5 | 9.2 | 28.9 | 40.5 | 9.8 |

注：（　）内は資格制度を有する企業の割合。
出所：労働省「雇用管理調査」(1981年)

## （5）職能資格制度の導入

　貿易・資本の自由化にともなう国際競争の激化，労働力不足による賃金水準の上昇などのなかで，それらの状況に対応する人事労務管理の課題として，1960年代の半ばから「人間能力の開発と活用」，「労務管理全般を通じて能力主義体制を確立する必要」ということが日経連によって主張されるようになる。1969年には日経連能力主義研究会による『能力主義管理─その理論と実践─』が刊行され，「従来の年功・学歴を主な基準とする人事労務管理から可能な限り客観的に適性・能力を把握し，それにもとづく採用・配置・教育訓練・異動・昇進・賃金処遇・その他の人事労務管理への移行をすすめる」実践施策の方向が体系的に示された。そして，このような能力主義管理の機軸として，職能資格制度の導入が大企業を中心に進んでいった。**図表 4-4**は，「資格制度」の導入時期をみたものである（資格制度は必ずしも職能資格制度ではないが，大企業の制度の大半はそれである）。1980年代の初頭に大半の大企業において資格制度があり，それは60年代後半から導入され始め，70年代に広く普及したことがわかる。この職能資格制度とは，職務遂行能力の系統区分を設定し（たとえば，事務職・技術職・技能職，管理職・一般職など），そのなかをいくつかの職能資格に階層区分する。そして職能資格基準により従業員を分類格づけして，企業内の人的秩序を設定し，賃金管理，昇進管理，配置管理などに役立てるものである。

　従業員の人的秩序をつくる資格制度は戦前からあった。戦前の職工員身分制は，戦後，労働組合の身分制撤廃要求などによって一定修正されたが，学歴，年功に基づく資格制度，従業員制度は，なお多くの企業において残り続け，

◀コラム❹ 賞与，一時金▶

　ボーナス（賞与，一時金）は，賃金全体に占める割合がかなり高く，きわめて重要な労働条件である。厚生労働省「賃金構造基本統計調査」（2006年）によると，「特別給与額」は，平均して「所定内給与額」の3.1ヶ月分にもあたる（一般労働者）。通常は，夏期と年末の2回支給されるボーナスは，月々の所定内給与と比べて，景気，企業収益の状況により大きく変動する。そのため，そうした部分が賃金全体の大きな割合を占めていることは，企業の賃金総額管理に柔軟性をもたらしているということができる。

**所定内給与額，年間賞与その他特別給与額の対前年増減率**（一般労働者）

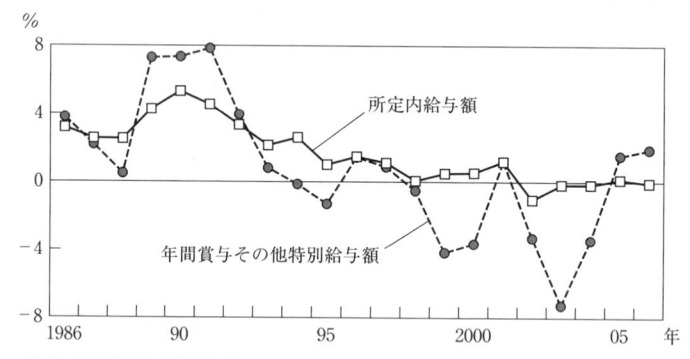

出所：厚生労働省「賃金構造基本統計調査」（2006年）

　ボーナスは戦前からあったが，「賞与」（利益配分，功績褒賞）としての性格が強く，職員と工員の間，また職員層の内部での支給額格差は非常に大きかった。敗戦直後の時期には，インフレが亢進して生活が困窮化する状況で，労働組合が「飢餓突破資金」，「赤字補給金」など，一時金の支給を要求して獲得していく。戦後のボーナスは，足りない生活費の補填のための「一時金」として始まったのである。そして職員と工員の格差も小さくなった。その後，インフレの収束，経済の安定とともに「賞与」的性格が強くなり，「景気の動向と密接な関連をもった利益分配的なものへと移行」していく面もみられたが，高度経済成長期には，労働組合による統一闘争が展開し，労働力需給が逼迫するなかで，支給水準の着実な増加と，企業間での平準化が一定進んだ。日経連からは，「いまや賞与は，支給月数が固定し，『2号賃金』的な色彩が濃厚となっている。すなわち，賃金と平行的に増額し，業績とほとんど関係なく，前期実績プラスアルファーで決まり，まさに硬直化したものになろうとしている」との見解もだされた（『新情勢をむかえる物価動向と賃金問題』1969年）。なおまた，個々の従業員への配分も，「定率分」（基本給などに一定率を乗じたもの）が多く，それに成績査定による加算や，資格ごとの加算，一定額の一律加算を行うというかたちが一般的で，査定による配分の割合は比較的小さかった（1967年の労働省「賃金労働時間制度総合調査」では平均して

22.6%）。ただし，オイルショック後の長引く不況下では，業種間，企業間の水準の違いが大きくなり，「業績に応じた賞与」という傾向が強まったから，ボーナスのもつ賃金総額の変動費化の機能が失われたわけではなった。

　近年では，ボーナスの「賞与」としての性格をより明確にする動きが広がっている。たとえば，ボーナスの変動部分について，全社や各部門の営業利益，経常利益，売上高などの業績指標を基準として，一定の算式によって原資を決定する「業績連動型賞与」の導入が進んでおり，個々人への配分についても，成績査定分の割合が拡大しつつある。

---

「女中をお手伝いさんと呼ぶが如き単なる呼称変更に止まっていた」面もあった。そしてそのことの問題が明らかになってきたのが1960年代であり，その後半から資格制度の再編成の動きが活発となった。たとえば日本鋼管では，1966年に職能資格制度である「社員制度」を制定するが，従来の管理の問題として指摘されたのは次のことであった［西川 1967］。技術革新によりブルーカラーのグレーカラー化が進むなど，職員・工員の仕事の境界があいまいなものとなり，また作業員として高卒者を採用するようになって，職員・工員の学歴差も消滅したため，従来の職員・工員区分に基づく管理が処遇上のアンバランスを際立たせることとなった。また，進学率の向上にともなう学歴構成の高度化，技術革新による技能の平準化によって，学歴，勤続が能力の指標としての意義を喪失するなかでも，それにかわる能力の客観的指標を人事管理として提示しえず，学歴優先に対する若年層従業員の不満が高まっていた。加えて，従来の管理においては，従業員の能力開発の動機づけへの契機が欠如していたことである。新しい「社員制度」においては，職務遂行能力の種類と程度によって社員を区分し，一般職社員については，従来の職員と工員を区分せず，「昇進も給与もすべて同一基準であって，本人の能力のみが，格差を律する唯一の基準」となり，「職員，工員の区分，大学，高校の区分にかかわりなく，人間能力の有効活用を図れる」こととなった。また資格区分の昇格が「年功に流れないため」に，選考制度も設けられた。多くの会社において，同様の背景や問題意識から，従業員制度の再編がなされ，職能資格制度が人事労務管理の基本的制度として，以後定着していくこととなる。

## 3 高齢化，高学歴化と賃金処遇制度

### （1）高齢化，高学歴化

『昭和50年版 労働白書』は，日本の労働力構成において高齢化，高学歴化が，欧米諸国よりも急速に進展しており，それが今後，雇用問題に重要な影響をおよぼすことについて，詳細に分析，検討した。企業の賃金処遇制度に関わる面では，企業の人件費負担が高まること，そして昇進等の処遇がむずかしくなることの指摘がされている。

高齢化，高学歴化は着実に進んでいった。**図表4-5**は1000人以上の大企業の男性従業員について，それぞれ年齢構成，学歴構成の40年間の推移を示したものである。年齢構成については，20歳代（10歳代も含む）の比率が大きく減少し，かわって50歳代の割合が大きく高まってきたことがわかる。また学歴構成では，中学卒者の比率が大きく減少し，大学卒者の割合が著しく増加してきた。中高年ホワイトカラーの処遇に関わる問題は，1970年代後半から大きく注目され始めるが，それへの対応は，今日にいたるまで，重要な人事労務管理の課題となっている。

### （2）賃金処遇制度の対応

オイルショック後の低成長下，高齢化，高学歴化が進展し，そして定年年齢の延長が社会的に要請され進むなかで（60歳以上を定年年齢とする企業の割合は，1970年には23.1％であったが，80年に39.7％，90年に63.9％と増加してきた），1970年代後半以降，賃金処遇制度の見直しを進める企業が増加した。一般的には職能資格制度を軸とした能力主義管理が推進されたということであるが，具体的には，まず賃金制度について，従来の年功賃金制度のままでは，人件費負担の増大から企業収益が圧迫されるという考えから，職能給を主体とする賃金体系の普及が進んだ。ひとつの典型的なタイプは，職能給と，生計費を考慮した年齢給とで基本給の多くを構成するものである（従来は「総合決定給」という，年齢，勤続，学歴，経験，職務，職能などの諸要素を総合的に考慮して個人別に決定される給

第4章 賃金処遇制度

図表4-5-1 年齢構成の推移（1000人以上規模，男性）

□ －29歳　　30－39歳　　40－49歳　　■ 50歳以上

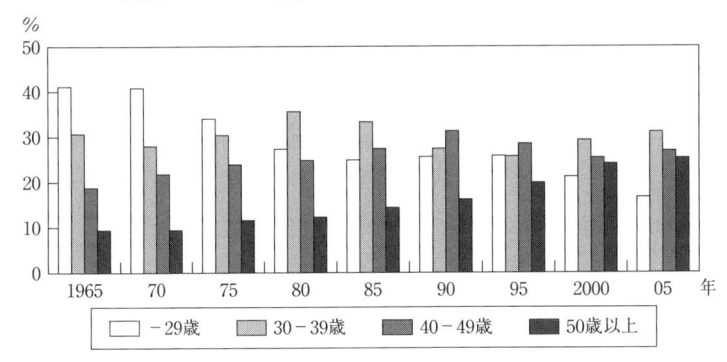

図表4-5-2 学歴構成の推移（1000人以上規模，男性）

□ 小学・新中卒　　旧中・新高卒　　高専・短大卒　　■ 旧大・新大卒

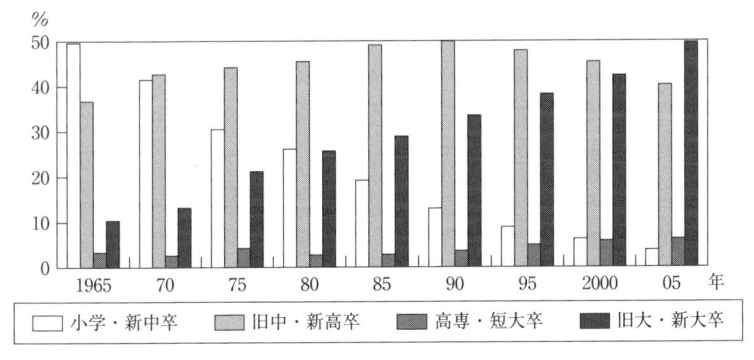

出所：厚生労働省「賃金構造基本統計調査」

与が体系の中心であった）。そして年齢給の昇給について，一定年齢（たとえば45歳とか50歳）以降は抑制ないしは停止をして，年齢の高まりとともに，より職能給のウエイトを高めるような設計がされることが多かった。若年社員，一般職の段階では，ある程度生活給部分を厚くするものの，中高年社員，管理職においては，職能給を中心にして，能力主義を徹底するという動きである。

また，役職ポスト不足への対応の動きも進んだ。従来は，大企業を中心に，大学卒者について，入社年次別のいわば年功的昇進慣行があったが，一方において低成長，組織の簡素化により，他方において高学歴化，高齢化により，相対的にポスト不足となり，役職による処遇が困難となってきていた。人事の停

◀コラム❺ 退職金制度▶

　退職金制度は，従業員の退職後の生活に大きく関わる重要な労働条件である。現在，大企業のみならず広く普及しており，2006年の人事院の調査によると，92.0％の企業に制度がある。退職金制度は，もともと一時金制度のみが多かったが，1960年代より大企業を中心に企業年金の導入が進んだ。先の人事院の調査によると，1000人以上の企業の86.2％に年金制度があり（全体でも58.5％である），一時金と年金を併用している企業が多くなっている。

　退職金は戦前より大経営においては普及していたが，たぶんに功労褒賞的，任意的な性格の面が強く，工員と職員の格差も大きかった。戦後は，労働組合による退職金制度確立，改善の運動を経ることなどによって，支給条件，算定基準が明確化して，権利性，後払い賃金という性格が強まった。そして工職格差も，支給月数の面では著しく縮小した。また中小企業への普及は，1959年に中小企業退職金共済法が制定されたこともあり，高度経済成長期の前半に大きく進んだ。

　もともと退職一時金の算定方式は，算定基礎額に勤続年数別の支給率，離職事由別の係数を乗じるかたちで，算定基礎額には退職時の基本給をあてることが多かった。支給率は勤続年数に応じて累進的に増加し（退職時の基本給も勤続に応じて増加する），離職事由別の係数では自己都合退職が不利になっているため，従業員の企業への定着を促す効果があったが，高度経済成長期以降，賃金水準が大きく上昇し，また定年延長もあって長期勤続者が増加するなかで，企業の退職金支払い額も大きく増大してきた。そうしたなかで，一時金の年金化や，算定方式の見直し（算定基礎額を基本給の一部とする，退職時賃金と切り離して別に定めるなど）が進んできた。現在は，在職中の貢献をより反映させる，また労働市場の流動化に対応するという考えから，大企業では「ポイント制退職金」が主流となってきている（職能等級，職務等級ごとに点数を決めて，入社時から退職時までの累積点数を算出し，これに一定の単価を乗じて退職金額を算定するもの）。

滞からモラール・ダウンが懸念されるなかで，さまざまな対応がとられることになる。ひとつは，系列会社などへの出向，移籍によって，企業外において処遇したり（処遇だけが目的ではなく，人材供給という面もある），早期退職優遇制度（定年前退職者に退職金の算定について優遇するもの）によって，企業外への転進を促したりする対応である。早期退職優遇制度は，労働省「雇用管理調査」によると，1980年に5000人以上規模で33.9％，1000-4999人で19.8％であり，90年ではそれぞれ59.3％，40.4％となっており，大企業を中心に導入が進んだ。高齢化，定年延長のなかで，中高年者の退職形態は多様化していったのである。

さらに，企業内の処遇制度における対応としては，ひとつは，職能資格制度の導入や見直しによって，「資格と役職の分離」（両者の対応関係の弾力化）をはかり，職能資格中心の処遇秩序を形成する動きである。資格制度を整備して，役職ではなく職能資格によって社内序列を定め，それを賃金決定などの基準とし，管理職への任用は，一定の有資格者から適任者をあてるというものである。また，資格と役職の分離によって，能力と処遇のバランスをとる一方で，能力と仕事とのバランスをはかろうとするものとして，専門職制度の活用も進められた。労働省「雇用管理調査」（1987年）によると，5000人以上規模で43.5％，1000-4999人で32.9％に専門職制度があり，1970年代後半から大企業を中心に導入が進んできた。専門職制度は，「管理職と専門職の機能分化により組織の効率化を図るため」，「各分野の個々の労働者をスペシャリスト化して，その能力の有効発揮を図るため」といった目的から導入される場合が多かった。しかし実際には，専門職としての職務内容，権限，責任やその育成面などが不明確で，ライン役職のポスト不足を補う処遇的なものとして運用されることが多く，管理職層の従業員の能力活用をはかる有効な仕組みとして，必ずしも定着してはこなかった。

## 4 「成果主義」

### (1) 成 果 主 義

　賃金処遇管理における「成果主義」が注目され始めるのは1990年代後半であり，2000年代に入って，それを指向した改革を実施する企業が大きく増加した（図表4-6）。たとえば，成果主義的賃金制度の代表例とされる年俸制を導入している企業の割合をみると（1000人以上規模），1994年には7.9％であったが，98年に25.6％，2006年には37.1％と急増している（厚生労働省「就労条件総合調査」。なお年俸制は，全社員適用ではなく対象を管理職クラスに限定している場合が多い）。成果主義は日本の雇用慣行の変化のいわば象徴として，一般にも大きく注目され，さまざまな議論を引き起こすことになった。

　成果主義には，明確な定義があるわけではないが，日経連事務局編『人事労

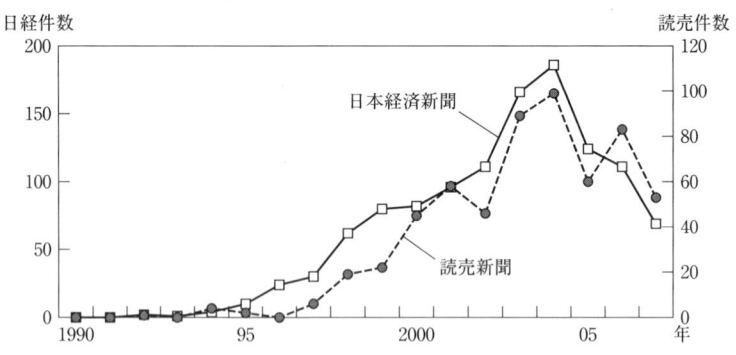

図表 4-6 「成果主義」という言葉を含む新聞記事件数

注：『読売新聞』は「ヨミダス文書館」により検索（全国版），『日本経済新聞』は「日経テレコン21」により検索。ともに夕刊を含む。

務用語辞典〔第 6 版〕』は「賃金や賞与，昇格などについて，仕事の成果をもとに決定していく考え方」としている。いくつかの事例からみると，より具体的には，定期昇給制度を「廃止」するなど，年功色を払拭ないし極小化すること，潜在能力，保有能力ではなく，成果および成果にいたる具体的な行動，能力発揮を評価すること，またそのための透明性の高い評価制度を整備すること，そして，評価により「メリハリのある」処遇を行うことなどが，成果主義とされている。

　昇給制度の見直しとしては，まず年齢や勤続年数による「自動昇給」を廃止したり（このことを定期昇給制度の「廃止」という場合がある。「定期昇給」という用語の意味は会社によって異なり，自動昇給のみをさす場合もあれば，査定昇給なども含めていう場合もある），縮小したりして，「査定昇給」，「昇進・昇格昇給」を拡充する動きがある。さらに，各職能等級（あるいは職務等級，役割等級）に一定の賃金レンジを設け，そのレンジ内においていくつかのゾーンを設定し，同じ等級であっても，低いゾーン，高い評価ほど昇給額（率）を大きくし，逆に高いゾーン，低い評価ほど昇給を小さく，あるいは昇給なしや降給とする「メリット昇給」の仕組みを採用する動きもある。同一等級に滞留すると，次第に昇給が少なくなり，頭打ち，あるいは減給となる仕組みである。また，昇給額が毎年積み上がっていくのではなく，評価によって毎年の賃金が増減する「洗い替

え方式」を導入する動きなどもある。そしてこれらの年功要素をなくす方向での昇給制度の見直しの動きは，上位等級，管理職クラスの従業員に対して，より強くあらわれている。

　成果・業績重視については，年俸制が普及してきていることを先にみたが，厚生労働省「就労条件総合調査」(2004年)によると，1000人以上規模において，過去3年間に賃金制度の改定を実施した企業が61.1％あり，そのうち7割が「業績・成果に対応する賃金部分の拡大」を行っている。そして人事考課においても，「業績考課の重視」と考課プロセスの透明性を高め，考課結果に対する納得性を高めるために，「目標管理制度の導入・充実」(目標管理制度は，大半の大企業において導入されているもので，期首に上司と面談を行って具体的な業務目標を設定し，期末に達成実績を設定目標に照らして評価するもの)，「考課者への訓練の導入・強化」が進められている(厚生労働省「雇用管理調査」2002年)。さらに，能力考課，情意考課についても，成果に結びつく発揮能力，成果につながる行動，業務遂行プロセスに着眼して行われるようになってきている（コンピテンシー評価の導入など）。

### (2) 職能資格制度の見直し

　成果・業績重視による評価，処遇決定のなかで，これまでの人事処遇制度の基本である職能資格制度の見直しも進められてきた。社会経済生産性本部「日本的人事制度の変容に関する調査」(2000年)によると，「職能給および職能資格制度の問題点」として，「運用が年功的」をあげる企業が62.1％と最も多く，ついで「発揮能力に応じた昇格・降格ができない」(36.7％)，「高資格化による人件費の高騰」(36.3％)，「職能等級の定義や基準が実態から乖離」(29.4％)などとなっている。資格基準が抽象的であいまいであるため運用が年功的になりがち，などという問題に対して，一方では「能力評価の基準や育成の指標となる職能資格基準を職務が具体的にわかるようなものに衣替えをしていく」などして，「今まで以上に職務にリンクした職能資格制度を導入」（新・日本的経営システム等研究プロジェクト編著, 1995年）するという対応がある。

　他方では，職能資格制度そのものを廃止して，職務等級制度，役割等級制度

を導入する動きがある。上場企業を対象とした労務行政研究所「人事労務管理諸制度実施状況調査」(2007年)によると、2000年代に入って導入が進んだ職務等級制度、役割等級制度の導入割合はそれぞれ19.7%、15.3％となっている（なお職務・役割等級制度を導入する場合、対象を管理職クラスの社員として、一般職社員には職能資格制度を適用しているところは少なくない)。現に担当している職務、役割の価値の大きさを評価し、それを人事処遇の基準とする制度である。それらは、「人基準」の職能資格制度に対して、「仕事基準」の制度といわれる。ただし、具体的なあり方は各社間で区々であるものの、担当者の能力を考慮して、職務、役割の価値評価を行うものもあり、原理的な違いが必ずしも明確でない場合も少なくない（とくに役割等級制度はそうである)。

　職能資格制度、職能給における職務遂行能力は、もともとは職務に「密着して」把握、評価されるべきものであった。日経連『能力主義管理』においては、「求められるのは当然に、その企業がその職務に期待する成果をあげるための職務遂行能力である。そしてその職務遂行能力は実際に業績として形にあらわれるものでなければならない。したがって能力評価も……必然的にその現在与えられた職務をどれだけよく遂行したか、どれだけの業績をあげたか、の業績中心主義となる」としていた。そうでない場合、年功的運用に傾くことは当初から懸念されていた。しかし実際には、具体的な資格基準を作成して、整備・維持する例は少なく、抽象的な基準により「柔軟に」運用されていた。それは、長期雇用慣行のもとで、人材育成上の観点から、またモラールの維持・向上のうえからも、さらに事業環境の変化に対応して柔軟な配置を行っていく必要からも、職務との結びつきをゆるめ、「潜在的能力」を含めて「職務遂行能力」を評価し、処遇していくことが適当であったからである。しかし、今やそのことの問題が強く意識されるようになっている。

### (3) 成果主義化の背景

　職能資格制度の見直しや職務・役割等級制度の導入によって、現在担当している職務、職責を基準に、そしてそこでの成果・業績を重視して処遇していく成果主義の動きが進んできたことは、いわゆるバブル崩壊後の長引く景気の低

第4章　賃金処遇制度

図表4-7-1　管理職層（部長および課長）比率の推移
（年齢階級別，1000人以上規模，大学卒）

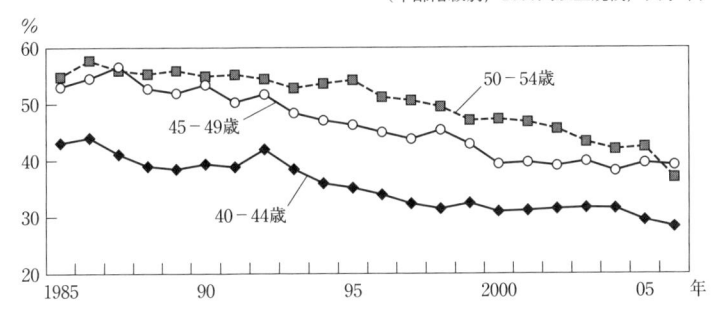

図表4-7-2　管理職層の比率の推移（1000人以上規模）

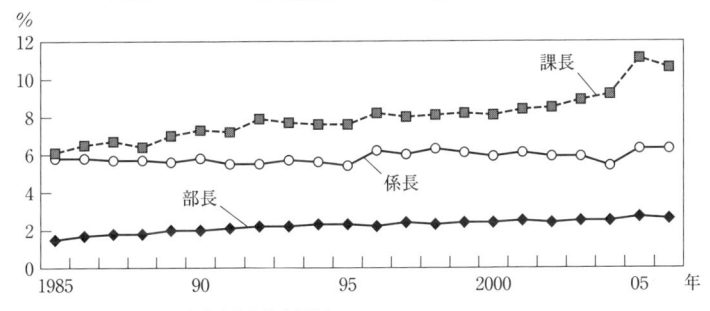

出所：厚生労働省「賃金構造基本統計調査」

迷，「グローバル化」による国際競争の激化のなかで，人件費の変動費化を進めてコスト競争力を高めていくことが強く求められるようになってきたことが背景としてある。また「終身雇用の崩壊」がいわれるなかで，従業員の「年功的」処遇に対する公平感・納得感が低下し，遂行している仕事，その成果と処遇のバランスを重視するようになってきたことや，日本企業ばかりではなく，外資系企業，外国企業との間での「ハイパフォーマー」の確保・獲得競争（War For Talent）への対応ということもある。

さらに，高齢化，高学歴化が進むなかで（**図表4-5-1・2**），従業員の高資格化も進行し，そのことによる「人件費の高騰」も，成果主義化を進める多くの企業の問題意識としてある。とくに職能資格制度を廃止した企業においては強く意識されている。能力の向上にあわせて職能資格があがり，そして賃金が

あがっても，発揮された生産性も高くなれば，人件費として高いということにはならない。人件費の高騰が問題になるのは，担当している仕事，そこであげた成果と，評価された能力に落差がある場合である。高齢化，高学歴化の問題がとみに注目されるようになった1970年代後半以降，「資格と役職の分離」によって，ポスト不足への対応が，主に能力と処遇のバランスをとる観点から進められた。他方で，能力と仕事のバランスをはかる専門職制度などは，定着をみなかった。そのことが，高資格化による人件費の高騰として，少なくない企業において問題となり，仕事と処遇をバランスさせる成果主義につながってきている。なお，高資格化の問題は，制度の年功的運用の問題という面もあるが，それ以上にいわば構造的な問題である。管理職層になっている大卒社員の比率は大きく低下してきた一方で，課長クラスの管理職層の割合は大きく上昇してきている（**図表4-7-1・2**）。

### （4）成果主義の問題，課題

　成果主義といっても，具体的な制度とその運用は多様であるため，その問題を一概に論じることはむずかしい。「結果」ばかりを「成果」とみたり（「結果主義」），人件費の抑制，削減や，成果による処遇格差の拡大を主眼としたりするものが一方にはある。しかし他方では，「結果」ばかりではなく，業務遂行プロセスにおける具体的な努力・行動，能力発揮なども含めて「成果」を評価し，成果を高める組織，人材を創出するためのマネジメントの仕組みづくりを強調するものがある。成果主義の問題として指摘される，それが高ストレス状態をつくりだし，それが職場のコミュニケーションの希薄化や，メンタルヘルス疾患の増加につながっている，あるいは短期業績志向を助長して，中長期的視点にたった行動を阻害する，利己主義によって職場のチームワーク，人材育成機能の弱化をもたらす，さらには業績を追求するあまりコンプライアンス上の問題を惹起するおそれがある，などといったことは，多くは前者のような成果主義と結びついていると考えられる。

　一般には，成果主義はいわば結果主義として否定的にみられ，格差の拡大が注目される場合が少なくないが，実際には，人材育成あるいはチームワークの

維持などの観点から，制度の設計，運用がなされている（あるいは改善されてきている）ことが多いし，成果・業績評価による賃金の増減，「メリハリ」も，制度上は別にして，実際の運用においては，さほど大きくはない。年俸制は成果主義的賃金制度の代表的なものであるが，2002年の厚生労働省「就労条件総合調査」によると（1000人以上規模），年俸額が最大に増加した労働者の年俸額増加率が5％未満であった企業の割合は，管理職で41.1％，管理職以外で58.2％（「不明」を除いて計算した数値）であった。反対に最大に減少した労働者の年俸額減少率が5％未満であった企業の割合は，管理職で52.8％，管理職以外で63.1％であった。成果主義的な賃金制度を導入しても，格差があまりつかない実態は稀ではない。

　仕事とその成果を重視した処遇が志向されるなかで課題となるのは，制度とその運用の（とくに評価制度の）透明性，公平性，納得性を高めることである。とくに運用面は重要であり，そのためには管理職の考課能力を含めたマネジメント力の向上，そして職場内のコミュニケーションの活性化などをはかっていくことが求められる。日本労働研究機構「企業の人事戦略と労働者の就業意識に関する調査（就業者調査）」（2003年）によると，働く人々の大半は，成果主義的な賃金制度を支持しているが，評価についての不安をもつものがかなり多いという結果になっている。また各種の調査によると，企業の側も大半が，業績評価制度について何らかの改善すべき問題があると認識している。どのような制度であっても，従業員の多くが理解し，支持するものでなければ，そしてそれが適切に運用されなければ機能しない。労働組合との話し合いなど，従業員の意見を踏まえて改善を進めていくことが重要である。

【参考文献】

大橋吉郎（1960）「年功序列給から職務給化へ」『経営者』第14巻第12号，日本経営者団体連盟出版部

西川忠（1967）「人間能力活用をはかる社員制度」『経営者』第21巻第6号，日本経営者団体連盟出版部

丹生谷龍（1957）「職務給制度」労務管理研究会編『最新労務管理總覽』労務管理研究会

新・日本的経営システム等研究プロジェクト編著（1995）『新時代の「日本的経営」
　　——挑戦すべき方向とその具体策』日本経営者団体連盟
日本経営者団体連盟（1955）『職務給の研究』日本経営者団体連盟弘報部
日本経営者団体連盟事務局編（1957）『現下の賃金政策と賃金問題』日本経営者団体
　連盟

（土屋直樹）

# 第 5 章

# 査定と昇進

はじめに

　第5章では，査定制度と昇進についてみていく。昇進は労働者にとっては企業内の処遇に直接関係する重要な人事管理制度であり，経営側にとっても労働者の処遇のみならず育成という観点からも重要な制度である。査定制度は労働者を個別に評価するシステムであることから，昇進のあり方を決める制度であるといえる。昇進が労使双方にとって効率的かつ有効なものであるか否かは，査定制度のあり方次第ともいえる。

　そのような観点からすると，査定制度は企業組織における人事管理制度の要ともいうべき制度である。しかし，本稿でみていくように査定制度は人間が人間を評価する制度であるがゆえに，常に制度の客観性や信頼性に問題を抱えていた。そして，制度のもつ客観性や信頼性こそが査定制度に労使双方から強く求められた要素であった。つまり，査定制度は人事管理制度のなかでもとくに運用に困難をともなう制度であるといえる。

　近年，成果主義管理の導入によって査定制度の重要性が増し，それにともなって査定制度の抱える制度運用上の困難性が問題となっている。さらに，柔軟な労働時間管理制度のなかでもとくに裁量労働制と成果主義管理が組み合わさることによって，査定制度のもつ問題点はオーバーワークの要因とまでなっている。

　そこで以下では，第1節で，査定制度と昇進の人事管理制度における役割と問題点を明らかにする。昇進には「育成」と「選抜」という人事管理上の2つ

の役割があり，ときに2つの役割はトレードオフ関係になることもある。査定制度は人事管理制度において昇進を支える制度であり，すでに述べたように人事管理制度の要ともいえる重要な制度である。しかし，査定制度には評価要素と評価方法の客観性を確保することに関して困難が存在し，そのことが査定制度への信頼性に関わる問題点となっている。第2節では，戦後日本における査定制度の成立経緯をみていくことで，査定制度の抱える問題点がどのように明らかになり，そして問題点をクリアするためにどのような努力がなされ，それでも残ってしまった査定制度のもつ問題点とは何かを明らかにする。第2節でみるような歴史分析のなかから，日本に限らず，査定制度が普遍的に抱える問題点が明らかとなるであろう。そして第3節では，第2節でみた査定制度が抱える問題点に加えて，近年の成果主義管理の導入と柔軟な労働時間管理のなかでも，とくに裁量労働制が組み合わさることによって引き起こされる新たな査定制度をめぐる問題点を明らかにする。

# 1 人事管理制度としての査定制度と昇進

### (1) 人事管理における昇進の役割

　昇進[1]とは「下位の職級に属する職務から上位の職級に属する職務に異動すること」[白井 1992]と定義することができる。企業組織のなかで上方向へ異動することは，通常，賃金上昇をともなう場合が多いことを考えると，昇進は企業組織内における処遇に直接的に大きな影響を与えることになる。このことから昇進は，人事管理制度のなかでも労働者にとってとくに重要度の高い制度であるといえよう。経営側にとっても昇進は，労働者をどのポジションでどのように働かせるかという経営状況に直接つながる問題であり，労働者以上に重要度の高い制度である。

　労使双方にとって重要な制度である昇進には人事管理制度上，2つの役割が存在する。1つは「選抜」という役割であり，もう1つは「育成」という役割である。昇進が企業組織内における一定範囲を母集団とする競争であることを考えると，昇進の人事管理制度における「選抜」[2]という役割は想像がしやす

い。内部労働市場としての企業組織を考えると，企業は相対的多数の下位職務を底辺として段階的に職務遂行上の困難性と責任の度合いが増していきながら，直近下位職務よりもやや数の少ない上位職務が積み重なるというピラミッド型構造をしている。経営側は，定期的に上位職務へ異動することが可能な労働者を選抜してピラミッド構造のなかを昇進させる。労働者は上へ異動すればするほど処遇が向上することから，選抜としての昇進に関する競争に勝つためにさまざまな努力を行う。よって，選抜としての昇進は，労働者の職務遂行能力を向上させることにプラスの効力をもつと考えられる。そのため，昇進に関する競争がどの程度存在するのかは，経営状況にとって生産性向上や経営効率性の観点からみると，直接的かつ短期的に重要なポイントである。選抜としての昇進における労働者間の競争は激化しすぎると，職場環境の悪化や競争に負けた労働者のインセンティブ低下につながり，結果として経営効率を下げてしまう可能性が出てくる。昇進に関する選抜競争の度合いの決定は経営状況を左右する重要な要素である。

　一方，昇進には「育成」という人事管理制度上の役割もある。昇進は下位職務から上位職務への異動として行われるため，労働者は昇進するためには職務に関連したスキルを上昇させる必要がある。そこで経営側は昇進という人事管理制度を用いて労働者のスキル上昇を計画的に行い，労働者を育成することによって経営状況にプラスの影響を与えることを考える。経営側が「一刻も早く幹部候補生を育成したい」と考えるのであれば，ごく限られた対象労働者に入社早期段階で選抜をともなう育成という意味での昇進が行われることになる。もしも経営側が「じっくりと時間をかけて育てることで幹部候補生は育成される」と考えるのであれば，早期段階では選抜のない昇進が対象労働者を広くとって行われるであろう。このように，昇進における育成という役割に経営側がいかなる意図を込めるかによって，昇進における選抜のあり方が決まってくる。ただし，「育成はじっくりと時間をかけたいが，選抜は早期に行いたい」と経営側が考える場合には，昇進のあり方は「育成」と「選抜」のトレードオフ関係に陥ることになる。

## （2）人事管理における査定制度の役割と問題点

　昇進に関して育成という役割を考えてみると，「だれ」を「どのように」育成するのかを決める必要がある。昇進に関して選抜という役割を考えてみると，「だれ」を「どのように」選抜するのかを決める必要がある。以上のように，昇進に関しては育成・選抜いずれの側面からみても，労働者を個別に評価して処遇を決定することが必要になる。昇進に関して必要となる労働者個別の評価データを制度として提示するのが査定制度である。

　査定制度は，企業によっては人事考課制度や人事査定制度，公務員の人事管理制度では勤務評定制度と呼ばれることもあるが，いずれの場合も労働者個々人について何らかの基準や要素を設定して評価を行う制度である。査定制度に用いられる評価方法はさまざまあるが，第二次大戦後日本には**図表5-1**にみるような評価方法が試行的に導入された。

　さまざまな企業でそれぞれの評価方法が試行されたが，現在の日本の企業組織で多くみられる評価方法は尺度法をアレンジしたものである。たとえば，ある民間企業の人事評価シートは**図表5-2**のようになっている。

　**図表5-2**の人事評価シートを見ると，行動・発揮能力評価のシートに尺度法の影響が多くみられる。行動・発揮能力の人事評価で比較的数値化しやすい要素を評価し，成果評価で数値化するだけでは十分に評価しえない要素を記述併用で評価する方法をとっている。このことからもわかるように，査定制度では評価結果を数値化できる評価要素と，数値化が困難なため記述を用いて評価する評価要素の2つが大きく分けて存在する。このように性質の異なる2つの評価要素が存在することが，査定制度に関する運用上の問題点を生み出すことがある。

　性質の異なる2つの評価要素それぞれに関する評価結果は，それぞれの性質がより強く求められる人事管理上のデータとして用いられることになる。つまり，評価結果は昇進に関するデータとなるだけではなく，昇進以外の配置転換や場合によっては降格などの人事異動，さらには賃金水準を決定するためのデータとしても用いられる。つまり，査定制度は昇進をはじめとする他の人事管理制度の運用を支えるための重要な基礎的制度であるとみることができる。

**図表 5-1　第二次大戦後日本に紹介された査定の方法**

| 名　称 | 査定方法 | デメリット |
| --- | --- | --- |
| 等級法 | 評価者が被評価者を一列に序列づける方法。 | 査定対象が多人数の場合に困難。一列に被評価者を序列づける基準判断が困難。 |
| 人物比較法 | 第一次大戦中にアメリカ陸軍において将校および幹部候補生の評定に用いられたもの。いくつかの評価要素が決められ、評価要素ごとに評価の基準となる人物が選ばれる。各基準の人物と比較することで、それぞれの被評価者のランクを決める。 | 各評価要素について基準となる人物を選定するのはコストがかかる。基準となる人物を選定する基準が必ずしも明確ではない。 |
| 双対比較法 | 項目ごとに評価される被評価者を一対ずつ組み合わせ、総あたり式で比較を行う方法。等級法のデメリットをクリアしたもの。 | 被評価者の人数が10数人程度の場合にのみ最適な方法であるため、適用ケースが限られる。 |
| 尺度法 | アメリカのスコット社において考案された評価方法。評定要素を定めて内容を記す。さらに各要素ごとにいくつかの段階に分けて、段階ごとに説明語や形容句を付して、それらを参考に評価を行う。評価の基準が説明語や形容句によって言語化された尺度として明確になるため、他の評価方法に比較して評価基準が安定しやすい。 | 評価要素の内容や評価段階の説明語にまぎれのなさが残った場合に、尺度法の利点である評価基準の安定化が損なわれてしまう。評価結果が比較的平均のところに集まりやすく、全体的に評価の寛大化（良いほうへ評価結果が偏る）が起こりやすい。 |

出所：人事院『国家公務員の勤務評定制度』（1948年）および 経済同友会編『経営基礎講座6 人事管理』（1953年）より作成

　そのような意味において、査定制度は企業組織における人事管理制度の「要」であるといえる。

　査定制度が企業組織における人事管理制度の要であるということは、裏返せば、査定制度に問題が生じた場合には人事管理制度全体に問題が生じる可能性があるということでもある。にもかかわらず、査定制度は人事管理制度のなかでもとくに運用の困難な制度である。どのような点で制度運用上の困難が生じ、査定制度の抱える困難が他の人事管理制度にどのような影響を与えるのかについて、次節でみていくことにしたい。

図表5-2 人事評価シート

| 一般スタッフ職業用 | 年度　期 | 業績・能力発揮度申告書 | 所属 | | 氏名 | |
|---|---|---|---|---|---|---|

※網掛部分は所属長記入欄

所属長氏名　_____

1. 成果評価

(1)達成度評価

| | ウェイトの設定要領 (A) | 期首に目安を確認し、半期の状況を踏まえて期末に確定（変更あり） | 達成状況の評価基準 (b) (B) | 大きく上回った 120点 | 上回った 110点 | 目標どおり 100点 | やや下回った 90点 | 下回った 80〜0点 (下回った度合いに応じて) | | 従業員番号 : : : : |
|---|---|---|---|---|---|---|---|---|---|---|

| 項目（概要） | 業 績 目 標 具体的な内容 (何を、いつまでに、どのようにして、どのレベルまで) | ウェイト (A) | 業 績 詰 (期首に設定した質・量・期限等をどの程度達成したかを記入) | 達 成 状 況 | | | | 遂行過程でとった行動 [行動発揮能力評価] の根拠 (裏面 [行動発揮能力評価] の該当欄) 誰からの指示をどの程度仰ぎ、誰から指示しないから、どのように企画、調整、実行したかを記入 |
|---|---|---|---|---|---|---|---|---|
| | | | | 本人評価 | | 所属長評価 | | |
| | | | | 達成度 (b) | 評価点 b×A | 達成度 (B) | 評価点 B×A | |
| ① | | % | | | 点 | | 点 | |
| ② | | % | | | 点 | | 点 | |
| ③ | | % | | | 点 | | 点 | |
| ④ | | % | | | 点 | | 点 | |
| ⑤ | | % | | | 点 | | 点 | |

110

第 5 章　査定と昇進

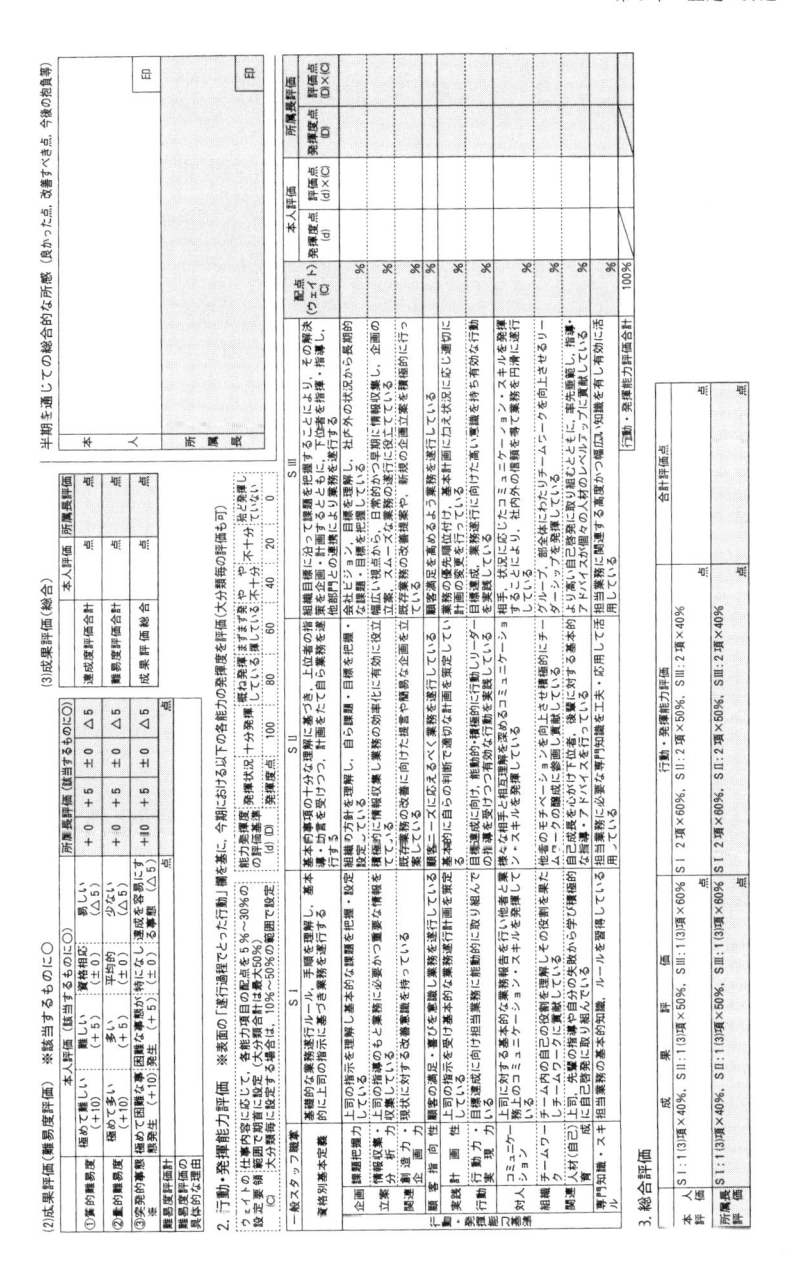

## (2)成果評価（難易度評価）　※該当するものに○

| | 本人評価（該当するものに○） | | | 所属長評価 | 本人評価 | 所属長評価 |
|---|---|---|---|---|---|---|
| ①字的難易度 | 極めて難しい (+10) | 難しい (+5) | 資格相応 (±0) | 多い (+5) | 点 | 点 |
| ②量的難易度 | 極めて多い (+10) | 多い (+5) | 平均的 (±0) | 少ない (△5) | | |
| ③突発事態 | 極めて困難な事態が発生 (+10) | 困難な事態が特になし (+5) | 速成な容易にすむ事態 (±0) | 多事態 (△5) | | |
| 難易度評価計 | | | | | | |
| 難易度評価の具体的な理由 | | | | | | |

## (3)成果評価（総合）

| | 本人評価 | 所属長評価 |
|---|---|---|
| 達成度評価合計 | 点 | 点 |
| 難易度評価合計 | 点 | 点 |
| 成果評価総合 | 点 | 点 |

## 2. 行動・発揮能力評価　※表面の「遂行過程でとった行動」欄を基に、今期における各能力の発揮度を評価（大分類毎の評価可）

「ウェイト」の仕事内容に応じて、各能力項目の配点を 5 % ～ 30 %の範囲で上司の指示で設定、該当範囲内で期首に設定（大分類合計は最大100点、各小分類毎に設定する場合は、10％～50％の範囲で設定）

能力発揮度：発揮状況：十分発揮＝ますます要す、概ね発揮＝ほぼネット＋分＝ネット＋分でない
の評価基準　　　　(d) (D)　　　　　　　　　　　　　　　0
発揮度点　 100　　80　　60　　40　　20　　0

| 一般スタッフ用 | | S I | S II | S III | 配点（ウェイト）(C) | 本人評価 | | 所属長評価 | |
|---|---|---|---|---|---|---|---|---|---|
| 資格別選定要素 | | | | | | 発揮度点(d) | 評価点(d)×(C) | 発揮度点(D) | 評価点(D)×(C) |
| | 企画力 | 基幹的な業務要領・ルール、手順を理解し、基本的な判断に基づき業務を遂行する | 基本的事項の十分な理解に基づき、上記者の指示により継続目標に沿って課題を把握、その解決策を企画・立案し、計画をたて業務を遂行する | 会社ビジョン、目標を把握し、社外の状況から長期的な課題、目標を把握 | % | | | | |
| | 情報把握力 | 上司の指示を受けて基本的な業務関連の情報を把握 | 組織の方針を理解し、自ら課題、目標を把握する | 幅広い視点から、日常的な効率化に有効な情報収集 | % | | | | |
| | 立案力 | 上司の指導のもと基本業務に必要な情報を整理 | 情報収集を積極的に行い、業務の効率化に有効な情報を収集 | 新たな業務の遂行、新規の企画提案を行う | % | | | | |
| | 判断力 | 現状に対する改善案を行っている | 既存業務の改善に向け提案や業務を企画・立案 | 既存業務の改善・実施を積極的に | % | | | | |
| | 企画力 | | | | % | | | | |
| | 顧客指向 | 顧客満足度の向上を意識し、喜ばれる業務を遂行 | 次に必要な業務を遂行しつつ顧客満足度を高めるような業務遂行 | 顧客満足度を高めるような業務遂行 | % | | | | |
| 行動 | 指導性 | 上司の指示を受けて担当業務を遂行 | 上司の判断・指示に基づいて業務遂行に取り組む | 計画の実行に際し、上司を補佐し状況に応じて運切に | % | | | | |
| ・ | 行動力 | | 目標を達成し、行動に移し、実践する | 目標達成、業務遂行に有効な行動を積極的に | % | | | | |
| 態度 | 実行性 | | 積極的に取り組み、スキルを習得し、発揮している | 積極的に業務にあたり、スキルを発揮している | % | | | | |
| | コミュニケーション | | 相手、状況に応じたコミュニケーション・スキルを発揮し社内外の関係を良好に | 相手、状況に応じたコミュニケーション・スキルを発揮し社内外の関係を円滑に運営 | % | | | | |
| | 対人力 | チームワークを重視し、他者の意見に耳を傾け、行動をとる | チーム全体に対する意識を持ち、良いチームワーク形成に積極的に貢献 | グループリーダーとしてチームワークを発揮、向上させる | % | | | | |
| | 組織行動 | 上司の指示に対し、自己の役割を理解しつつ参画している | 他者のモチベーションを理解しつつ連携している | 指導、アドバイスを行うとともに、後進の育成に貢献している | % | | | | |
| 関連知識 | 関連知識 | 上司、自己の担当業務遂行から学ぶ視野から自己啓発に取り組む | 上司、自己啓発に基本的な技術、指導、アドバイスを行う | 幅広い知識を有効に活用 | % | | | | |
| 専門知識 | 専門知識 | スキル担当業務の基本知識、ルールを習得している | 担当業務の応用知識、スキルを発揮 | 担当業務に関連する高度な知識を有し、応用して活用 | % | | | | |
| | | | | | 100% | | | | |

半期を通じての総合的な所感（良かった点、改善すべき点、今後の抱負等）

本　人　　　　　　　　　　　　　印

所　属　長　　　　　　　　　　　印

## 3. 総合評価

| | | 成　果　評　価 | 行動・発揮能力評価 | 合計評価点 |
|---|---|---|---|---|
| 本人評価 | S I : 1(3)項×40%, S II : 1(3)項×50%, S III : 1(3)項×60% | S I : 2項×60%, S II : 2項×60%, S III : 2項×40% | 点 |
| 所属長評価 | S I : 1(3)項×40%, S II : 1(3)項×50%, S III : 1(3)項×60% | S I : 2項×60%, S II : 2項×60%, S III : 2項×40% | 点 |

## 2　査定制度の歴史的分析

### (1) 第二次大戦後の日本における査定制度導入

　査定制度は第二次大戦前の日本企業にも存在したが[3]，本格的に導入されたのは戦後の連合国軍総司令部（GHQ）による占領統治下においてであった。GHQは日本が二度と世界を巻き込むような戦争を起こさない政治・経済・社会体制を作ることを目的として戦後の占領方針を立てた。占領方針のなかでも重要視されたのが「非軍事化・民主化」という方針であった。「非軍事化・民主化」の方針のもとに，戦後日本の占領改革は行われたのである。

　終戦直後の日本は，あらゆる経営資源が戦争により破壊された状況であったが，そのような条件のもとでも生産復興の動きは戦後直後から開始された。生産復興の一環として，各企業では人事管理制度の立て直しをはかった。そのなかでもとくに終戦直後の最も早い段階から制度整備に着手したのが，国家公務員の人事管理制度である[4]。国家公務員の人事管理制度は，1947年に制定された国家公務員法により制度整備・制定が法的に要請された。勤務評定制度も，法的要請に基づいて議論が開始された人事管理制度の1つである。GHQの占領統治下においては，すべての法律がGHQの許可なしには成立しえなかったので，国家公務員の人事管理制度は，終戦直後に成立が企図された人事管理制度のなかでもとくにGHQによる占領方針が強く反映された制度であるといえる。既述のように，占領方針のなかでもとくに重要視された方針は「非軍事化・民主化」であったが，国家公務員の人事管理制度に関しては，民主化を「身分的制度の打破」と置き換えて制度改革が行われた。戦前の明治憲法下では，官吏は天皇からの「距離」によって俸給をはじめとする処遇が決定されていたが，戦後日本の国家公務員制度では，戦前の身分的制度を改革し新しい「民主的」な制度を制定することが求められていたのである。

　以上のような意図のもとで制度の導入がはかられた国家公務員の勤務評定制度では，身分的制度の改革を意味する「民主化」がさらに，「客観性」のある制度，あるいは「数値化」によって客観性を担保する制度として解釈された。

そこで，国家公務員の勤務評定制度はGHQの指導のもと，尺度法を基礎として制度導入の議論が開始された。導入開始当初の議論では，「民主化」という強い要請が存在したため，評定結果を数値化することに努力が傾けられたが，制度試行の過程で「数値化されない評定要素も評価の対象にするべきである」という労働側からの声があがってきた。そこで，数値化する評定要素と記述によって評価する評定内容に分けることで制度成立を試みたが，それら2つの評定要素を最終総合的な評定結果へ反映させるときの方法やバランスで議論はまとまることができなくなった。さらに評定者でもある各省庁課長以上の幹部が，「自分たちの仕事は勤務評定制度で正当な評価を得られるような類のものではない」として勤務評定制度そのものへの反発をみせ，国家公務員の勤務評定制度は昭和30（1955）年代に入ると形骸化してしまうこととなった[5]。

　国家公務員の勤務評定制度が形骸化する過程から，査定制度の2つの問題点が浮き彫りになる。1つは，評定要素の選定と評定結果の活用の問題である。戦後の強い「民主化」の要請のもとで，国家公務員の勤務評定制度はできるだけ数値化可能な評定要素を選定し，数値化された評定結果を出すことで制度の客観性を担保しようとした。数値化された評価結果はいわば「マギレのない」ものであり，それを他の人事管理制度に用いて処遇等を行うことは一定の客観性が担保されている[6]。一方で，評価される側，つまり働く者にとっては，数値化することが困難な職務内容に関する評価も行ってほしいという要請が存在するのである。しかしながら，数値化できない評価要素を評価の対象にすることは評価結果の客観性を欠かせることにつながるため，評価結果を処遇等の他の人事管理制度へ活用することに困難を生じさせることになる。つまり，評価要素の選定と評価結果の活用との間には，常に相反する要請が存在するのである。

　国家公務員の勤務評定制度導入過程からみえる2つめの査定制度の抱える問題点は，評価者の理解の問題である。国家公務員の勤務評定制度が形骸化した1つの大きな要因は，評価者である各省庁幹部から制度の理解を得ることができなかったことにある。上述のように評価者自らが当該制度で評価されることに疑問を呈している状況[7]で，被評価者の制度への信頼を得ることは困難であ

る。査定制度は他の人事管理制度へデータを提示する基礎的制度であることを考えると，査定制度への信頼性が揺らぐことは他の人事管理制度のあり方にも影響があると思われる。つまり，査定制度を運用する際に，評価者となる労働者に関して制度への理解を確保することがとても重要になる。

　以上のように，終戦直後の国家公務員の勤務評定制度は結果的に形骸化してしまったが，制度導入・制定過程を参照しながら，民間企業においても査定制度の導入が試みられた。民間企業では，国家公務員よりも評定結果を数値化するのに適した経営指標が存在することや，終戦直後の民間企業ではいまだ人事管理制度の年功的運用の傾向が強くみられたことなどにより，国家公務員の勤務評定制度導入・制定過程において明らかとなった問題点を明確にクリアしなくとも，他の人事管理制度のサブシステムとして査定制度を導入することができた。ただし，民間企業における査定制度も国家公務員の勤務評定制度で明らかになった問題点を抱えたままであり，査定制度の抱える2つの問題点が明確に表面化したのは，次項でみるように年功的能力主義のもとでのことであった。

### （2）高度経済成長のもとでの査定制度

　能力主義管理というと，最近新しく出現した人事労務管理の手法のように聞こえるが，旧・日本経営者団体連盟（以下，日経連という）が1969年に『能力主義管理』という本を出していることからもわかるように，昭和40年代の日本の民間企業には広く能力主義管理なるものが存在していたのである。能力主義管理は，年功的人事管理制度のもとでみられたような，年齢や勤続などの職務との関連性が低い要素によって人事管理を行うのではなく，職務に関連してみられた能力によって人事管理を行うやり方である。よって，能力主義管理のもとでは能力を評価する必要が生ずるため，査定制度の役割が重要性を増してくる。

　前項でみたように，終戦直後から査定制度導入が行われていることから，日本の企業組織では多かれ少なかれある程度の能力主義が存在していた。戦後の社会経済混乱期のもとでは，賃金に生活保障という役割が強く求められたこと

や，労使関係におけるパワー・バランスを大きく欠くほどの労働組合の強い勢力によって年齢あるいは勤続を軸とした処遇に公正観がおかれたことなどにより，終戦直後の日本の企業組織における能力主義の存在は比較的小さいものであった。しかし戦後の経済復興を果たし，幾度かの大型景気の後に高度経済成長を迎える1960年代になると，日本の企業組織における能力主義はにわかにクローズアップされるようになったのである。旧・日経連『能力主義管理』もそのような状況のなかで出されたものであった。

とくに終戦直後において強く存在した人事管理における年功的な基準と能力主義管理は，基本的に相容れないものである。よって，能力主義が日本の企業組織に拡大をみせた高度経済成長期にこそ，労使双方は年功的な人事管理基準と能力主義管理の落としどころを見つける作業を行わなければならなかった。しかし，高度経済成長期には経済成長率の大幅な上昇に支えられ，労働需要の増大および毎年の賃金ベース上昇などが実現したことにより，人事管理制度のあり方をめぐる理論的な議論は行われないままであった。このことは，査定制度に関して次のような影響をおよぼしている。本来であれば能力主義の拡大とともに議論が尽くされるべきであった査定制度における評価要素や評価方法の検討がなされないまま，査定制度の重要性だけが拡大していったのである。この結果，高度経済成長期を中心に数値化可能な評価要素と記述で評価する評価要素を1つの評価制度のなかにあわせもつ査定制度が確立されていった。さらに，それぞれの評定要素を評価した結果の活用についても，評定結果に「マギレ」を残したまま活用のルールがあいまいになっていった。

以上のような高度経済成長期を中心とする日本の査定制度の拡大は，制度そのものに次のような問題ともいうべき特徴を付随させることとなった。それは，評定要素における「情実」的要素の存在と査定制度そのものへの信頼性の問題である。高度経済成長期には好景気の生産増進にともなう長時間労働が広範囲に存在し，そのため「プライベートよりも仕事を優先する」ことが労働の現場に暗黙的に求められるようになった。あたかも人生の持ち時間をほとんど会社に捧げるような働き方が徐々に求められるようになるなかで，そのような働き方に応える労働者側には働き方そのものへの評価を求める要求が強くなる

ようになった。働き方そのものへの評価は必ずしも職務内容や仕事の実績と直接関連があるとはいえず，また直接関連のない評価要素をこそ評価対象にすることが求められる傾向にあったため，日本の査定制度における評価要素には「情実」的な評価要素が支持されることになった。

　労働者の過剰なまでの「働きすぎ」ぶりに対する評価要素として「情実」的評価要素の存在を労使双方が要請したことは，当然の流れであったとも考えられる。しかし一方で，評価結果を「マギレなく」数値化することが困難であるために，「情実」的評価要素を含んだ査定制度の評価結果は，とくに労働者にとって客観性や信頼性を欠くものとなる可能性があった。そのため，「情実」的評価要素が査定制度全体に占めるウエイト次第では，査定制度そのものに対する信頼性を失わせることも十分に考えられる。このような査定制度そのものへの信頼性の問題が最も重大なかたちで現出するのが，「差別」の問題であると考えられる。「情実」的評定要素によって恣意的な評価が行われ，評定結果によってなされる労働者の処遇が「差別」的なものとなることは，査定制度の抱えるあいまいさから考えると起こりうる問題である。また，現実に査定制度の評定結果が差別であるとして裁判で争われるケースは，とくに賃金査定に関して多く存在する。

　労使双方は査定制度に関して上記のような問題が起こらないようにするために，終戦直後の査定制度導入・制定過程において査定制度の抱える問題点が明らかになった段階で，評定要素についての検討や制度の信頼性確保のための方策を議論するべきであった。しかしそのような議論がなされないままに，高度経済成長期における「情実」的評価要素を重視するような働き方のもと，査定制度はより困難な問題を抱えることになったといえよう。そしてさらに，高度経済成長期で明らかとなった査定制度の問題点を再度解決することなく，現在の査定制度は新たな問題を労働の現場に起こしている。

図表5-3　日経連『新時代の「日本的経営」』による労働者3区分

| 名　称 | 雇用形態 | 対　象 | 賃　金 | 賞　与 | 昇進・昇格 |
|---|---|---|---|---|---|
| 長期蓄積能力活用型グループ | 期間の定めのない雇用契約 | 管理職，総合職，技能部門の基幹職 | 月給制あるいは年俸制昇給制度 | 定率＋業績スライド | 役職昇進職業資格昇進 |
| 高度専門能力活用型グループ | 有期雇用契約 | 専門部門（企画，営業，研究開発等） | 年俸制昇給なし | 成果配分 | 業績評価 |
| 雇用柔軟型グループ | 有期雇用契約 | 一般職技能部門，販売部門 | 時間給制昇給なし | 定率 | 上位職務への転換 |

出所：日経連『新時代の「人事管理」』(1995年) より作成

## 3　査定制度をめぐる新たな問題

### (1) 成果主義管理と査定制度

　高度経済成長期に「情実」的評価要素と結びつくかたちで求められた「働きすぎ」ともいえる働き方は，安定成長期から1980年代に入ると日本の労働の現場における「フレキシビリティー（柔軟性）」というメリットとして認識されるようになった。とくに生産現場におけるフレキシビリティーは日本の高い生産性の原動力として重視されるようになり，さらに「全人格的」に労働を行うことが求められるようになった。査定制度はこのような労働を引き出すための重要な人事管理制度として機能することになる。

　高度経済成長期以前と比較すると，査定制度が生産性という経営指標とより強く結びつく人事管理制度として機能し始めた後の1990年代から，日本は長期の不況期に突入した。戦後，成長率に幅はあるものの継続して右肩上がりであった日本経済は初めて長期のゼロ（あるいはマイナス）経済成長の時代を迎えた。長期不況の時代に直面すると，各企業はよりいっそうの生産性や経営効率の確保に乗り出した。ちょうどその頃に日経連が出した『新時代の「日本的経営」』では，労働者を図表5-3のように区分して使い分けることにより「自社型雇用ポートフォリオ」をつくることが進められている。

**図表5-3**の「長期蓄積能力活用型グループ」の賃金や賞与，昇進・昇格をみると，そのいずれにも査定制度による評価が必要であることがわかる。このように1990年代の長期不況を迎えて，査定制度はさらに人事管理制度のなかでの重要性を増していくこととなった。そして，査定制度の重要性がよりいっそう求められるようになった契機がいわゆる成果主義管理の導入であった。成果主義管理と能力主義管理の違いは，成果主義管理のほうが仕事の「成果」や「実績」をより求められるところにある。このことは一見すると，高度経済成長期からみられた査定制度における情実的評価要素のウエイトを弱め，「働きすぎ」の解消につながるもののようにも理解できる。

　しかしながら実際には，次の2つの点において成果主義管理のもとで査定制度が「働きすぎ」の重要な因子となるような状況が進んでいったのである。その1つは，成果主義管理そのもののもつ性質であった。成果主義管理は上記のごとく，「成果」や「実績」をその評価要素として重視する人事管理制度である。そのため，「成果」や「実績」をあげるために労働者自らが「働きすぎ」を選択せざるをえない状況に追い込まれやすくなる。つまり，査定制度がもともと備えている「労働者を働かせるシステム」(ドライブシステム)の側面が成果主義管理導入によって強化されることになるのである。成果主義管理のもとで査定制度が「働きすぎ」の重要な因子となる2つめの要因をみる前に，ここでなぜ労働者が査定制度を受容しているのかについて検討を加えたい。元来，査定制度は同一企業内で働く労働者間に「差」を生じさせるものであるため，労働者（あるいは労働組合）にとっては受容しかねる人事管理制度であった。そのうえさらに，これまでみてきたように査定制度は重大な問題点を抱えたまま各企業において運用が行われてきたうえに，成果主義管理の導入によって新たな問題を生み出している。査定制度に制度的問題点があるとすれば，労働者側からは査定制度に対して拒否するリアクションが出ることが当然予想される。しかし，日本の労働者は全般的傾向として，現在の成果主義管理導入にいたってもなお査定制度を強く拒否することはしなかった。

　日本の労働者が結果的に査定制度を受容してきた理由には，次のようなことが考えられる。日本の査定制度が終戦直後に制度導入された際に，「身分的制

度を打破するもの」としての性格をもっていたためである。戦前までの日本では，人事処遇制度に関して「身分的」要因で決定される側面が存在していたが，戦後の「民主化」の流れのなかで，「身分的」人事処遇制度に対抗するものとして「身分的」要因ではないものによって処遇が決定する査定制度が労働者側からも支持された。制度導入の初発段階で査定制度を受容した歴史的経緯が現状にも大きく影響している。また，歴史的経緯が現状に影響することを結果的に後押ししたのは，査定制度がいわゆる経営権に属する事項だということである。つまり，査定制度は人事処遇制度のひとつであるので，制度導入に関する決定権は経営側にある。労働側がコミットできるのは査定制度の評価基準や評価要素などの制度内容について労使交渉のテーブルに乗せることができる可能性がある場合のみである。査定制度が経営権事項であることを考えると，労働者が査定制度を受容してきたことは自明ともいえる。しかし同時に査定制度の制度内容に関しては労使交渉の余地が存在しうることを考えると，日本の労働者が査定制度を受容してきたという経緯があり，かつ成果主義管理導入のもとでさえも査定制度が受容され続けているからこそ，査定制度の評価基準あるいは評価要素などの制度内容について労使双方が真摯に議論を重ねていくことが重要であるといえる。

## （2）柔軟な労働時間管理と査定制度

　もう1つの査定制度が「働きすぎ」となる因子は，裁量労働時間制と査定制度の組み合わせである。

　労働基準法の枠組みによる労働時間規制がかかっている場合，あるいは裁量労働時間制以外の柔軟な労働時間制が存在している場合においても，成果主義管理のもとにおける査定制度はすでにドライブシステムとして労働者を「働きすぎ」へと追い込む傾向がある。しかし，労働基準法による労働時間規制はもちろんのこと，裁量労働時間制以外の柔軟な労働時間管理においても，労働時間による人事管理機能は多少なりとも働いている。このことは裏返してみれば，労働時間に関する法的な規制が存在している場合においてさえも，労働者を「働きすぎ」へと追い込むほどに成果主義管理のもとにおける査定制度はド

ライブシステムとしての機能を発揮するということをさしている。

　裁量労働時間制のもとでは他の柔軟な労働時間管理の場合とは異なり，経営側による個々の労働者の労働時間把握が不必要となる。査定制度による「働きすぎ」への追い込みを防いでいた労働時間管理が，裁量労働時間制のもとでは制度上存在しないことになる。そのため，労働者を「働きすぎ」へと追い込むようなドライブシステムに対する歯止め機能が人事管理制度上喪失し，「働きすぎ」の傾向に歯止めをかけることが困難となる。よって，裁量労働時間制のもとにおける査定制度はドライブシステムとしての性質をよりいっそう強くすることになる。いわば「行き過ぎた」ドライブシステムとして査定制度が機能することになってしまう。

　査定制度が「行き過ぎた」ドライブシステムとして機能することを防ぐためには，次の2つのことが考えられる。1つめは，裁量労働時間制のような労働時間に関する管理の枠組みを外した柔軟な労働時間のあり方を，査定制度によって人事査定の対象となっている労働者には適用しないという考え方である。しかしながら，裁量労働時間制は，業務の特性上から労働時間管理が困難であるとされるホワイトカラーを主に適用対象としており，労働時間による業務管理が困難であるからこそ，査定制度による業務・実績管理が重要になってくるのである。ホワイトカラー労働に対して起こってくる以上のような必要性からすると，査定制度の対象となる労働者に対して裁量労働時間制を適用しないという考え方は現実的ではないことがわかる。

　裁量労働時間制と査定制度の組み合わせに関して裁量労働時間制を外すことができないのであれば，2つめに考えられることは，査定制度のドライブシステム的側面を緩和することである。裁量労働時間制のもとにおいても，査定制度が労働者を「働きすぎ」へと追い込まないような制度として存在していれば問題は発生しない。立ち返ってみれば，日本の査定制度は評価要素に情実的な要素を含ませることによって，労働者の人格や生活にまで大きく影響がおよぶような人事管理制度として存在してきた。裁量労働時間制のもとでは，プライベートな生活そのものをも評価対象に含めた査定制度が，ドライブシステムとしての側面を加速させることは，容易に想像がつく。つまり，日本の査定制度

## ◀コラム❻ 「遅い昇進」論と「ファストトラック」▶

　日本の昇進は「遅い昇進」であるという議論がある。日本の企業組織では，ある一定年数がたつまでは入社同期が同時期に一斉に昇進することが繰り返されるが，それを過ぎるとそこから激しい昇進サバイバルレースが開始されるというものである。昇進競争が開始されるまでが比較的長いので，「遅い昇進」論と呼ばれる。昇進競争の本格開始までは，ほぼ入社当時のままの人数で企業組織内を上昇し，ある時点から毎年のサバイバルレースに敗れた者が抜け落ちていく。このような昇進のあり方を図で示すと将棋の駒に形が似ているため，「遅い昇進」論は「将棋の駒型」論［小池 2005年］とも呼ばれる。

　一方で，昇進には「ファストトラック（fast track）」が存在するという議論がある。この議論の前提は，将来的に経営陣の一角に入って経営を担っていくことが想定されている労働者が，入社後のかなり早期段階から存在するというものである。そのような労働者には他の労働者とは異なるいわば「英才教育」のような教育訓練やOJTを施すことによって，経営幹部候補生として早い段階からの育成を行うために，ファストトラックに乗っていない労働者とは明らかに異なる昇進が行われているという議論である。ファストトラックを用いた昇進は，早い段階から幹部候補生を育てることによって経営を安定・発展させることができるメリットがある一方で，ファストトラックに乗っていない労働者の長期にわたる労働インセンティブが下がるというデメリットがある。

　日本の企業組織における昇進は上記のように「遅い昇進」であるのでファストトラックは存在しないように思われるが，意外にもファストトラックは日本の企業組織に多く存在していると考えられる。たとえば国家公務員のなかでも国家公務員Ⅰ種試験を通過して職についた者は，それ自体がファストトラックとも考えられるが，彼らを母集団の範囲としてみたときには「遅い昇進」の典型であるといえる。同期入省者は，40歳代後半から省庁幹部への昇進が始まるまでは，ほとんど昇進スピードに差はない。しかし実際に省庁幹部へ昇進した者の昇進経路をみてみると，省庁により差異はあるもののおおむね必ず通っている部局等が存在することがわかる。幹部昇進を果たした者が通る部局そのものがファストトラックであるということではなく，ファストトラックに乗っている者は幹部候補としてのスキルを養うことができる部局において，他の同期入省者とは異なる選抜が行われていることが考えられるのである。

　このような「遅い昇進」と「ファストトラック」の両方を用いた昇進は，選抜の中途でファストトラック以外の労働者の労働インセンティブを下げないという点で優れている。しかしながら，表面上で進行している「遅い昇進」の陰でファストトラックの選抜が行われているという点で，とくに査定制度による評価への信頼を失うという大きなデメリットが存在する。本論で述べたように査定制度は常に評価要素，評価結果ともにその客観性や信頼性を担保することが困難な人事管理制度であるため，「遅い昇進」と「ファストトラック」を併用する昇進は，昇進を支える人事管理制度であるところの査定制度へ直接的なダメージを与えるという大きなリスクを抱えているといえよう。

が終戦直後以来継続してもちつづけてきた問題点を放置したまま，裁量労働時間制と組み合わせた人事管理制度として運用することで，査定制度はドライブシステムとして人事管理上で強く機能してしまうことになる。

　そこで，裁量労働時間制のもとで査定制度を行き過ぎたドライブシステムとしないためには，査定制度がもつ問題点を改善する必要がある。そのためには，評価要素から情実的な評価要素を排除することはもちろんであるが，職務内容あるいは実績に関する客観化可能な評価要素についても，労働者に生活や人生そのものを賭けることを余儀なくさせるほどの過度な評価要素を排除することが必要になる。戦後日本の人事管理制度が査定制度を通じて求めてきた「全人格的な」労働のあり方は，労働時間管理の枠組みが外れる労働の世界では行き過ぎたドライブシステムとして労働そのものを破壊することにつながるためである。戦後数十年にわたって維持され続けてきた日本の査定制度に関する問題点を改善することは容易ではない。しかし，柔軟な労働時間管理の必要性が存在する現代こそ，ドライブシステムとしての側面を抑制しうる査定制度について論じることができる好機ともいえよう。

1）　日本の企業組織の多くは職能資格制度と呼ばれる人事管理制度をとっている。このことから正確にいえば，企業組織内を上方向へ異動する事象には，役職に関する昇進と資格に関する昇格の2つの異動が一般的に存在する。本章では昇格の場合を含めて昇進と表記する。
2）　日本の企業組織では入社年度が同一の「同期」の前後数年を昇進の際の母集団とするケースが多くみられる。
3）　法政大学大原社会問題研究所『太平洋戦争下の労働者状態』東洋経済新報社，1964年に事例が掲載されている。
4）　なぜなら，民間企業では生産設備の戦争による破壊や生産資源のショートのために人事管理制度の立て直しにまでまわすことのできる経営体力がないところが大半であったためである。国家公務員は制度や法的位置づけこそラディカルな変革を遂げたものの，国家公務員法によって人事管理制度立て直しが法的に要請されたこともあり民間企業に比較すると戦後のかなり早い段階から制度整備の議論を開始することができた。
5）　国家公務員の勤務評定制度が形骸化した要因には，ほかにも職階制の挫折がある。勤務評定制度の評価要素や評価段階の設定の成否は，職階制による職務分類が正確になされて「職務の困難と責任」が明らかになることが前提として存在した。よって，職階制の挫折は勤務評定制度のあり方に大きなマイナスの影響を与えることとなった。

6) 勤務評定制度の評価結果に関する不服を申し立てて処理を行うルートが確保されている場合に限る。
7) このような発言の背景には，日々の業務に忙殺されるなかで評価業務まで負担しきれないという各省庁幹部クラス職員の本音も存在すると考えられる。
8) このような働き方のなかで求められる能力を熊沢誠は「生活態度としての能力」と名づけている［熊沢 1997］。

## 【参考文献】

石田光男（1990）『賃金の社会科学』中央経済社
今田幸子・平田周一（1995）『ホワイトカラーの昇進構造』日本労働研究機構
遠藤公嗣（1999）『日本の人事査定』ミネルヴァ書房
熊沢誠（1993）『新編 日本の労働者像』ちくま学芸文庫
熊沢誠（1997）『能力主義と企業社会』岩波新書
熊沢誠（1998）『日本的経営の明暗』ちくま学芸文庫
経済同友会編（1953）『経営基礎講座6 人事管理』ダイヤモンド社
小池和男（1981）『日本の熟練』有斐閣
小池和男（2005）『仕事の経済学〔第3版〕』東洋経済新報社
白井泰四郎（1992）『現代日本の労務管理〔第2版〕』東洋経済新報社
竹内洋（1995）『日本のメリトクラシー』東京大学出版会
橘木俊詔編（1992）『査定・昇進・賃金決定』有斐閣
日本経営者団体連盟（1969）『能力主義管理』
日本経営者団体連盟（1995）『新時代の「日本的経営」』

（岡田真理子）

第 6 章

# 労 働 時 間

はじめに

　第6章で取り上げる労働時間は，人事労務管理のなかでも労働のあり方を規定する重要な基本的項目である。しかし，重要な基本的規定項目であるにもかかわらず，社会政策分野における労働時間のみを取り上げた先行研究は意外にも多くない。労働時間に関する先行研究は賃金との関わりにおいて論じられるものが多数を占める[1]。

　ところが，最近になってそのような従来の研究状況に変化がみられる。ワーク・ライフ・バランス論などに代表されるように，労働者生活そのものへの長時間労働が与える影響を議論するなかで，人事労務管理における労働時間管理の問題がメインに取り上げられるようになってきた。しかしながら，日本における長時間労働は歴史的にみて戦間期の頃から，労働運動においても，研究上でも問題にされていた。歴史的に継続して問題とされてきた長時間労働が，最近になってにわかに労働問題としてクローズアップされたことには労働のあり方の変化が関係している。

　そこで以下，第1節では，第二次大戦終戦直後から高度経済成長期までの日本における労働時間に関する問題がどのように取り上げられたのかをみることとする。第二次大戦終戦後に制定された労働基準法により，日本の労働時間管理に関する法的規制は初めて正式に確立された。その一方で，政治・経済状況によりすでに長時間労働問題は存在しており，とくに終戦直後は賃金水準の著しい低下によって長時間労働に拍車がかけられることとなった。高度経済成長

期に入ると，高い経済成長とともに日本の労働組合の特徴が絡むかたちで長時間労働は引き続き問題となっていた。

オイルショックによる経済不況で水準の落ち込みをみせたものの，日本の総労働時間は国際的水準である年間総労働時間1800時間という目標には1970年代から80年代前半を通じて到達することは相当困難な状況であった。そこで1987年に労働基準法が改正され，週休2日制（週法定労働時間40時間）が導入された。これにより大幅な労働時間短縮が実現された。しかし，その週40時間労働による時短効果は限られたものであり，現実には一律的な総量的労働時間規制から労働時間の弾力化がはかられることとなった。時短政策によって日本の総労働時間は1800時間へと接近しつつあるものの，労働時間の弾力化によって新たな労働時間に関する問題が出始めている。第2節では1987年の労働基準法改正によって改められた労働時間管理の枠組みを整理し，第3節では労働基準法改正後の労働時間管理の枠組みのなかで起きている新たな労働時間に関する問題をみることとする。

## 1　第二次大戦後から高度経済成長期

### （1）第二次大戦後の労働時間問題

1945年8月15日に終戦をむかえると，日本はアメリカ軍による戦後占領体制に入った。連合国軍総司令部（GHQ）による占領改革方針のうち日本の「民主化」は重要方針の1つであった。

「民主化」という占領方針のもとでさまざまな労働法規が成立し，戦前にはほとんど力をもちえなかった日本の労働組合は歴史上ほぼ初めて労使関係上のパワーを得ることになった。GHQの占領方針における後押しのなかで，労働組合運動は大きなパワーをもって行われた。労働時間に関しては労働法規のなかでも労働基準法のなかで規定されることとなり，戦前の工場法の枠組みに比較すると，労働時間管理規制は法的に整えられたといえる。整備された法的枠組みのもとで，産別会議系および総同盟系の労働組合はともに1日8時間労働を要求した。GHQの占領政策によって後押しをされていた労働組合運動は当

時,巨大な労使関係上のパワーを得ていたが,反対に経営側は戦争による荒廃と終戦後の財閥解体や戦犯追放等の占領政策によって疲弊していた。このような状況により,戦後の労使関係はパワー・バランスを大きく労働組合側に傾けていた。そのため,終戦直後の労働時間に関する労働組合側の要求は,労働組合の系統別によらずにほぼそのまま通ることとなり,日本の労働時間は大幅に短縮され,国際的水準からいってもひけをとらないものであった。

ところが,労働基準法は成立当初から第36条にみられるように,法的規定自体が1日8時間労働に関する多くの例外を認めていた[2]。労働時間管理を規制する労働基準法そのものが長時間労働を労働問題として現出させる主な要因の1つとなっていたのである。

### (2) 戦後の経済復興と長時間労働問題

東西冷戦体制の始まりは,GHQの占領下にあった日本にとって直接的なインパクトを与えるものであった。東西冷戦構造のなかで,日本は「極東の工場」であり,「防共の最後の砦」であったため,急速な経済復興が求められた。これを受けてGHQの占領政策は大きく方向転換をし,労働組合への全面的な後押しは弱まり,早期の経済復興にむけた取り組みが開始された。

その1つが1949年のドッジ・ラインである。ドッジ・ラインによる経済政策は,それまでの極度のインフレ経済を収束させるために生産現場におけるあらゆる合理化を求めてきた。各企業の生産現場ではさまざまな企業合理化策がとられ,生産現場では労働密度増大の結果として労働時間の延長が行われた。長時間労働を余儀なくさせるような企業合理化と機を同じくして起こった朝鮮戦争(1950年)は,経済状況にとっては好景気をもたらすプラスの作用をおよぼしたが,労働時間に関してはさらに長時間労働の傾向を強めることとなった。

朝鮮戦争以降,日本の経済状況は高度経済成長期にいたるまで基本的に好景気が継続した。拡大する景気のもとで生産量は急速に増大し,日本経済は戦後の荒廃のなかから完全に復興を果たしたのみならず,国際経済への復帰も果たしていくこととなる。一方で,好景気による生産量増大がまさに長時間労働を

発生させる原因となった。

　長時間労働傾向が強まるなかで，当然，労働組合は反対をしていくことになる。しかし，結果的に日本の生産現場において長時間労働は広範囲に拡大していった。その主な要因として次の4点が考えられる。1つは，交替制労働の存在である。終戦直後から高度経済成長期の頃までの日本の生産現場では2交替制が多くとられており，1日の労働時間が8時間を超える要因となっていた。2つめは，日本の賃金水準が低い水準にあったことである。賃金水準が低いため，労働者は労働時間を長くすることで所得を確保する傾向があった。このため労働者自身が残業を受け入れることによって，1日の労働時間が8時間を超えてしまうことになる。3つめは，労働基準法で定められた時間外労働に対する割増賃金率が残業増加抑止力をもつほどには高くないことである。

　以上3つの長時間労働を生み出す要因は，それぞれ労使交渉の場で改善することが可能である。にもかかわらず労働組合が長時間労働の加速を阻止することができなかったのは，4つめの長時間労働拡大の要因が関係している。それは，戦後の経済復興期から形成された企業別組合としての日本の労働組合のあり方であった。経済復興期から高度経済成長期にいたる時期の日本の労働組合は，労働組合運動を進めていくなかで企業別組合としての特徴を強めていった。そのため，各企業の労働組合はそれぞれの職場における問題に関しては取り組むものの，企業横断的あるいは未組織労働者にまで対象がおよぶ労使交渉事項への関心が薄くなる傾向があった。また，企業間競争のなかで交渉せざるをえないなど，日本の労働組合における企業別組合としての特徴が長時間労働の拡大を阻止する労使交渉力を弱めたといえる。その結果，労働時間管理規制の法的枠組みの存在にもかかわらず，戦後経済の拡大とともに長時間労働による労働過重の状況が広範囲にみられることとなった。

## 2　オイルショック以降

### （1）長時間労働と労働時間短縮政策

　高度経済成長期にかけて広範囲に拡大した長時間労働を，労働組合が春闘な

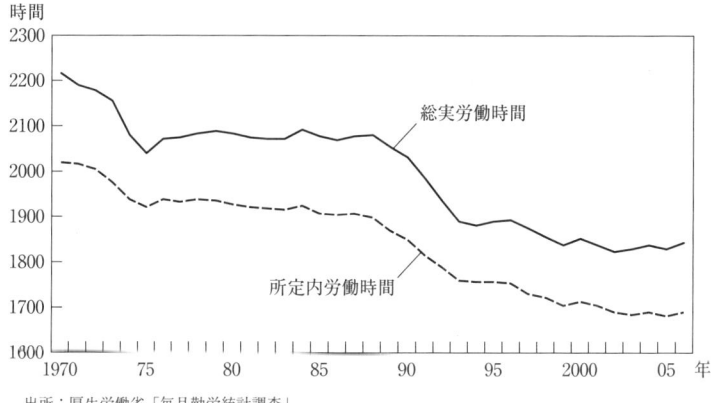

## 図表 6-1　総実労働時間と所定内労働時間の推移

出所：厚生労働省「毎月勤労統計調査」

どの全国レベルの労働組合運動でクローズアップさせるようになったのは1960年代に入ってからであった。1961年春闘で多くの労働組合が労働時間短縮（以下，時短という）を要求として取り上げると，その年から総実労働時間数は減少した。しかし，これは経済的状況（不況）が影響したものと考えられる。1960年代以降も，不況時には労働時間が減少し，好況局面をむかえると労働時間がふたたび増加するという景気動向に左右される傾向が維持されたまま70年代に入ることになる。

　1970年代当初の日本の総実労働時間（産業計・就業形態計・事業所規模30人以上）は2000時間をはるかに超える状況であった（**図表6-1**）。日本の労働時間が大幅に減少したのは，高度経済成長末期における企業別組合が所定内労働時間短縮に本格的に取り組んだことが要因として挙げられる。さらに，1973年のオイルショックによる不況局面に入ったことが労働時間大幅減を，結果として後押しすることになった。1973年から75年で総実労働時間数は100時間以上も減少した。

　しかし，大幅減少も経済動向の影響を受けたものであり，1970年代半ばの安定成長期をむかえると総実労働時間は年間2000時間を超えた水準で高位安定のまま推移した。日本の限度を超えた長時間労働は，1980年代に増えつづけた貿

図表6-2　所定外労働時間の推移

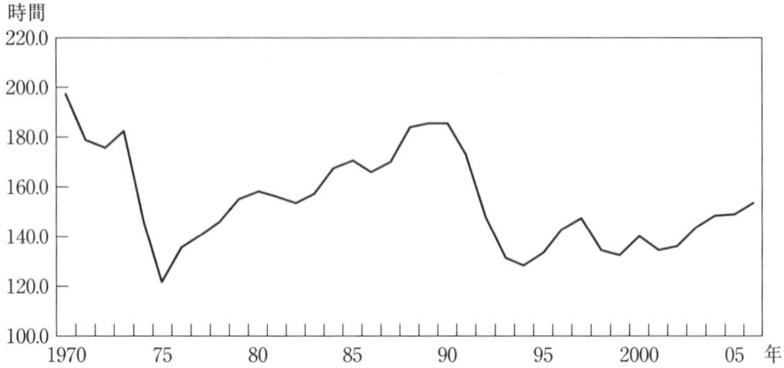

出所：厚生労働省「毎月勤労統計調査」

易黒字の状況とともに先進諸外国からの批判をあびる国際経済問題にまで発展した。そのため日本政府は1980年代後半から時短のための具体的政策目標を掲げ，92年には長期経済計画「生活大国五カ年計画」のなかで96年までに労働者1人平均の年間総実労働時間を1800時間まで短縮すると目標設定した。

これらの時短政策によって具体的に成立した労働時間管理制度は次項においてみることとするが，「年間総実労働時間1800時間」という数値目標を掲げた時短政策のもとで，日本の総実労働時間数は着実に1800時間へと迫っていった。このことは一見，日本の時短政策が効を奏した結果のようにみえるが，**図表6-2**とあわせてみると，時短政策を手放しで評価することもできないことがわかる。**図表6-2**は所定外労働時間を産業計・就業形態計・事業所規模30人以上でみたものである。**図表6-1**と**図表6-2**を比較してみると，1980年代末からみられる総実労働時間の減少は所定内労働時間の減少に負うところが大きい。すなわち，総実労働時間の推移と所定内労働時間の推移はシンクロしている傾向がみられるが，所定外労働時間の推移は上記2つの労働時間の一貫した減少傾向とは異なり増減が激しく，一貫した減少傾向をみてとることはむずかしい。また，減少した場合でも所定内労働時間と比較して減少時間数は小さい。

つまり，1980年代末からみられた総実労働時間数の減少（時短）は所定外労

第 6 章　労　働　時　間

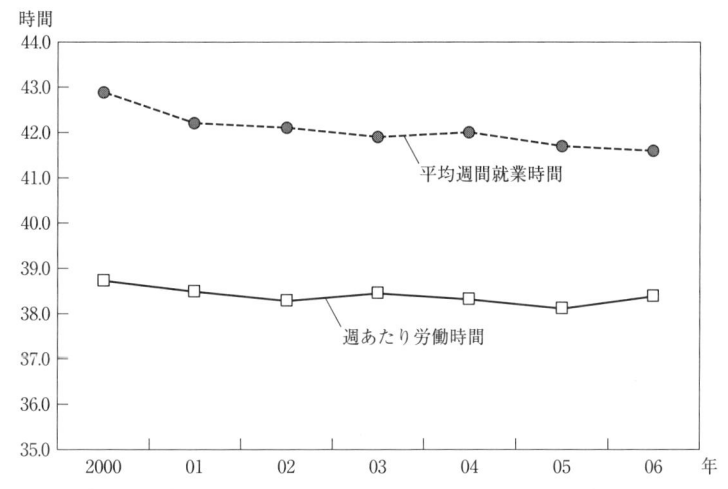

**図表 6-3　調査方法の違いによる労働時間の相違**

出所：厚生労働省「毎月勤労統計調査」（週あたり労働時間），総務省「労働力調査」（平均週間就業時間）より作成

働時間の減少によるものではなく，所定内労働時間の減少によるものといえる[3]。所定内労働時間の減少は，中小企業における週休2日制の普及にともなう休日増と，1990年代に入ってからは，労働基準法改正による週48時間労働から週40時間労働への変化と，長期不況による労働時間短縮が大きく影響している。このことから，2006年時点でいまだ1800時間にわずかではあるが到達しない日本の総実労働時間について，時短政策で掲げた数値目標（年間総実労働時間1800時間）を達成することは大変困難であると容易に予想できる。また，経済状況が上向きになれば，歴史的推移からみても所定外労働時間の増加によって総実労働時間は再び上昇するであろう[4]。日本の時短政策は2006年に旗を降ろしたが，根本的な解決にはいたっていないということができる。

　日本の時短政策がその役目を終えていないことを裏づけるデータが**図表6-3**である。**図表6-3**は労働時間を週平均でとった統計データであるが，毎月勤労統計調査と比較すると，労働力調査の数値が高く出ていることがわかる。このような違いは，毎月勤労統計調査が事業所を調査対象として使用者が労働時間を賃金台帳データなどから算出して回答しているのに対し，労働力調査は調査

対象世帯の就業者本人が記入した調査票に基づく統計データであることから発生している。企業側が労働者を働かせたとする時間と，労働者が実際に働いたとする時間にはこれほどの差異が存在するのである。このことから，毎月勤労統計のデータをもって達成とされる時短政策が，実際には実現していない可能性が十分にあることがわかる。また，毎月勤労統計のデータには，フルタイムで働く労働者だけではなくパートタイム労働者（常用）のデータも含まれていることから，近年の毎月勤労統計における総実労働時間数の減少にはパートタイム労働者の増加の影響も加味しなければならない。

### （2）柔軟な労働時間管理

　毎月勤労統計調査でみる日本の時短政策実現には，さまざまな留保が必要であることは前項でみたとおりである。しかしながら**図表6-1**でわかるように，1970年代を通じてなかなか減少しなかった日本の労働時間が80年代末から大幅に減少をみせたことには，留保つきとはいえ，時短政策の影響をみることができよう。総実労働時間の減少に寄与した時短政策のなかの具体的制度が，柔軟な労働時間管理ルールと呼ばれるものである。

　**図表6-4**は現在の柔軟な労働時間管理ルールを整理したものである。柔軟な労働時間管理ルールは，すべての職種職務の労働時間を一律に総量的規制するのでは時短は実現しないという問題意識から成立した。大きく分けると2つの労働時間管理の方法がある。1つは，伝統的な総量的一律の規制から離れて柔軟に労働時間を設定できるようにするものの，経営側による労働者個々人の実労働時間管理は必要とする労働時間管理方法である。このような労働時間管理には，変形労働時間制とフレックスタイム制がある。

　変形労働時間制には1ヶ月単位の変形労働時間制と1年単位の変形労働時間制があり，それぞれの期間内で平均して週労働時間が40時間以内であれば特定の日あるいは週に週40時間を超えて労働させることができる制度である。たとえばある月（あるいは年）のうち繁閑の差が明確な時期が存在する場合，多忙な時期に週40時間を超えて労働しても，比較的暇な時期にその分労働時間を減少させて働かせればよい。もともと変形労働時間制は，業務が多忙でない時期

第6章 労働時間

**図表 6-4　柔軟な労働時間管理制度**

| 労働時間管理の方式 | 制　　度 | 内　　容 |
|---|---|---|
| 総量的一律的規制 | 労働基準法第32条 | 週40時間・1日8時間制* |
| 経営による実労働時間の管理 | 変形労働時間制 | 一定期間（1ヶ月あるいは1年）の労働時間が平均して週あたり法定労働時間以内であれば，特定の日あるいは週に法定労働時間を超えて労働させることができる |
| | フレックスタイム制 | 出退勤時間の決定とそれによる精算期間内の労働時間配分について，労働者に裁量がある（コアタイムを除く）。使用者は労働者個人の実労働時間を管理する責任を負う |
| 経営による実労働時間管理の必要なし | 事業場外労働のみなし労働時間制 | 事業場外労働で労働時間を算定しがたい場合に適用され，労働者が実際に労働した時間数にかかわらず，就業規則または労使協定で定めた所定労働時間を働いたものとみなす |
| | 裁量労働制 | 専門業務型裁量労働制：業務の性質上，その遂行方法が労働者の裁量に委ねられる必要のある業務に関して，労働者が実際に労働した時間数にかかわらず，就業規則または労使協定で定めた所定労働時間を働いたものとみなす |
| | | 企画業務型裁量労働制：裁量労働時間制の対象を事業運営上の重要な決定が行われる企業の本社などにおいて企画，立案，調査および分析を行う労働者とする |

注：＊職種により異なる。

の労働時間を減少させることで総実労働時間を減少させて時短実現をめざすものであった。しかし実際の運用では，多くの事業所が所定労働時間を法定労働時間の枠に収めるための手段として変形労働時間制を用いている。このため変形労働時間制は，総実労働時間の減少にあまり寄与しない結果となっている。さらに**図表6-5**をみると[5]，柔軟な労働時間管理を用いている企業のうちの大部分が変形労働時間制を利用している。このことから，日本の時短政策が実際には実現していないことの要因に，変形労働時間制が当初の目的にそった運用がなされていないことを挙げることができるであろう。

　フレックスタイム制は，1ヶ月以内の一定期間（清算期間）における総労働時間をあらかじめ定めておき，その枠内で各日の始業および終業の時刻を労働

図表6-5　柔軟な労働時間管理制度を採用している企業割合推移

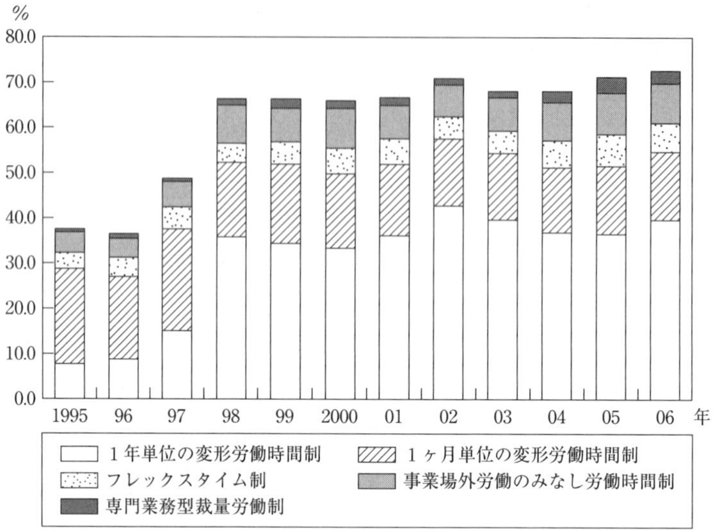

凡例：
- １年単位の変形労働時間制
- １ヶ月単位の変形労働時間制
- フレックスタイム制
- 事業場外労働のみなし労働時間制
- 専門業務型裁量労働制

出所：厚生労働省「就労条件総合調査」（旧賃金労働時間制度等総合調査）より作成。調査は複数回

図表6-6　フレックスタイム制のモデル例

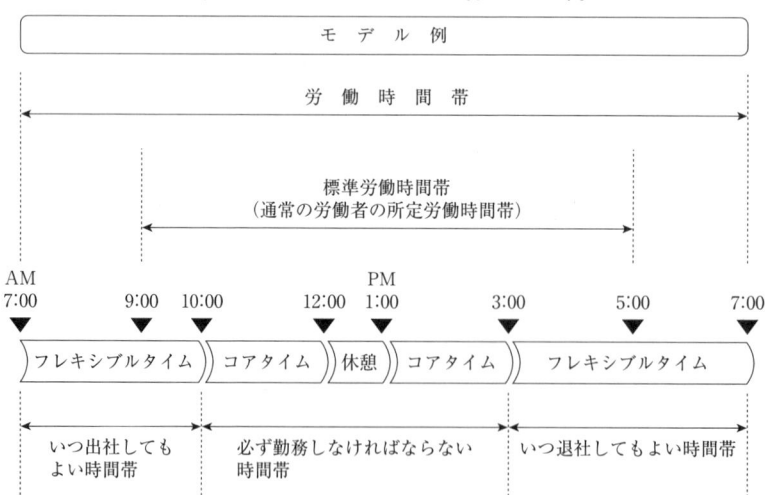

```
                    モ デ ル 例
    ←──────────── 労 働 時 間 帯 ────────────→
              ←──── 標準労働時間帯 ────→
                   （通常の労働者の所定労働時間帯）

AM                      PM
7:00   9:00  10:00   12:00  1:00   3:00    5:00   7:00
  ▼     ▼     ▼      ▼     ▼     ▼      ▼      ▼
  〉フレキシブルタイム〈コアタイム〉休憩〉コアタイム〉フレキシブルタイム〈
  ←いつ出社しても→←必ず勤務しなければならない→←いつ退社してもよい時間帯→
     よい時間帯         時間帯
```

出所：厚生労働省ＨＰ（http://www2.mhlw.go.jp/topics/seido/kijunkyoku/extime/980908time01.htm）

者が自主的に決定し働く制度である。1日の労働時間帯を必ず勤務すべき時間帯（コアタイム）とその時間帯の中であればいつ出社または退社してもよい時間帯（フレキシブルタイム）とに分け、出社、退社の時刻を労働者自身が決定する。コアタイムは必ず設けなければならないものではないので、全部の労働時間をフレキシブルタイムとすることもできる（**図表6-6**）。

また、これとは逆に、コアタイムがほとんどでフレキシブルタイムが極端に短いときは、基本的に始業および終業の時刻を労働者自身が決定したことにはならず、フレックスタイム制とはみなされない。フレックスタイム制は、労働者が出退勤時間を自分の生活と業務の調和をはかりながら決定することで効率的に働くことができ、それによって労働時間を短縮しようとする労働時間管理方法である。フレックスタイム制では出退勤時刻の決定と精算期間内の労働時間配分を労働者の決定に任せるが、経営側は労働者個々人の実労働時間を管理する責任を負っている。しかしながら実際には、経営側による労働時間管理がきちんと行われていない場合が少なくなく、フレックスタイム制の抱える重要な問題点となっている。

2つめの労働時間管理の方法は、経営側による労働時間管理の必要性がないものである。これには事業場外労働のみなし労働時間制と裁量労働制が含まれる。いずれの制度も労働者の実際の労働時間に関わりなく、就業規則または労使協定で定めた所定労働時間を働いたものとみなす制度である。事業場外労働のみなし労働時間制は、事業場外労働で労働時間を算定しがたい場合に適用される。事業場外労働のみなし労働時間制は、次にみる裁量労働制と違い、所定労働時間を超えて労働することが必要になった場合には当該業務に通常必要とされる時間を労働したものとみなされ、当該所定労働時間と通常必要とされる実労働時間の差だけ割増賃金を請求することができる。

裁量労働時間制は、1987年の労働基準法改正時に専門業務型裁量労働制が導入されたことに始まる。専門業務型裁量労働制は導入当初は、研究開発業務などの業務遂行の方法を大幅に労働者に委ねる必要のある限られた業務を対象としていたが、年々その対象範囲を拡大している。さらに2000年4月より、企画業務型裁量労働制が本社等の企画・立案・調査・分析に携わる労働者を対象と

して導入された。企業における実施のためには労使委員会という新しい労働者代表制度を設置する必要があるなど，柔軟な労働時間管理のなかでも最も手続きが厳格である。これは企業にとっては使い勝手の悪い制度であることを意味するが，労働者にとっては，第3節でみるように成果主義管理と結びつくことによって弊害を生むリスクのある裁量労働制の適用範囲を無制限に拡大しないための歯止めになると考えられる。また，いずれの裁量労働制の場合も，時間外労働に対する割増賃金が発生しないために成果主義的賃金と結びつきやすい。しかしながら，労働が深夜におよぶ場合にはその労働に対する割増賃金支払いが必要になる。**図表6-5**をみると，近年の傾向では専門業務型裁量労働制を利用する企業の割合が若干増加しているが，全体的にみると変形労働時間制の利用の多さは顕著である。既述のとおり変形労働時間制に時短効果が少ないとすると，現在の柔軟な労働時間制は長時間労働への対策としては力不足ということになる。

## 3 労働時間管理をめぐる新たな問題

### (1) 労働時間管理の変化——柔軟な労働時間ルールの限界

1987年の労働基準法改正により導入された柔軟な労働時間管理制度は，一律的総量的労働時間規制では問題が生じる労働のあり方に対応するためのものでもあった。そもそも一律的総量的労働時間規制の枠組みのみで労働時間管理を行っていくことに問題が生じた最大の理由は産業構造の変化であったといえる。

一律的総量的労働時間規制は，もともと製造業などの現場で働く労働者を念頭において設定された労働時間管理の枠組みである。ところが，産業構造の変化によって第二次産業から第三次産業へと産業がシフトすると，業務量を労働時間によって一定程度まで定量化することの可能な製造業現場労働者（ブルーカラー）から業務量を定量化したり労働時間ではかったりすることの困難なホワイトカラーへと労働者の割合が移っていく。ホワイトカラー労働は労働時間によってその働きを管理することが大変困難であるので，一律的総量的労働時

間規制は一部のホワイトカラー労働者にとっても，経営側にとってもメリットの少ないものであった。

　経営側にとっては，労働時間で業務量をはかることの困難なホワイトカラー労働者について一律的総量的労働時間管理規制を行ったとしても，労働時間管理コストと残業時間分の割増賃金が余分な経費とみなされる。労働者にとっては，労働時間を明確に定められることによって実際の業務の進行とのズレが生じる可能性がある。そこで導入されたのが，柔軟な労働時間管理制度であった。

　経営側にとっては，一律的総量的労働時間規制を外すことによって，所定外労働時間を大幅に削減することが目的であったといえよう。変形労働時間制やフレックスタイム制などの残業時間管理が必要な場合でも，変形労働時間制に関しては残業時間の絶対量が，フレックスタイム制に関しては働き方を労働者個々人のライフスタイルにより近づけることによる労働時間の効率化が見込めた。しかしそもそも，労働基準法の枠組みによる残業割増賃金支払い規定はさほど高くない割増率のために，かなり大幅な削減をみない限りは残業時間を削減するメリットは相対的に薄くなる[6]。そのため，経営側はできるだけ多くのホワイトカラー労働を残業時間管理の不要な柔軟な労働時間管理の枠組みへ入れようとした。残業時間管理の不要な労働時間管理制度には，事業場外労働のみなし労働制と専門業務型裁量労働制，企画業務型裁量労働制があるが，前2者は適用対象業務が非常に限られているため，導入の可能性があるとすれば企画業務型裁量労働制になる。しかし，企画業務型裁量労働制は第2節でみたように手続きルールが厳格に定められており，経営側からみると使い勝手の悪い制度であった。

　労働者側からみれば，所定外労働時間に対する割増賃金が払われなくなる柔軟な労働時間管理制度は歓迎せざるものと考えられるが，第2節の毎月勤労統計調査と労働力調査の数値の違いにみられるように[7]，労働者が実際に働いてもカウントされていない労働時間が相当時間数存在することから，もともとの労働のあり方において実残業時間に相当する割増賃金が払われていないことは容易に想像がつく。そのため，割増賃金が支払われないのであれば，労働時間の

◆**コラム❼ 長時間労働を是正するための方策**▶

　現在の長時間労働をもたらしているものが，企業が利潤を上げるための徹底した合理化策であること，そして歴史的推移をみると好景気のときに長時間労働になる傾向があることを考えると，経済成長と長時間労働解消はトレードオフ関係にあるとみることができる。すなわち，現在のような不況局面においては，企業はより利潤を上げるために人件費削減に励み，職場に残された少数の労働者たちはハードワークに押しやられることになる。逆に好景気の場合には，生産量の増大を支えるために労働者はハードワークを強いられることとなる。このように経済状況がまったく異なる場合でも，日本経済の成長という目標のために企業は労働者を長時間労働に追いやる。
　いってみれば，企業が経済状況にかかわらず経済成長あるいは組織の成長のために労働者を長時間労働させるリスクが常に存在するからこそ，労働基準法における労働時間規制の法的枠組みがある。しかし，柔軟な労働時間管理にみられるように，近年では労働時間規制のための法的枠組みを緩和する傾向がみられる。労働基準法改正措置そのものは長時間労働解消・労働時間短縮のためになされたものであるが，結果的に長時間労働の拡大を阻止しきれなかったり，ホワイトカラー・エグゼンプションの議論のように制度の副作用として長時間労働を加速する可能性さえももっている場合がある。
　このような「どちらを向いても」長時間労働へと労働者が追いやられてしまう現在にこそ，労働基準法改正あるいは柔軟な労働時間管理制度の運用見直しによる正攻法としての労働時間管理制度が必要である。しかし，実際には有効な政策を立案・実施することは大変困難である。そこで考えられるのは，経済成長と長時間労働がトレードオフ関係にあり，長時間労働そのものを是正するような労働時間管理を確立するのが困難であるのならば，経済成長のほうにメスを入れるという発想の転換が必要なのではなかろうか。
　日本は戦後の経済復興を果たして国際経済に復帰して以来，常に経済成長および欧米主要国と互角に渡り合う経済力を求めてきた。しかしながら現在の労働をめぐる状況は，経済成長を維持するために労働者個々人の人生までも犠牲にしかねない長時間労働が広範にみられる。労働者個々人の人生を不幸にするような経済成長は，社会全体にとっても幸せな結果をもたらすとは考えにくい。近代産業確立以来，綿々と続いてきた経済発展至上主義をそろそろ転換して，別の意味の「豊かさ」を求める社会へと進むことが，長時間労働解消に関する現時点での最も近道であると考えることはできないであろうか。

---

あり方が一定程度自由になる可能性のある柔軟な労働時間管理を労働者が志向しても不思議はない。しかし次項でみるように，現在の柔軟な労働時間管理は労働者にとって重大な問題点を抱えている。
　以上のように1987年労働基準法改正によって導入された柔軟な労働時間管理

制度は，従来の一律的総量的労働時間規制でカバーしきれない労働のあり方を，とくにホワイトカラーに関して対応していった。しかし制度施行後，短期間で制度の抱える限界を明らかにしていった。

### （2）成果主義と結びついた新たな長時間労働問題

上記のような現在の柔軟な労働時間管理の限界を打破するために導入がはかられたのが，「ホワイトカラー・エグゼンプション」であった。ホワイトカラー・エグゼンプションはアメリカ合衆国の労働基準法適用除外労働者（エグゼンプション）の制度を参考に制度設計され，2006年4月に「管理監督職以外の中堅幹部従業員は自ら労働時間を自分の都合に合わせてほぼ自由に設定できる」という労働時間の柔軟化を柱として立案された。

しかし，労働者側にとっては，割増賃金支払いが不要なため労働強化につながる可能性が高いこと，すでに広範に存在する長時間労働の状態を追認するような制度であることなどの理由によって，導入反対を表明した。一方経営側も，ホワイトカラー・エグゼンプション法案とともに提出される予定となっていた割増賃金率を25％から50％に変更する労働基準法改正案について割増率上昇反対として，ホワイトカラー・エグゼンプション法案にも反対を表明した。

労使双方から反対を受けたホワイトカラー・エグゼンプション法案は一度白紙撤回され，2006年11月に再度法案提出された。それによると，労働強化を防止するための健康管理を行うこと，適用範囲を年収制限によって決定することなどが決められた。しかしこの法案に対しても，労働者側は労働強化防止策に実効性がないこと，年収による適用範囲が広すぎることなどを理由に反対をした。経営側は割増率上昇を引き続き受け入れられないとした。その後は年収制限の具体的記述を削除したうえで国会に法案提出されたものの，現在（2008年夏）まで審議未了のままとなっている。

ホワイトカラー・エグゼンプション法案が受け入れられなかった要因はいくつか存在するが，主要な要因は労働強化の問題である。残業抑止の観点からすると，低いとはいえ割増賃金率が設定された所定外労働に対する手当が存在するかしないかは，働く者にとって大きな問題である。これらの問題はホワイト

カラー・エグゼンプションの導入がはかられる前から，裁量労働制についても存在した。とくに企画業務型裁量労働時間制が施行になると，適用範囲と手続きルールが厳格化されているとはいえ，適用対象となった労働者は制度適用以前から比較的長時間労働の傾向があったうえに，裁量労働制の適用によりさらに労働時間が長時間化するおそれがあった。

　企画業務型裁量労働制の適用対象労働者が裁量労働時間制適用によって長時間労働化に拍車がかかる理由は，これらの労働者に適用されていた成果主義的管理が裁量労働時間制と組み合わさることによる過度なドライブシステム（駆り立てシステム）にある。成果主義的管理は，通常の人事労務管理と比較してより成果や実績を評価対象として重視するために，それ自体が労働者を駆り立てるドライブシステムとして存在する。そこへ裁量労働時間制を組み合わせると，労働時間管理が不要で割増賃金支払いの必要もないために，人事労務管理制度がドライブシステムとしての傾向をより強めることとなる。よって，労働時間はより長時間化し，労働者は生活時間を犠牲にしても成果を評価されるために労働することとなる。このような裁量労働時間制と成果主義的管理の組み合わせのなかで，近年新しく問題となりつつある長時間労働に関わる問題が，ホワイトカラー・エグゼンプションの導入によって加速することは明らかである。長時間労働を深刻化させない対策を講じることなくホワイトカラー・エグゼンプション制度を導入することは，ホワイトカラー労働にとって大きなインパクトを与えると考えられる。

### （3）ワーク・ライフ・バランスと労働時間管理

　現在最も活発に議論が行われている労働時間に関する研究分野が，ワーク・ライフ・バランス論である。柔軟な労働時間管理を導入した時点から新しい局面を抱えた長時間労働問題は，昨今では生活時間をすっかり奪うこともあるほどに深刻なものとなっている。戦後初期から高度経済成長期にかけて取り上げられた「生活時間と労働時間」の問題は，1日を生活時間と労働時間とにどのように配分すると労働者個人としても経営・経済的にも最適なのかという点を中心に論じられた。

しかし最近のワーク・ライフ・バランス論は，まず労働者個人のライフを成立させるためにワークをどのように規制あるいは処理していけばよいのか，そのための枠組みは何かという議論が主流になっている。それだけ成果主義的管理と裁量労働時間制によるドライブシステムが強力なものであり，労働者の人生が「ワーク」のほうへと絡めとられていることがみてとれる。このような強固なドライブシステムのもとで「ワーク・ライフ・バランス」について実際的な議論をするのはむずかしいが，労働者の労働のためのポテンシャル・エネルギーが「ライフ」のほうに存在することを踏まえると，「ワーク・ライフ・バランス」の実現こそが日本の経済状況を好転させる第一歩であるということもいえよう。

そのような観点からすると，「ワーク・ライフ・バランス」が企業業績にプラスの影響を与えるとする研究[8]は有意義なものといえる。より幅広い業種・職種について具体的分析を行うことによって，現在のところ「ワーク・ライフ・バランス」を一種の社会的「装飾」として取り扱っている企業にも説得力をもたせることが可能であろう。現在の企業における「ワーク・ライフ・バランス」は，かつての「環境問題」と同様に営利には直接は無関係あるいはマイナスの影響を与えるものと認識されていることが多い。そのような企業が「ワーク・ライフ・バランス」を実効性ある人事労務管理施策として取り上げることによって，現在の異様なまでの長時間労働も改善の途がみえてくる可能性があると思われる。

1) 賃金との関連で論じられるほかに，生活時間に関する議論のなかで論じられることが多数ある。最近のワーク・ライフ・バランスに関する議論は従来の生活時間に関する議論における主軸が労働時間にシフトしたものとみることができる。
2) 労働基準法第36条の条文は以下のとおり。「(時間外及び休日の労働) 第三十六条 使用者は，当該事業場に，労働者の過半数で組織する労働組合がある場合においてはその労働組合，労働者の過半数で組織する労働組合がない場合においては労働者の過半数を代表する者との書面による協定をし，これを行政官庁に届け出た場合においては，第三十二条から第三十二条の五まで若しくは第四十条の労働時間（以下この条において「労働時間」という。）又は前条の休日（以下この項において「休日」という。）に関する規定にかかわらず，その協定で定めるところによつて労働時間を延長し，又は休日に

労働させることができる。ただし，坑内労働その他厚生労働省令で定める健康上特に有害な業務の労働時間の延長は，一日について二時間を超えてはならない。」
3）　さらにいえば，年休取得日数をみると1990年の8.2日から2001年の8.9日へと0.7日しか増加していない（厚生労働省「賃金労働時間等総合調査」）。年休取得率に関しては減少傾向がみられる。このことからも，1980年代末からの時短に対する所定内労働時間減少の寄与の大きさがわかる。
4）　実際に**図表6-1**をみると，景気回復局面に入ったといわれる2000年代半ばから総実労働時間は微少ながら増加傾向に転じている。
5）　**図表6-5**は柔軟な労働時間管理制度を適用している労働者が存在する場合，「柔軟な労働時間管理制度を採用している」と回答する調査である。柔軟な労働時間管理制度を採用している場合でも，すべての従業員に適用されているわけではない。
6）　このことをさして久本憲夫は「残業は割引労働である」（『正社員ルネサンス』中公新書）と述べている。労働基準法規定の残業抑止力の弱さは第1節でみたように法制定当初から問題となっていた。
7）　労働力調査の数値と毎月勤労統計の数値の差が不払い残業時間の最大値に相当すると思われる。
8）　川口［2006］など。


【参考文献】
居神浩（2006）「誰のためのワーク・ライフ・バランスか？」『国際経済労働研究』
川口章（2006）「ワーク・ライフ・バランス施策は企業業績を上げるのか」『国際経済労働研究』
熊沢誠（2003）『リストラとワークシェアリング』岩波新書
熊沢誠（2007）『能力主義と企業社会』岩波新書
社会政策学会編（1964）『労働時間と職務給』御茶の水書房
社会政策学会編『働きすぎ』（2006）法律文化社
仁田道夫（1999）『変化の中の雇用システム』東大出版会
『日本労働年鑑』第72集2002年版（2002）旬報社
久本憲夫（2006）「ワーク・ライフ・バランスに関する論点整理」『国際経済労働研究』
兵頭釗（1997）『労働の戦後史』上巻　東京大学出版会
藤本武（1963）『労働時間』岩波新書
前田信彦（2005）「欧州における長期休暇制度」『日本労働研究雑誌』No.540

（岡田真理子）

# 第 7 章

# 職場における男女平等

## はじめに

　1986年，職場における男女平等の実現をめざして男女雇用機会均等法（正式名称「雇用の分野における男女の均等な機会及び待遇の確保等女子労働者の福祉の増進に関する法律」。以下，均等法という）が施行された。職場における男女平等がどの程度実現しているかをみる指標の1つとして，ここでは男女間賃金格差に注目する。男女間賃金格差が生じる要因には2つある。1つは，たとえば，勤続年数は女性より男性のほうが長いため男性の賃金のほうが高いという，男女労働者の属性の違いによって生じる格差である。もう1つは，たとえば，同じ勤続年数でも男性のほうが女性より賃金が高くなるケースなど，同じ属性でもそれが賃金に与える影響が男女で違うために生じる格差である。後者の格差を，男女労働者の属性の差によっては説明できない，差別による男女間賃金格差の部分と呼ぶ。この差別要因による男女間賃金格差はなぜ生じるのであろうか。1つには，女性が男性と同じ仕事をしていても，女性の仕事ぶりは低く評価され，賃金が低くなるためである。もう1つは，たとえば，同じ勤続年数だとしても，これまでに経験した仕事が異なるため男女で仕事能力に差が生じ，賃金格差が生じるためである。

　均等法は，雇用管理の各ステージ（募集・採用，配置・教育訓練，昇進など）ごとに，どのような雇用管理が職場における男女差別にあたるかを具体的に例示している。しかし，均等法を遵守しているだけでは，職場の慣行や風土は変わらず，職場における男女平等が実現しないことがわかってきた。そこで，1997

年の均等法改正で盛り込まれたのがポジティブ・アクションである。ポジティブ・アクションとは，実質的な男女の均等確保の実現をめざし，男女労働者の間に事実上生じている格差を解消するための，企業の積極的かつ具体的な取り組みを促進するための施策である。

本章では，まず，職場における男女平等がどの程度実現しているかをみる指標の1つである男女間賃金格差の現状について分析する。そして，職場における男女平等を実現するための施策の1つであるポジティブ・アクションの効果について分析する。

# 1　男女間賃金格差の分析

## （1）「男女間の賃金格差問題に関する研究会報告書」

厚生労働省「男女間の賃金格差問題に関する研究会報告書」（2002年）は，わが国における男女間賃金格差を考えるよい手がかりとなるので，まず，その内容を紹介してみたい。

わが国の男女間賃金格差は長期的には縮小傾向にあるが，国際的にみてその格差は大きい（**図表7-1，7-2**）。年齢，勤続年数，学歴，役職，労働時間，企業規模，産業という男女労働者の属性の違いによって，男女間賃金格差がどれだけ生じているかをみると（**図表7-3**），最大の要因は，部長，課長，係長など役職についている割合の男女差である。勤続年数の男女差の影響も大きい。2005年，男女間賃金格差は男性100に対して，女性は65.9であった。もし，女性も男性と同じ割合で役職についているとすると，男女間賃金格差は12.1ポイント縮小する。そして，女性の勤続年数の構成比が男性と同じだとすると，男女間賃金格差は5.9ポイント縮小する。ここで考慮している男女労働者の属性の差がすべてなくなったとすると，男女間賃金格差は85.9と20.0ポイント縮小する。そして，残りの14.1ポイントが，男女労働者の属性の差によっては説明できない，差別による男女間賃金格差である。

また，労働者の仕事の成果や能力とは関係なく，企業が支給する手当も男女間賃金格差の1つの要因になっている。家族手当や住宅手当などの生活手当は

第 7 章　職場における男女平等

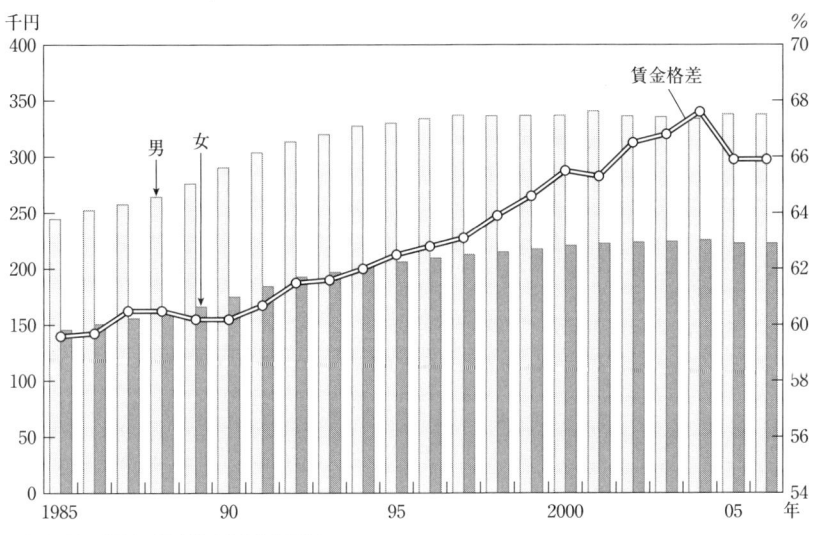

図表 7-1　男女間賃金格差の推移（男性＝100）

出所：厚生労働省「賃金構造基本統計調査」

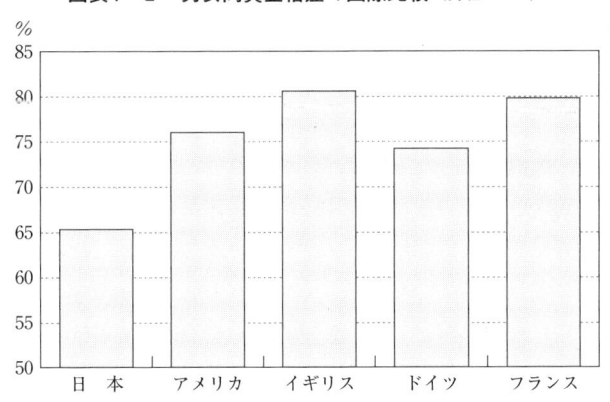

図表 7-2　男女間賃金格差の国際比較（男性＝100）

注：日本、アメリカは2001年、イギリスは1999年、ドイツは1993年、フランスは1998年のデータ
出所：厚生労働省「男女間賃金格差問題に関する研究会報告」（2002年）

**図表 7-3　男女間賃金格差の要因** (単純分析)

| 要因 | 男女間賃金格差 | | 男女間賃金格差の縮小の程度 |
|---|---|---|---|
| | 調整前（原数値） | 調整後 | |
| 勤続年数 | 65.9 | 71.8 | 5.9 |
| 職　階 | 67.5 | 79.6 | 12.1 |
| 年　齢 | 65.9 | 67.3 | 1.4 |
| 学　歴 | | 67.6 | 1.7 |
| 労働時間 | | 67.1 | 1.2 |
| 企業規模 | | 66.4 | 0.5 |
| 産　業 | 64.8 | 62.0 | -2.8 |

出所：厚生労働省「男女間の賃金格差レポート」(2006年)

世帯主に支給されることが多いが，世帯主のほとんどは男性であることから，こうした手当も男女間賃金格差の1つの要因になっている。

　この報告書では，賃金関数を推計することで男女間賃金格差の要因をさらに分析している。それによると，男性は年齢とともに賃金が大きく上昇するが，女性はあまり上昇しないことが男女間賃金格差を発生させている大きな要因である。男女間賃金格差が長期的に縮小してきたのは，年齢，勤続年数，学歴，職階といった男女労働者の属性の差が縮小したためというより，業務内容や職務遂行能力などの面で男女差が縮小したためと考えられる。結局，男女間賃金格差は多くの場合，賃金制度そのものの問題というよりも，賃金制度の運用や業務の与え方，配置のあり方等，雇用管理における問題であると考えられる。わが国で広く利用されている職能給中心の賃金体系のもとでも，女性への業務の与え方，能力開発，人事評価等，人事管理を適切に行うことにより，男女差別のない賃金の実現は可能であるとしている。そして，男女格差の是正に向けて労使が取り組むべき課題として，以下の5つを挙げている。

1．公正・透明な賃金制度・人事評価制度の整備・運用
2．生活手当の見直し
3．企業トップが先頭に立って，ポジティブ・アクションを推進
4．コース別雇用管理制度の点検

5．ファミリー・フレンドリーな職場形成の促進

この報告書も指摘するように，職場における男女平等を実現していくためには，仕事の与え方，能力開発，人事評価等，男女の別なく適切な雇用管理を行っていくことが重要である。そのための取り組みの1つが，後で述べるポジティブ・アクションである。

## （2）男女間賃金格差の実証分析

これまでの男女間賃金格差の実証分析の多くは，厚生労働省「賃金構造基本調査」のデータを使って男女別に賃金関数を推計し，年齢，勤続年数，学歴など男女労働者の属性の差によって生じる格差と，そうした属性が賃金に与える影響の男女差によって生じる格差がどれだけあるかを明らかにしてきた。均等法施行後の1980年代後半以降を対象とした男女間賃金格差の実証分析には2つの流れがある。1つは，1980年代後半から男女間賃金格差が縮小してきた要因を明らかにしようとする分析であり，もう1つは，たとえば，勤続年数など労働者の属性が賃金に与える影響の男女差を，企業の雇用管理のあり方と関連づけて分析するものである。

まず，男女間賃金格差の縮小要因に関する実証分析の結果をみてみよう。堀[1998]は1986年と1994年の2時点男女間賃金格差の変化について要因分解し，その変動要因を考察した。属性の男女差の変化や属性が賃金に与える影響の男女差だけでなく，「ギャップ効果」と呼ばれる，統計的には観察されない女性の地位の相対的な変化や，統計的には観察されない男女に共通した，属性が賃金に与える影響の変化にも注目した。推定結果をみると，この期間の男女間賃金格差の縮小は，勤続年数や学歴など男女の属性の差が縮小したためでも，属性が賃金に与える影響の男女差が縮小したためでもなく，「ギャップ効果」のうちの，統計的には観察されない女性の地位の相対的な上昇によってほとんど説明される。たとえば，女性への偏見が少なくなる，仕事内容，教育訓練，職務評価，昇進・昇格基準の男女差などが縮小したことが考えられる。

また，田中[2000]は1985年と1994年の2時点について男女の賃金関数を推定している。説明変数に期待勤続年数を入れると，女性の場合，その係数の符

号は有意に正となった。つまり，期待勤続年数が長くなるほど，企業は女性に教育訓練するようになり，その結果，賃金も上昇する。また，期待勤続年数という属性を説明変数に入れることにより，男女間賃金格差の8割が男女の属性の差によって説明され，属性が賃金に与える影響の男女差で説明されるのは2割にすぎなくなる。期待勤続年数の男女差が男女間賃金格差の要因として無視できないことが確認された。また，この期間に男女間賃金格差が縮小した要因の1つとして，属性が賃金に与える影響の男女差の相対的ウエイトが低下したことが挙げられる。

　また，川口［2005］は1990年と2000年の賃金関数を推定することで，1990年代に男女間賃金格差が縮小した要因を分析している。格差縮小に最も貢献した要因は，女性の勤続年数が相対的に延びたことである。そして，賃金・勤続プロファイルのフラット化である。勤続年数の長い男性ほど賃金上昇率がより大きく低下した。そして，労働力が製造業からサービス業にシフトしたことも大きな要因である。これは，男女間賃金格差の大きい産業から小さな産業にシフトしたことを意味する。しかし，職場における男女平等が進んだという明確な証拠は得られなかった。

　均等法施行後の男女間賃金格差の縮小要因を分析したこれらの実証研究は，女性労働者の雇用管理の変化を直接，格差縮小要因として分析しているわけではない。一方，男女間賃金格差の分析において，年齢や勤続年数が賃金に与える影響の男女差を企業内の雇用管理の男女差で説明しようとする実証研究がこれまでにもいくつかある。樋口［1991］は，男女同じように教育訓練している企業ほど，役職登用など女性を積極的に活用している企業ほど，勤続年数の賃金引き上げ効果（賃金－勤続年数プロファイルの傾き）の男女差が小さいことを明らかにした。三谷［1997］も，昇進機会，教育訓練など雇用管理で男女均等である企業ほど，賃金－勤続年数プロファイルの傾きの男女差が小さいことを明らかにした。阿部［2005］は，卒業後の年数（年齢）の賃金引き上げ効果は女性のほうが小さいが，管理職昇進の賃金引き上げ効果は女性のほうが大きいこと，そして，習熟するには6年以上を要する業務に女性も多く配属されている企業では，勤続年数の賃金引き上げ効果は女性のほうが大きいことを明らかに

した。

　また，女性の能力発揮を促進する男女均等施策と，仕事と育児の両立を促進するファミリー・フレンドリー（以下，ファミフレという）施策の効果に注目した研究もいくつかある。脇坂 [2001] は，企業は，まず男女均等施策を実施し，その後ファミフレ施策を実施していくのではないかと考えた。川口 [2002] は，男女均等施策とファミフレ施策は補完的であり，男女均等化が進むとファミフレ施策の必要性が高まり，また，ファミフレ施策を推進することで，男女均等化を進めるメリットが出てくることを明らかにした。

　最近では，女性が活躍している企業ほど業績がよいという調査・研究があり，注目されている。21世紀職業財団のアンケート調査 [2003] は，女性の採用拡大，職域拡大，そして，女性の管理職登用の進んでいる企業ほど業績がよいことを明らかにした。また，児玉・小滝・高橋 [2005] は，男女均等活用型の人事・労務施策を実施している企業，具体的には，女性の再雇用制度を実施している，男女の平均勤続年数格差の小さい企業ほど企業業績がよいことを明らかにした。

### （3）男女間賃金格差の理論的説明

　労働者の賃金は，仕事の成果（企業への貢献度）に応じて決まり，どれだけ仕事の成果を出せるかは，個々人の仕事能力による。どれだけの仕事能力を身につけているかは，それまでの教育や訓練による。より多く教育を受けた人ほど，そしてより多くの実務経験を積んだ人ほど，賃金は高くなる。つまり，賃金はこれまでの人的資本投資量によって決まる。したがって，男女間賃金格差の原因を考えるということは，教育や訓練といった人的資本投資量になぜ男女差が生じるかを考えることである。

　人的資本投資量に男女差が生じるのは，やはり，女性は結婚・出産で退職する可能性があること，また，結婚・出産後，働き続けるとしても，仕事に費やすことのできる時間とエネルギーがどうしても少なくなるためである。

　これを前提として女性がどのような行動をとるかを考える。女性が結婚・出産で退職するかもしれないということは，そうでない男性に比べて，人的資本

投資から期待できる収益回収期間が短いことを意味する。したがって，女性の最適な人的資本投資量は男性よりも少なくなる。たとえば，大学進学率が男性よりも女性のほうが低いのはそのあらわれであるが，それだけではない。

　総合職・一般職というコース別人事制度で，多くの女性は自ら一般職を選択する。総合職とは，基幹的業務を担当し，会社の都合での異動や転勤，時間外労働も多い仕事であるが，幅広く実務経験を積んでいくことにより，将来的には昇給・昇進等が期待できるコースである。総合職の異動や転勤の多さ，時間外労働の多さは，将来への投資である。一方，一般職とは，補助的業務を担当し，異動や転勤，時間外労働は少ない仕事であるが，実務経験の幅が狭いため，その定型的な仕事には習熟するが，将来的には昇給・昇進等が期待できないコースである。結婚・出産で退職するかもしれない女性は，異動や転勤の多さ，時間外労働の多さという将来への投資を行ったとしても，昇給・昇進という収益を受け取れないかもしれないので，総合職ではなく一般職を選択することになる。

　しかし，総合職の女性が結婚・出産後も働き続けようと思っても，異動や転勤が多い，時間外労働も多いという総合職の働き方のまま，仕事と家庭を両立させながら働き続けることはむずかしい。逆に，女性が結婚・出産後も働き続けようと思えば，将来的には昇給・昇進が期待できないとしても一般職を選択することが合理的選択といえる。その結果，勤続年数が長くなるにつれて，総合職として働くことの多い男性と，一般職として働くことの多い女性との間で，賃金格差が拡大していく。

　一方，男女間賃金格差が生じる背景を企業の行動から説明するのが，いわゆる統計的差別の理論である。企業は，基幹的業務を担う人材として訓練した労働者が途中で辞めてしまうと，その訓練投資の収益を受け取ることができない。企業は長期勤続が期待できる人を基幹的業務を担う人材として訓練したいが，男女を問わず，だれが長く働き続けるかを事前に知ることはできない。ただ，女性は結婚・出産で退職する人が少なくないということを，企業は過去の経験から知っている。このとき，企業は女性の訓練について2つの費用を比較する。1つは，基幹的業務の担い手として訓練した女性が結婚・出産で退職

し，その訓練費用が無駄になるというコストである。もう1つは，補助的業務の担い手としてしか育成していない女性が長く働き続けた場合，その女性の能力を十分に発揮させることができなかったというコストである。女性のうちで結婚・出産で退職する人が多ければ多いほど，前者のコストが後者のコストを上回るため，企業は女性を基幹的業務の担い手としては訓練しないことが合理的選択となる。しかし，長く働き続けた女性は，「多くの女性は結婚・出産で退職してしまうから」という，つまり，「女性だから」ということで訓練機会を与えられず，勤続年数が長くなるにつれて，男女間賃金格差が拡大していく。

ところで，企業は，女性を訓練しないことのもう1つのコストに気づき始めている。それは，女性を補助的業務を担う人材としてしか育成しなければ，将来の仕事に魅力を感じることができず，高い意欲と能力をもつ女性でも結婚・出産を機に退職してしまうというコストである。そもそも，高い意欲と能力をもった女性は，女性を補助的業務の担い手としてしか期待しないような企業には入社してこない。こうした高い能力や意欲をもつ女性を確保できないというコストは，これからの人口減少社会のなかで，企業にとってきわめて大きいと思われる。それに気づいた企業と気づいていない企業とでは，女性が活躍できる職場づくりへの取り組みの差は大きい。

## 2 ポジティブ・アクションの効果

### (1) ポジティブ・アクションに取り組む企業

男女雇用機会均等法第20条にあるポジティブ・アクションとは，雇用の分野における男女の均等な機会および待遇を確保するため，事業主が固定的な男女の役割分担意識等により男女労働者間に生じている事実上の格差を改善することを目的とする措置を講じることである。厚生労働省「平成15年女性雇用管理調査」によれば，29.5％の企業がポジティブ・アクションに取り組んでいる（1999年度以前から取り組んでいる企業が17.4％，1999年度以降取り組んでいる企業が12.0％である）。そして，8.8％の企業が今後取り組むことにしている。また，

**図表 7 - 4　ポジティブ・アクションの取組事項別企業割合**（M.A.）

(%)

| 項目 | 割合 |
|---|---|
| 推進体制の整備 | 22.3 |
| 問題点の調査・分析 | 17.2 |
| 計画の策定 | 14.0 |
| 女性の積極的採用 | 44.3 |
| 女性の積極的登用 | 40.6 |
| 教育訓練の実施 | 18.9 |
| 男性に対する啓発 | 25.0 |
| 人事考課基準の明確化 | 64.1 |
| 職場環境の整備 | 23.5 |
| 両立制度の活用促進 | 24.2 |
| 職場環境・風土の改善 | 39.0 |

出所：厚生労働省「平成15年女性雇用管理調査」（**図表 7 - 5～8** および**付表 1・2** も同じ）

今のところ取り組む予定はない企業28.7%のうち，すでに女性が十分に能力発揮，活躍しているため，ポジティブ・アクションに取り組まないとする企業が44.2%である。

ポジティブ・アクションとして企業は具体的にどのような事項に取り組んでいるかをみたのが**図表 7 - 4**である。最も多くの企業が取り組んでいるのが，「性別により評価することがないよう人事考課基準を明確に定める」であり（64.1%），続いて「女性がいない又は少ない職務・役職について，意欲と能力のある女性を積極的に採用する」（44.3%），「女性がいない又は少ない職務・役職について，意欲と能力のある女性を積極的に登用する」（40.6%），「男女の役割分担意識に基づく慣行の見直し等，職場環境・風土を改善する」（39.0%）も多い。

本稿では，厚生労働省「平成15年女性雇用管理調査」の個票データを用いて，ポジティブ・アクションに取り組むことで女性の雇用管理がどのように変化していくのかを明らかにしたい。

最初に，どのような企業がポジティブ・アクションに取り組んでいるのかをみてみよう。ポジティブ・アクションに取り組んでいるかどうかを被説明変数とし，男性，女性それぞれの平均勤続年数，労働組合の有無，コース別人事制度の有無，そして，産業，従業員規模を説明変数とするプロビット分析を行った。産業は，鉱業，建設業，製造業（基準変数），電気・ガス・熱供給・水道業，情報通信業，運輸業，卸売・小売業，金融・保険業，不動産業，飲食店・宿泊業，医療・福祉，教育・学習支援業，サービス業の13業種である。また従業員規模は，5000人以上，1000～4999人，300～999人，100～299人，30～99人（基準変数）の5段階に分けた。

その推定結果を図表7-5に示してある。女性の平均勤続年数が短い企業ほど，男性の平均勤続年数が長い企業ほど，ポジティブ・アクションに取り組んでいる。つまり，平均勤続年数の男女間格差が大きい企業ほど，ポジティブ・アクションに取り組んでいる。また，労働組合のある企業ほど，コース別人事制度のある企業ほど，ポジティブ・アクションに取り組んでいる。そうした企業ほど，新しい雇用管理制度への関心が高く，いち早く，そうした制度を導入することが多いのかもしれない。また，従業員規模が大きくなるほど，ポジティブ・アクションに取り組んでいる企業が多くなる。また，製造業に比べて，情報通信業，飲食店・宿泊業にポジティブ・アクションに取り組む企業が多く，少ないのは運輸業と建設業である。

**図表7-5 ポジティブ・アクションに取り組んでいる企業**

| | 限界効果 | P>\|z\| |
|---|---|---|
| 女性の平均勤続年数 | -0.0092 | 0.000 |
| 男性の平均勤続年数 | 0.0057 | 0.000 |
| 労働組合あり | 0.0996 | 0.000 |
| コース別人事制度あり | 0.1805 | 0.000 |
| 鉱業 | -0.2047 | 0.368 |
| 建設業 | -0.1117 | 0.000 |
| 電気・ガス・熱供給業 | 0.0171 | 0.911 |
| 情報通信業 | 0.1119 | 0.000 |
| 運輸業 | -0.1341 | 0.000 |
| 卸売・小売業 | -0.0202 | 0.287 |
| 金融・保険業 | 0.0575 | 0.414 |
| 不動産業 | 0.0230 | 0.713 |
| 飲食店・宿泊業 | 0.0561 | 0.091 |
| 医療・福祉 | 0.0531 | 0.556 |
| 教育・学習支援業 | 0.0625 | 0.303 |
| サービス業 | 0.0117 | 0.571 |
| 5000人以上 | 0.2784 | 0.017 |
| 1000～4999人 | 0.1790 | 0.000 |
| 300～999人 | 0.1193 | 0.000 |
| 100～299人 | 0.0560 | 0.001 |
| 定数項 | -0.2168 | 0.000 |
| サンプル数 | 4962 | |
| 対数尤度 | -2856 | |
| 疑似決定係数 | 0.0590 | |

## （2）ポジティブ・アクションと管理職登用

ところで，ポジティブ・アクションの取り組みは，女性の採用拡大，女性の

職域拡大，女性の管理職登用が3本柱である。ここでは，ポジティブ・アクションが女性の管理職登用を促進したかどうかをみてみよう。

ポジティブ・アクションの効果をみるため，企業を以下の4つのタイプに分類した。1つは，すでに十分に女性が活躍しているため，ポジティブ・アクションに取り組む必要がないとする企業である。1つは，1999年度以前からポジティブ・アクションに取り組んでいる企業である。1つは，1999年度以降ポジティブ・アクションに取り組んでいる企業である。そして，ポジティブ・アクションに取り組んでいない企業である（これを基準変数としている。ただし，女性が活躍しているため，ポジティブ・アクションに取り組む必要がない企業は除いている）。本来，ポジティブ・アクションの効果を明らかにするためには，ポジティブ・アクションに取り組む前後で企業の女性雇用管理がどのように変化したかがわかるパネルデータが必要である。しかし，ここで使用するデータはクロスセクション・データであるため，ポジティブ・アクションに取り組んでいる企業とそうでない企業の女性雇用管理を比べることで，ポジティブ・アクションの効果をみることにする。

課長以上の女性管理職がいるかどうかを被説明変数とするプロビット分析を行った。説明変数は，まず，ポジティブ・アクションの有無等で企業を4タイプに分類したポジティブ・アクション・ダミーである。その他の説明変数として，女性，男性それぞれの平均勤続年数，コース別人事制度の有無，労働組合の有無，そして，産業，従業員規模を考慮している（ただし，推定結果を示す図表では，紙幅の都合上，産業と従業員規模の結果は省略している）。推定結果を**図表7-6**に示している。まず，ポジティブ・アクションの効果をみてみよう。ポジティブ・アクションに取り組んでいない企業に比べて，1999年以前から取り組んでいる企業は課長以上に女性管理職がいる確率が4.7％高い。1999年以降ポジティブ・アクションに取り組んでいる企業では，課長以上に女性がいる確率が高いわけではない。また，限界効果は小さいが，女性の平均勤続年数が長い企業ほど，女性管理職がいる確率が高くなる。

興味深いのは，男性の平均勤続年数が長い企業ほど，女性管理職がいる確率が低くなることである。なぜだろうか。2つのことが考えられる。1つは，男

図表7-6　女性管理職がいる企業

|  | 課長以上に女性あり | | 係長なら女性あり | |
|---|---|---|---|---|
|  | 限界効果 | P>｜z｜ | 限界効果 | P>｜z｜ |
| ポジティブ・アクション |  |  |  |  |
| 女性は活躍しているので必要なし | 0.0648 | 0.005 | 0.078 | 0.028 |
| 1999年度以前から取り組んでいる | 0.0470 | 0.022 | 0.065 | 0.033 |
| 1999年度以降から取り組んでいる | -0.0121 | 0.600 | 0.179 | 0.000 |
| 女性の平均勤続年数 | 0.0054 | 0.001 | 0.010 | 0.000 |
| 男性の平均勤続年数 | -0.0100 | 0.000 | -0.002 | 0.446 |
| 労働組合あり | -0.2202 | 0.000 | -0.030 | 0.256 |
| コース別人事制度あり | -0.0717 | 0.005 | -0.057 | 0.900 |
| サンプル数 | 4932 | | 2277 | |
| 対数尤度 | -3082 | | -1431 | |
| 疑似決定係数 | 0.0792 | | 0.0734 | |

性の平均勤続年数が長い企業ほど，社内で経験を積んだ男性の管理職（候補）が多数いることになり，その分，女性が管理職に昇進するチャンスが少なくなる。もう1つは，男性の平均勤続年数が長い企業ほど，保守的な考え方をもつ男性社員が多く，女性を管理職に昇進させにくい職場風土が根強いとも考えられる。また，労働組合のない企業に比べて，ある企業は課長以上の女性管理職のいる確率が22.0％も低い。労働組合のある企業はいまでも男性中心の職場慣行が根強いのであろうか。また，コース別人事制度のない企業に比べて，ある企業は課長以上の女性がいる確率は7.2％低くなっている。結果的に，コース別人事制度は一般職女性の管理職昇進への道を狭めていると思われる。

同じ図表7-6に，課長以上の女性管理職がいない企業について，同様に，女性係長がいるかどうかの推定結果も示してある。ポジティブ・アクションの効果をみると，ポジティブ・アクションに取り組んでいない企業に比べて，1999年以降ポジティブ・アクションに取り組んでいる企業では，女性係長がいる確率が17.9％も高い。

ポジティブ・アクションに取り組んでいない企業に比べて，1999年以前から取り組んでいる企業は，管理職育成においても女性の活躍の場が広がってきて

いる。また，1999年以降に取り組み始めた企業では，課長以上の女性管理職育成では目立った効果はまだあらわれていないが，係長登用というかたちでその効果があらわれつつある。

### (3) ポジティブ・アクションの取り組み事項とその効果

　ポジティブ・アクションの効果は女性の管理職登用だけではない。ポジティブ・アクションに取り組んでいる企業が効果があったと考えるものを示しているのが**図表7-7**である。最も多くの企業が効果があったとするのは，「男女とも職務遂行能力によって評価されるという意識を高める」(47.2%)であり，続いて「女性の能力が発揮されることにより，経営の効率化が図れる」(40.3%)，「男女社員の能力発揮が生産性向上や競争力強化につながる」(37.5%)も多い。

　ポジティブ・アクションとしてどのような事項に取り組めば，どのような効果があるのかを考えてみたい。効果に関する8つの項目はそれぞれ相関が高いので，これら8項目に共通する因子を明らかにするため因子分析を行った結果，以下の3つの因子が見出された(**付表1**)。第1因子は，「労働者の職業意識や価値観の多様化に対応する」，「男女とも職務遂行能力によって評価されるという意識を高める」，「職場全体としてモラール向上に資する」が大きな正の負荷を示している。これを「モラール向上」因子と名づけよう。第2因子は，「企業イメージの向上に資する」，「顧客ニーズに的確に対応する」，「働きやすく公正に評価される企業として認められ，良い人材が確保できる」が大きな正の負荷を示しており，これを「企業イメージ向上」因子と名づけよう。第3因子は，「男女社員の能力発揮が生産性向上や競争力強化につながる」，「女性の能力が発揮されることにより，経営の効率化が図れる」が大きな正の負荷を示しており，これを「生産性向上」因子と名づけよう。

　同じように，ポジティブ・アクションの取り組み事項に関する11項目もそれぞれ相関が高いので，これら11項目に共通する因子を明らかにするために因子分析を行った結果，以下の3つの因子が見出された(**付表2**)。第1因子は，「女性の能力発揮の状況や問題点の調査・分析を行う」，「女性の能力発揮のた

第7章 職場における男女平等

**図表7-7 ポジティブ・アクション効果の事項別企業割合**(M.A.) (%)

| | |
|---|---|
| 女性の能力が発揮されることにより，経営の効率化が図れる | 40.3 |
| 男女社員の能力発揮が生産性向上や競争力強化につながる | 37.5 |
| 働きやすく公正に評価される企業として認められ，良い人材が確保できる | 29.3 |
| 職場全体としてモラール向上に資する | 24.8 |
| 顧客ニーズに的確に対応する | 20.5 |
| 企業イメージの向上に資する | 13.1 |
| 労働者の職業意識や価値観の多様化に対応する | 19.7 |
| 男女とも職務遂行能力によって評価されるという意識を高める | 47.2 |

めの計画を策定する」，「女性の能力発揮に関する担当部局を定める等，企業内の推進体制を整備する」などが大きな正の負荷を示しており，これを「推進体制整備」因子と名づけよう。第2因子は，「女性がいない又は少ない職務・役職について，意欲と能力のある女性を積極的に登用する」，「女性がいない又は少ない職務・役職に女性が従事するため，教育訓練を積極的に実施する」などが大きな正の負荷を示しており，これを「女性積極活用」因子と名づけよう。第3因子は，「男女の役割分担意識に基づく慣行の見直し等，職場環境・風土を改善する」，「仕事と家庭との両立のための制度を整備し，制度の活用を促進する」，「体力面での個人差を補う器具を設置する等，働きやすい職場環境を整備する」などが大きな正の負荷を示しており，これを「職場環境改善」因子と名づけよう。

　「モラール向上」，「企業イメージ向上」，「生産性向上」というポジティブ・アクションの成果が，「推進体制整備」，「女性積極活用」，「職場環境改善」というポジティブ・アクションの取り組み事項とどのように関連しているのかをみてみよう。ポジティブ・アクションの成果3因子をそれぞれ被説明変数とし，説明変数はポジティブ・アクションの取り組み事項3因子のほか，女性，男性それぞれの平均勤続年数，労働組合の有無，コース別人事制度の有無，そして，産業ダミー，企業規模ダミーである。推定方法は最小2乗法である。その推定結果を示したのが**図表7-8**である。「推進体制整備」，「女性積極活用」，「職場環境改善」はすべて「モラール向上」という成果をもたらしている。他

図表7-8　ポジティブ・アクションの効果と取り組み事項

|  | モラール向上 | | 企業イメージ向上 | | 生産性向上 | |
|---|---|---|---|---|---|---|
|  | 係数 | P>|t| | 係数 | P>|t| | 係数 | P>|t| |
| 推進体制整備 | 0.0780 | 0.000 | 0.1327 | 0.000 | 0.1413 | 0.000 |
| 女性積極活用 | 0.0686 | 0.001 | 0.0261 | 0.184 | 0.0703 | 0.000 |
| 職場環境改善 | 0.1618 | 0.000 | 0.0297 | 0.203 | 0.1327 | 0.000 |
| 女性の平均勤続年数 | 0.0013 | 0.710 | -0.0025 | 0.470 | 0.0043 | 0.154 |
| 男性の平均勤続年数 | -0.0045 | 0.085 | -0.0062 | 0.026 | -0.0101 | 0.000 |
| 労働組合あり | -0.0350 | 0.383 | 0.0430 | 0.206 | 0.0106 | 0.719 |
| コース別管理あり | 0.0249 | 0.361 | -0.0948 | 0.100 | 0.0256 | 0.422 |
| サンプル数 | 2002 | | 2002 | | 2002 | |
| 調整済決定係数 | 0.0778 | | 0.0952 | | 0.1137 | |

の2つに比べて，とくに「職場環境改善」の効果が大きいことがわかる。次に，「企業イメージ向上」という効果をもたらしているのは，3つの取り組み事項のうち「推進体制整備」だけである。企業イメージ向上のためには，ポジティブ・アクションに取り組んでいることを外部に示さねばならず，全社的な取り組み姿勢が必要となる。そして，「生産性向上」については，「推進体制整備」，「女性積極活用」，「職場環境改善」の3つとも効果をもたらしている。とくに，「推進体制整備」と「職場環境整備」の効果が大きいことがわかる。「職場環境改善」だけでも労働者のモラールを高めていくことができるが，それを生産性向上という効果につなげていくためには，ポジティブ・アクションへの全社的取り組みが必要であることをうかがわせる。

　図表には結果を掲載していないが，他の説明変数についても簡単にみておこう。男性の平均勤続年数の係数はすべて負で統計的にも有意である。つまり，同じようにポジティブ・アクションに取り組んでも，男性の平均勤続年数が長い（男性の考え方が保守的な？）企業ほど，ポジティブ・アクションの成果が出にくいといえる。また，産業をみると，3つの効果すべてにおいて，製造業に比べてサービス業でポジティブ・アクションの効果が出やすくなっている。建設業，情報通信業もポジティブ・アクションの効果が出やすい傾向にある。ま

た，企業規模はポジティブ・アクションの効果が出やすいかどうかには関係しない。

### （4）ポジティブ・アクションの進展

**図表7-9**は，ポジティブ・アクションの進展状況をイメージしたものである。図中で交差している縦軸，横軸は，ポジティブ・アクションに取り組んでいない企業の勤続年数の男女比（ln〔女性の勤続年数〕－ln〔男性の勤続年数〕）の平均と女性管理職のいる企業割合である。3つある白丸のうち，左下にあるものは，これからポジティブ・アクションに取り組む予定の企業の勤続年数男女比と女性管理職のいる企業割合である。**図表7-9**の推定結果からもわかるように，女性の能力発揮で遅れをとっている企業がこれからポジティブ・アクションに取り組もうとしていることがわかる。

次に，右下の白丸は，1999年以前からポジティブ・アクションに取り組んでいる企業の勤続年数男女比と女性管理職のいる企業割合である。ポジティブ・アクションの効果は，まず，女性が管理職に昇進するというかたちであらわれることがわかる。勤続年数の男女比が目立って縮小しているわけではない。

右上の白丸は，女性はすでに能力発揮しているのでポジティブ・アクション

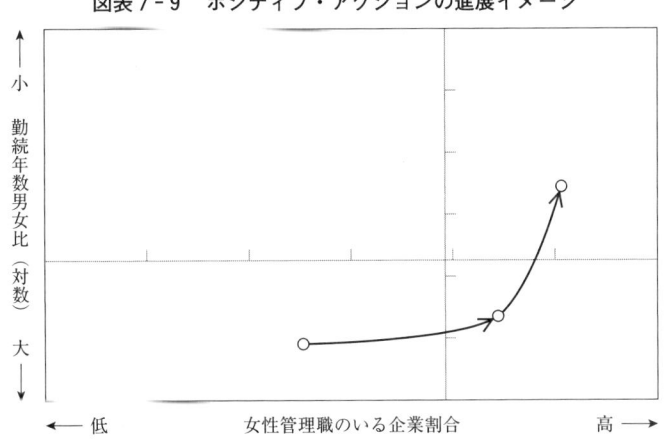

**図表7-9　ポジティブ・アクションの進展イメージ**

縦軸：勤続年数男女比（対数）　小←→大
横軸：女性管理職のいる企業割合　低←→高

は必要ないとする企業の勤続年数男女比と女性管理職のいる企業割合である。その言葉どおり，ポジティブ・アクションに取り組んでいる企業よりも，勤続年数の男女比は小さく，女性管理職のいる企業割合も高い。おそらく，ポジティブ・アクションをさらに続けることにより，女性が管理職に昇進していくだけでなく，女性の勤続年数も長くなり，ポジティブ・アクションが必要なくなる段階に到達するのであろう。

## おわりに

　1986年，職場における男女平等の実現をめざして男女雇用機会均等法が施行された。職場における男女平等がどれほど進んだかをみる指標の1つが男女間賃金格差であり，1980年代後半から，その格差は縮小傾向にある。しかし，男女間賃金格差の縮小要因に関する先行研究からは，均等法施行を機に企業が男女差別とならないように雇用管理を行うことを通じて，男女間賃金格差が縮小したかどうかはわからない。ただ，年齢や勤続年数が賃金に与える影響の男女差を企業内の雇用管理の男女差で説明しようとする先行研究によれば，職場における男女平等が進めば進むほど，男女間賃金格差が縮小することが確かめられた。

　ここでは，ポジティブ・アクションが女性の雇用管理にどのような効果をもたらしているかを分析した。まず，ポジティブ・アクションに取り組んでいない企業に比べて，1999年以前から取り組んでいる企業では女性の活躍の場が広がってきている。ポジティブ・アクションの効果は女性の活躍の場が広がるというだけにとどまらない。モラール向上，企業イメージ向上，生産性向上という効果もある。ポジティブ・アクションの一環として職場環境・風土を改善していくことで労働者のモラールを高めることができるが，それを生産性向上，経営効率化という効果につなげていくためには，ポジティブ・アクションへの全社的取り組みが必要であると思われる。また，ポジティブ・アクションに取り組んでいない企業のうち，女性管理職のいない企業ほど，そして，女性の平均勤続年数が短い企業ほど，これからポジティブ・アクションに取り組もうと

している。女性の能力発揮で遅れをとっている企業ほど，ポジティブ・アクションに取り組むことで，その遅れを取り戻したいと考えていると思われる。

付表1　ポジティブ・アクション効果の因子分析

| | 第1因子 | 第2因子 | 第3因子 |
|---|---|---|---|
| 女性の能力が発揮されることにより，経営の効率化が図れる | -0.0169 | 0.0578 | 0.2738 |
| 男女社員の能力発揮が生産性向上や競争力強化につながる | 0.0753 | -0.0051 | 0.2971 |
| 働きやすく公正に評価される企業として認められ，良い人材が確保できる | 0.0158 | 0.1578 | 0.0584 |
| 職場全体としてモラール向上に資する | 0.2146 | 0.0366 | 0.0545 |
| 顧客ニーズに的確に対応する | -0.0990 | 0.2806 | 0.0619 |
| 企業イメージの向上に資する | 0.0530 | 0.3277 | -0.0402 |
| 労働者の職業意識や価値観の多様化に対応する | 0.2418 | 0.0674 | 0.0084 |
| 男女とも職務遂行能力によって評価されるという意識を高める | 0.2275 | -0.0769 | 0.0914 |

付表2　ポジティブ・アクションの取り組み事項の因子分析

| | 第1因子 | 第2因子 | 第3因子 |
|---|---|---|---|
| 推進体制の整備 | 0.5051 | 0.0392 | 0.0702 |
| 問題点の調査・分析 | 0.6812 | 0.0811 | 0.0546 |
| 計画の策定 | 0.6634 | 0.1056 | 0.0876 |
| 女性の積極的採用 | 0.0647 | 0.5627 | 0.027 |
| 女性の積極的登用 | 0.1165 | 0.5974 | 0.0475 |
| 教育訓練の実施 | 0.3342 | 0.3866 | 0.1634 |
| 男性に対する啓発 | 0.3806 | 0.1543 | 0.1907 |
| 人事考課基準の明確化 | 0.0051 | -0.0194 | 0.2978 |
| 職場環境の整備 | 0.1721 | 0.1285 | 0.3322 |
| 両立制度の活用促進 | 0.1619 | 0.0616 | 0.3774 |
| 職場環境・風土の改善 | 0.1926 | 0.1384 | 0.4022 |

【参考文献】

阿部正浩（2005）「男女の雇用格差と賃金格差」『日本労働研究雑誌』第538号

川口章（2002）「ファミリー・フレンドリー施策と男女均等施策」『日本労働研究雑誌』第503号，pp.15-28

川口章(2005)「1990年代における男女間賃金格差縮小の要因」『経済分析』第175号

児玉直美・小滝一彦・高橋陽子(2005)「女性雇用と企業業績」『日本経済研究』第52号

田中康秀(2002)「わが国における男女間賃金格差の再検討」『日本経済研究』第45号

21世紀職業財団(2003)「企業の女性活用と経営業績との関係に関する調査結果」

樋口美雄(1991)『日本経済と就業行動』東洋経済新報社

堀春彦(1998)「男女間賃金格差の縮小傾向とその要因」『日本労働研究雑誌』No.456

三谷直紀(1997)「女性雇用と男女雇用機会均等法」『企業内賃金構造と労働市場』勁草書房

脇坂明(2001)「仕事と家庭の両立支援制度の分析」猪木武徳・大竹文雄編『雇用政策の経済分析』東京大学出版会

**注記**:第2節は,「ポジティブ・アクションが女性の雇用管理に与える効果」(関西社会経済研究所『雇用環境の変化と職業能力に関する調査研究』)において報告された集計結果を引用・活用したものである。

(冨田安信)

# 第8章

# 企業内教育訓練

## はじめに

　本章のテーマは企業内教育訓練・能力開発の動向である。従来，日本の労働者の教育訓練・能力開発については，企業による従業員教育というかたちで実施される部分に大きく負っていると考えられてきた。ここで，「企業による従業員教育」という場合，原理的には以下のような状況をさす。企業，つまり雇用主は労働者を採用するにあたって，その労働者は雇用主がただちに必要とする職能をすでに十全に備えていることを前提としていない。むしろ採用後に，企業が用意した方針やプログラムに従って必要な職能を付与する。つまり，労働者は具体的な職能を自己の費用で習得したうえで，労働市場においてその販売先を探すという形式をとらず，採用後に主として企業の費用で教育訓練・能力開発の機会をもつ。こういう状況である。そして，日本の企業は新規学卒を未経験の労働者として採用し，勤続期間の各段階で必要に応じて訓練しながら活用するという方法を，少なくとも理念上は標榜してきた。

　もっとも，後述するように，この〈新規学卒一括採用→企業内での基礎的訓練→能力開発と活用〉というシステムによって日本に必要な職業能力がすべてまかなわれていたはずがないのは当然である。労働市場全体を見渡せば，むしろこのシステムにぴったりと適合する労働者よりも量的にははるかに多い労働者が移動しており，また中途採用されていたという点は重要である。そしてこの理念も，低成長期以降，明確に否定されることがないまま，しかし徐々に後景に退いていく。かわりに再訓練，職種転換訓練，自己啓発，生涯訓練といっ

たキーワードが浮上してくる。

　にもかかわらず，この企業内教育訓練・能力開発システムが１つの理念として立ちあらわれ，あたかも日本の標準的な能力開発方法であるかのように注目されたのは，まずは影響力のある大企業がこぞってこの方法を従業員教育の理念的な根幹に据えていたからである。またこのシステムは，どちらかといえば未経験の新規学卒者が選好されていたという労働市場の状況や基幹的な正規従業員の長期雇用慣行とさしあたり整合的な様相を呈していたからであった。

　また見方によっては，こういってもいいだろう。高度経済成長期の初期においては，大企業の中途採用者や本工登用される臨時工の一定部分も，新規学卒採用ののち長期に雇用される労働者層に「合流」するかたちで，このシステムに参加していた，と。もっとも，高度経済成長期以降は景気変動の影響を受けながらも，正規従業員として長期の雇用が保障される層は相対的に圧縮されていく。上記の合流経路も小さくなりながら，正規従業員の周辺に動員された労働者の層は徐々に厚くなっていく。それにともなって教育訓練システムもその後の時代の課題を吸収しながら高度経済成長期の形から変容していくのである。その観点から，戦後の20年間については，主に企業内における新規学卒者訓練の動向を基軸にしながら，その後についてはその他の領域の能力開発の進展を交えて，近年までの状況を整理することにしよう。

## 1　第二次大戦後の経緯

### (1) 終戦期

　終戦に際して，日本の大企業における技能者養成を規定する制度的な枠組みは，実は1935（昭和10）年の「青年学校令」[1]と39（昭和14）年の「国家総動員法」に基づく「工場事業場技能者養成令」であったことは象徴的である。第二次大戦中の企業内訓練の状況は，「青年学校令」が主として大企業に設置されていた実業補修学校[2]などの企業内学校を戦争目的にあわせて歪めつつ，「技能者養成令」によって比較的高度な将来の基幹工養成のための養成基準を定め，それまで企業において実施されてきた養成工制度[3]を再編するという，多分にア

ンビバレントな状況にあったのである。もっとも，中小企業においては旧来の徒弟訓練[4]が主流を占めていたし，そもそも戦時下の増産体制に応じるためには，大企業といえども技能者養成令の定める訓練をそのとおりに履行している余裕はなく，日本の大企業の養成工制度は事実上空洞化してしまう。

　終戦直後には，軍需産業における動員解除や生産の途絶，青年学校令や技能者養成令の廃止などにより，体系的な若年者技能養成の成立根拠自体が崩壊する。しかし，1947（昭和22）年に制定された労働基準法に基づく「技能者養成規程」では，指定の職種について，若年労働者を訓練するために満たすべき基準や方法を定め，企業内の訓練機関を認可することとした。この制度のもとでは訓練中の労働者に対しても労働基準法に準拠した処遇が義務づけられたことはいうまでもない。このことによって，戦後型の養成工制度の再編は，旧来の養成工制度や工場徒弟制度の再生では許されなかった。終戦と，このような急激な制度変化によって，日本の多くの企業や中小零細の工場における公式・非公式の技能養成，徒弟訓練は動揺と空洞化をきたした。

　それでも，若年労働者の養成が大企業を中心に少しずつ再開される。とくに早い事例においては1946年頃から，それまで青年学校令に基づいて設置されていた「工業青年学校」を，青年学校令の廃止にあわせて取り急ぎ再編したり，新しい「技能者養成規程」に準拠した技能教育を本格的に再開するケースがあらわれ始める。三菱長崎造船所や石川島重工，浦賀船渠，日立製作所などがそうである。いずれも戦災と軍需工場の指定解除による打撃を受けていた企業ではあるが，同時に，造船や重電産業は戦前来から比較的充実した養成工制度の組織と経験を維持してきていた産業であり，基幹工の役割が重視される工程をもった産業であった。三菱長崎がこの段階で普通部（5ヶ年）と専門部（3ヶ年）を備えた「本科」と2ヶ年の「専攻科」を設置したことは，その展望はともかく，当時の日本の重工業大企業を代表する技能者養成機関のものとしてはとりわけ特徴的な試みであった。日本製鉄も1946年に教習所高等科，普通科，補導科を設置し，戦後の技能者養成を開始した。もっとも，終戦後数年という時期は，戦後における大企業の養成工制度がうまく再編されるにはあまりにも状況は過渡的であり，企業内教育訓練制度が一応の定着をみるかたちで整備さ

れるためには1950年代初頭を待たなければならなかった。

　1947年頃からは，経営者の経営上の権限や勢力は実態として復権し始めた。経営者は生産と職場秩序の回復のため，現場の労務管理・技術管理へのイニシアティブを徐々に確立していく。そうしたなかで経営者にとくに強く意識されていた課題が，品質管理技法と現場監督者訓練の手法を導入することであった。

　労働省による強い指導もあり，アメリカから招致された技術者・専門家の指導のもと，現場監督者訓練（TWI=Training Within Industry）[5]の普及が進められた。当時の現場監督者やその候補者である基幹技能員は，戦前の養成工制度の出身者と戦間期・戦時期を通じて速成養成された技能労働者とからなる多様性をもった層であった。これらの層に対して，新しく導入されつつある技術にキャッチアップしながら，部下である技能者を教育し管理する能力，そして現場を効率的に運営する能力を習得させることは，喫緊の重要課題であった。

　つまり，この時期の企業においては，一部の大企業で養成工制度を再編する試みが始まるとともに，品質管理と現場管理の技法の導入が開始されるという状況がみられた。

　なお，養成工制度の再編にとってもうひとつの重要な前提となるのが「新学制」である。1947年4月は新学制，つまり「六・三制」が施行された画期である。翌年からは新制の高等学校教育が開始され，戦後の公教育の基本システムである「六・三・三制」が成立した。前述したように，戦前来から旧学制の修了者を養成する制度を備えていた企業も，それにいたらなかった企業も，戦時中の動員や学徒出陣などによる養成工教育の事実上の機能不全と敗戦の混乱を経て，戦後の採用・養成政策を再出発させるにあたり，不可避の与件としてこの学制改革を受け入れざるをえなかった。学制改革は，年限の整備という形式的な側面の変化のみならず，同時に「民主化」という強い理念をともなっていたので，とくに未成年の労働者に対する企業の教育訓練のあり方に対しても影響をおよぼさずにはおかなかった。

　そこで，企業独自に基幹工を養成する戦後のシステムは，労働基準法を背景にした技能者養成規程と学校教育法に基づいた「六・三制」という，ともに新

## （２）1950年代初頭から60年代初頭
### (1)養成工制度の再形成

朝鮮戦争による特需というスプリングボードを与えられた日本の企業は，1950年代初頭から，その後の成長を展望したうえで，労働者の技能教育については次のような課題を認識していた。すなわち，急速に流入してきていた生産技術や管理技法に対応しながら，将来的には国際競争にキャッチアップするため，日本の製造業の人的基盤を個別企業独自に確立すること，である。その人的基盤の中核になる基幹技能工層は，企業帰属意識を備えていて定着性の高い，技能と知識を備えた熟練工であることが望ましい。要するに，「腕」を備えた，しかし古典的な職工のようには「渡らない」熟練工である[6]。そのため，この時期に大企業を中心に整備が進む戦後型の養成工訓練制度は，このような特徴をもつものとなった。つまり，新制中学校卒業者を状況が許す限りきわめて選抜的に採用し，ただちに現場に配属するのではなく教育機関に所属させ，Off-JT（Off the Job Training）[7]を含めた比較的長期の職種別訓練を施し，同時に「従業員教育」を徹底する，ということである。

先述の技能者養成規程は，輸出振興の観点から選定された15の職種[8]（のちに拡大）について，訓練方法と内容，計画，訓練者の資格や年限の基準を設ける認可制度を定めた。しかしこれは，大企業にとっては準拠するメリットが小さすぎ，中小企業にとっては負担が大きすぎたので，その一定の意義にもかかわらず技能養成制度の枠組みとしての限界があった。そしてこの規程は1958（昭和33）年には新しい職業訓練法に吸収されることになる。とはいえ，中卒者を採用して，3年間の訓練を施し，将来の基幹工となるべき熟練工・多能工を養成するという方針は，大企業において一定の定着をみる。この3年間という年限は，技能者養成規程の養成認可の要件（水準に応じて1‐3年ないし4年の幅がある）であり，なおかつ新制高等学校の修了年限と同等の期間である。

終戦期にいちはやく養成工制度を再編した前記の企業に加え，この時期にな

ると，企業内学校や訓練施設による新規中卒者訓練に乗り出す企業が増えていく。たとえばトヨタ自動車は，1951年にトヨタ自工技能者養成所を設立し，当初は選抜された既存の若年従業員を訓練し始めたが，53年度以降，高い競争倍率のもと，新規中卒者を厳選して将来の基幹技能員として育成するシステムを作った。

各企業の教育訓練機関は，各種学校，職業訓練所，任意設立の専門学校，学校法人化した（工業）高等学校などさまざまな形態があった。日立のように複数の形態の訓練機関を整備した企業もあった。設置形態によって準拠する法制度や所轄官庁が違うが，その形態は技術的要請や地域労働市場の条件，志願者の集めやすさによって選択されていたようである。たとえば，高等学校形式であれば，高卒の資格が与えられるため，高等学校進学率の上昇による志望者の減少や質の低下が，他の形態よりは起こりにくい。しかし，高卒の学歴を得た修了者は他の企業における就職機会や大学進学の資格を得ることになる。各種学校は，他の形態よりも設立の基準や教育内容への法的規制は緩いが，地域労働市場におけるその企業の地位によっては入学者の質やモチベーションを維持することには苦労があったという。職業訓練所は，職業訓練法による認可と規制を受け，同時に公的な支援を受ける設置形態である。しかし，その修了は「学歴」にはならない。また，全日制か定時制かというオプションもあった。全日制教育は，企業にとって負担は大きいが，教育訓練の内実は確保しやすい。定時制の教育では，従業員を昼の間に就業させることができるが，逆に夜間に集中して訓練することには制約もあった。

(2)養成工訓練とそのほかの訓練

上述のように，大企業における新規学卒者養成のための訓練機関は企業ごとに多様な形態をとっていた。総じて「将来の基幹的技能者（多能工）」を養成するという意図に照らして，普通教育と工学，その他の専門教育をあわせた座学と教育機関内の実習施設や実際の職場での実習を組み合わせたカリキュラムを備えたものが多かった。つまり，こうした層の労働者の教育訓練に関しては，座学と実習を有機的に結合させることにより深い知識と技能の素地をもたせることが重視されていたのである。そして，このように養成された養成工は，基

本的に「旋盤工（機械工）」「溶接工」「板金工」「電気工」「組立工」といった個別の職種ごとに区分されていた。狭い意味での「職務」に応じた区分ではなく，漠然とした新入社員の基礎教育でもない，文字どおり将来の熟練多能工としての職種の区分に対応した養成方針であった。

　しかし，労働力不足の圧力と産業構造の変化という状況のもとで，選抜的に採用した新規学卒者の長期的な訓練（養成工制度）だけでは，この時期の大企業が需要する労働力をまかないきれない。というよりむしろ，「単能工」と称されるより即戦力に近い従業員や，転職者（中途採用者）を多く含む臨時工を，典型的には3ヶ月ほどの短期的な導入訓練ののち必要なOJT（On the Job Training）[9]を施しながら現場で活用するという方法も普及していたからこそ，比較的手厚い養成工制度が存立しえたともいえるのである。もっとも，産業的な違いはあるが，この当時の短期導入訓練を経た単能工や本工に登用された臨時工も，必ずしもすべてが周辺的労働力として位置づけられていたわけではなかった。とくに重電や造船産業では，長い勤続期間とその後の企業内訓練を経て，養成工制度出身者とともにのちの基幹工層を形成する余地は大きかった。

　先にふれた1958（昭和33）年制定の職業訓練法では，公共職業訓練と並べて「事業内職業訓練」を制度化した（第15条）。これにより，訓練期間や教科，訓練施設等について，省令に定められた基準を満たす個別企業内教育訓練と中小企業などの共同職業訓練団体による訓練は「認定職業訓練」とされ，経費を助成されたり，修了者を「技能士補」とすることができるなど優遇された。また，企業内での「追加訓練，再訓練及び職長訓練その他の労働者の指導監督に関する訓練に対する援助」も，同法第14条に基づいて用意されている。

　この第14条が想定しているような訓練が，上述のように養成工制度を補完するうえで重要な役割を果たした。再訓練や追加訓練については，助成にあたっては認定職業訓練のような厳密な要件をもたなかったが，それは逆に，当時の職場に適宜必要とされる訓練が実態レベルの課題としていかに喫緊のものであったかを示していよう。そして現場監督者訓練（TWI）は，生産や管理の技術が高度化していくなかで，養成工制度出身者と既存の中堅技能者，単能工や臨時工といった職場の混成軍を，効率よく管理し，OJTを通じて訓練するとい

う現場監督者に求められる能力を養成するため，とくに重視されていた。その位置づけは現場監督者訓練が終戦直後の段階で導入された時期に比べて，さらに高まっていたのである。現場監督者訓練や品質管理のための研修，既存の労働者に対する教育訓練はその後，より個別企業の必要と状況に応じて独自化しながら，階層別訓練・目的別訓練として深化，普及していくことになる。

### (3) 1960年代中期から70年代中期
(1)養成工制度の衰退と高卒技能員教育

体系性や水準においてはまちまちではあったが，中卒労働者を比較的長期にわたって訓練する方式は，1960年代にはいわゆる中堅企業にまで普及していた。しかし60年代中頃になると，養成工制度をもった企業の多くが新たな困難に直面した。それは，高等学校進学率の急速な上昇である。50年の高等学校入学者数は男女計で72万3000人，進学率は42.5％であったのが，60年にそれぞれ106万人・57.7％に，70年には138万2000人・82.1％になった（文部科学省「学校基本調査」）。

そこで，企業の養成機関では中卒採用と長期訓練を断念し，技能労働者の給源を高卒にシフトさせるという対応が広くみられるようになった。新規中卒採用を辛うじて維持した企業においても，訓練機関を「高等学校」として再編成したり，通信制を併用して「高卒」の学歴を付与する道を開いたりするといった工夫を迫られた。それでも，志望者の量と質は1950年代の水準と比べれば低下していった。また中卒採用を維持した企業でも，技能労働者を新規採用する場合の給源の量的中心は高卒へと移行していった。戦後型の養成工制度はこの時期を境に全体として衰退してしまう。

中卒労働者よりも高卒労働者のほうが一般的には教育水準が高いので，新しい技術革新に対して適合的であり，その意味では企業の教育訓練にとって学歴上昇は問題にならなかったと考えることはきわめて一面的である。むしろ，一定層の若年労働者に対して将来の基幹工養成としての手厚い訓練を施すことを理念化し，それを労務管理制度構築の前提としてきた企業にとって，強い初任給上昇圧力のもとで，年齢が上昇し労働についての意識も変質してきたグリー

ンレイバー[10]が流入することは，新たな対策の必要な問題でもあった［佐口 2003］。

ともあれ，新規高卒者訓練として新たに普及したのは「高卒技能者養成制度」という名称のもとで行われる，短期化された導入訓練にOJTを組み合わせたものであった。代表的なケースでは，たとえば三菱長崎造船所では，名門として名高かった三菱長崎造船学校を1970年に廃校し，高卒と中途採用者を6ヶ月間訓練して現場に配属するという方法に切り替えた。トヨタ自工は技能養成所を高等学校に再編したケースであるが，ここでも新規採用の量的中心は高卒に移行しており，導入訓練は2週間に短縮された。その後は複線的に基幹工訓練へ振り分けられる層もいたが，一般生産ライン作業員は短期訓練＋OJTという方法で育成され，即戦力化がはかられた。鉄鋼業については状況はやや特殊であった。3年間の養成工訓練も実施されていたが，養成の力点は保全工・整備工にあった。技術革新と省力化が強力に進む装置産業としての特性もあり，日本鋼管や新日鐵では比較的早期から工業高校卒業者を対象に1年から1年半の導入訓練を施して保全工・整備工として養成する仕組みをつくった。

(2) OJT概念の「浮上」と「拡張」

「OJT」という言葉が，日本企業の教育訓練担当者によっていつ頃から使われ始めたのか，それを厳密に確定することはむずかしい。しかし，1950年代の中頃に重工業の現場監督者訓練のなかで，現場監督者が留意して実践すべき養成方法のひとつのオプションとして言及されている。その含意には「配属後の現場実習」という形式的側面のほかに，教育訓練としての内実の側面が重視されていたことは注意すべきである。OJTを行うために，その有効な実施のための条件整備，責任の所在の確定，対象者・指導方法・タイミング・水準・内容への教育的配慮などが前提されていたのである。決して「いきなり現場でやらせてみること」を意味していたわけではない。だから，職務を離れての訓練であるOff-JTとの対立概念，ないしは二者択一の選択肢としてOJTが捉えられていたわけではなく，むしろOff-JTとは相互補完的なものであると考えられていた。もちろん，現場レベルでは「つまり昔と同じ『見よう見まね』」と理解されている場合も少なくなかったし，中小企業ではさらにその傾向が強

かった。しかし逆にだからこそ，意識的な企業の労務管理政策のなかでは，現場監督者訓練の営みを通じて訓練手法としてのOJTの内実を担保する努力が不断に進められてきたという事情がある。そして，1950年代においては，OJTという言葉はいまだかなり特殊なタームで，教育訓練体系のなかで言及される頻度も低く，即戦力を養成するためのとくに効率的な訓練手法であるという把握も目立つわけではなかった。

　ところが1960年代，とくにその後半以降，徐々にOJTという概念が拡大解釈される傾向にあったといえる。それは前述のような，養成工制度理念の後退と高卒技能者の訓練短期化と即戦力化，依然として重要である中途採用者や臨時工の活用，さらに頻々と起こるようになる職種転換訓練をともなうような配置転換の増勢といった時代状況と無関係ではないだろう。もちろん，製造業において「基幹工」とその長期的養成が必要でなくなったわけではない。むしろ，現場の中核を担う労働者層の一定の存在と，そこから安定的に育成されるべき現場監督者の役割はますます大きくなっていた。しかし，製品市場の変化と競争の激化，そして労働力供給構造の変化は，より階層化された従業員管理とフレキシブルな職務配置をもたらした。そのため，柔軟な配置転換と即戦力としての役割を担う層については，教育訓練もより「効率的」で，より状況即応型の手法にシフトしていくこと自体不思議ではない。そのとき，OJTという訓練手法はその位置づけを急浮上させられ，従来よりも広がった（ある意味では薄められた）意味合いを込められたのである。この時期にOJT全体の実体が崩壊したというわけでは決してないが，実務家による「OJTで教える」という言明が，依然として体系的教育訓練の一環としてのものを意味しているのか，事実上は組織的体系的訓練の欠如を意味しているのか，それはきわめて文脈と状況に依存するものとなりつつあった。

　だから，1960年代後半以降，とくに70年代に入ってから，OJTによる訓練が普及したと通説的に理解するとき，それがOJTの全面的な深化を意味しているのかどうかは慎重に判断しなければならない。そして，「多能工」という概念についても同様な注意が必要である。「将来の基幹工としての多能工」を育成目標としていた養成工制度がその根底から動揺し衰退しつつあったとき

に，新しく浮上したOJTを基軸に据えてさらに「多能工」を養成するという方針が多くの産業に属する企業において唱導されていたことは，そもそも「多能工」という概念もまた非常に大きな振幅をもって揺れ始めていたことを意味していよう［熊沢 1998；2003］。

(3)経営者団体の理念――「能力主義管理」におけるホワイトカラーへの注目

1969（昭和44）年に，日経連能力主義管理研究会は『能力主義管理――その理論と実践』と題する有名な研究報告書を発表した。この研究会の基本スタンスは，「能力主義管理の対象は全従業員であるということはいうまでもないが，その中でもとくにその職務に従事するものの能力によって業績に大きな差の出るホワイト・カラーであり，なお，焦点をしぼれば一般従業員に与える影響が大きく，企業発展の牽引車である管理職層」であるという。そこではまず，「能力主義管理は，わが国企業における従来の伝統的な年功中心的・学歴中心的・没個人集団的人事管理によっては昭和30年代半ば以降の急激に変化しつつある企業経営内外の諸条件・環境に適切に対応・順応できなくなる度合いを高めたために，そのような伝統的人事管理に対する修正として登場した」と述べられている。とくに能力開発における問題意識としては「技術革新の進行」による「適応能力の訓練・再訓練および配転のニーズ」が高まっていることを指摘している。そして全体的な方針として，「少数精鋭主義」と「職務中心主義をもとにして各人の適正に応じた個別管理」の導入を提唱するが，後者についてはその早急な導入を必ずしも求めていない。「企業組織全体の生産性　能率向上」のため，「個人と全体の能力の最大発揮を調和させなければならない」という考えから，「日本人の民族性の特性」である「小集団主義」を重視活用する立場をとっていた。そして，次のような限定的終身雇用制度ともいうべき思想を確認していることが興味深い。すなわち「終身雇用制度のもとにおいても能力主義管理は推進されうるものである。いわゆる限界従業員については，再訓練教育→再配置をくり返し，能力開発発揮の機会と場所を十分に与え，なお職務の要請する業績をあげない場合には，社会的に就業機会の増大の傾向をも考慮し（ママ），社外における活用を援助することも考えてよいであろう」と。

こうした立場に立って，とくに配置管理と能力開発については，従業員の「可塑的適性」を把握し育成することを謳い，ジョブ・ローテーションを「OJT，社内外の教育，自己啓発と」一体化させ教育機会として活用することを提唱する。またブルーカラーについては，とくに「急速な技術革新にともなう職務の新陳代謝に対処して，労働の効率向上の観点から，また従業員の疎外感からの解放，能力開発への意欲喚起，ひいては定着性向上のために，OJTを軸とする多種職務ローテーションによる多能工化が推進されなければならない」としている。さらに今後における「重点対象ないし問題」として①「中高年層の再教育」，②「大学教育の不備を鑑み」「技術革新の急速な進行にともなう知識の陳腐化を防」ぐため「ホワイトカラーの能力開発を補うための社会的体制の整備」，③「各マネジメント層に対する能力開発計画の具体策」，④そして「外部機関の整備と活用」をあげる［日本経営者団体連盟　1969］。

　これは日経連の研究会報告だから，これらの認識や方針には一定のバイアスがかかっているのは当然である。興味深い事例は参照されているが，これ自体個別企業の実情や実態を正確に記述した文書でもない。傘下企業にとって，影響力は小さくなかったことは類推されるが，この文書によって日本企業のその後の能力開発施策がすべからく規定されたともいえない。そもそも，日本における「能力主義」という人事労務管理におけるコンセプト自体が，この時点においてすでに新しいものではなかった。しかし，この報告書には，1960年代末以降の日本企業における能力開発施策の理念のエッセンスが濃厚に詰め込まれている。

　具体的に指摘してみよう。まず，管理と育成の対象として，中間管理職層を中心とするホワイトカラーへの注目が特徴的である。現業労働者の養成のように養成工制度や工場の技能養成機関，あるいは公的な職業訓練校という形式をとらないホワイトカラーの能力開発は，それまで政府の職業訓練政策の対象としても重視されることが少なかった。それまでも企業においてホワイトカラーへの部門別，目的別，階層別研修などが適宜実施されていたことは当然ではある。しかし，ブルーカラーへの訓練が法的な規制を受けつつ，未成年や中高年の労働基準の保障や雇用安定や「補導」という側面を引きずりながら整備され

てきたことと，それは対照的であった。相対的に高学歴の成人労働者からなるホワイトカラーの能力開発については，少なくとも職業訓練政策がテコ入れする必要のある領域としての優先順位は決して高くなかった。産業構造や就業構造が変化し市場競争の激化が唱えられるなかで，企業の側が，人事労務管理の全般的整備のなかでホワイトカラーの管理と育成に関心を強めることは，ある意味で当然であった。

事実，経営研修所といった名称の機関を設立して，将来の幹部候補者から中間管理職を集め，Off-JT形式の階層別研修を行うことから，端緒的なオフィス・オートメーション化に対応する目的別研修を実施する企業が1960年代にも存在していることは，各社の社史レベルの記述からも確認できる。ホワイトカラーも基本的には高等学校や大学の新規学卒者の一括採用を理念としていたので，導入研修と社員教育のうえに配属後のOJT，適宜のOff-JTによる諸研修を蓄積するという形態がとられていた。

また，「可塑性」[11]という言葉で，ジョブ・ローテーションから配置転換までをも含む配置管理を想定し，そのための不断の能力開発とOJTを唱道していることは象徴的である。それを支えるのが動機づけと自己啓発の推進であることも，この期に続く時期における企業内能力開発の基調と見事に一致している。雇用調整下の労働力流動化を視野に入れながら，少数精鋭に対する限定的な「終身雇用制」を展望し，中高年の再訓練を重視し，さらにそこから放出される層に対する「配慮」をも付け加えることは，後の「生涯職業訓練」のコンセプトに通底するものである。

## (4) 1970年代中期から80年代中期

### (1)少数精鋭化とME化

オイルショックと低成長期への移行を経て，産業や職業分野ごとのアンバランスはあれ，企業の人事管理の基調は労働力不足への対処から労働力過剰状況への対処へと変わった。依然として将来の基幹工の安定的確保は重視されてはいたが，教育訓練政策に対して新たな要請や目的が強く意識されるようになった。まず，いっそうの「少数精鋭主義」の意識化のもとで，既存従業員の向上

◀ コラム❽ 実業教育と教養教育 ▶

　ある重電職場の現場監督者Aさんに聞き取りに行ったときのことです。いまでは60歳くらいのお歳です。東北の仕立屋さんの家に生まれましたが，父親はAさんには成長産業で活躍してほしいと願い，家業を継がせず北関東にある大企業の企業内学校に進ませ，そこで彼は大型の製品を扱う製缶工となりました。Aさんの話は非常に興味深く，その企業の養成工制度で受けた教育，その後のキャリアを通じての経験をAさんは事細かに教えてくださいました。なかでも一番印象に残ったのは次のことです。

　私が，「訓練機関で教わらなかったことで，その後の仕事のなかで教えておいてくれればよかったと思われるのはどんなことですか？」とたずねると，Aさんは「歴史，社会科ですね，日本の歴史と社会」と即答されました。とても意外な答えだったので真意を聞くと，こんなふうに続けられました。「ずっと前，チリの発電所に水車の現地据え付けに行ったんです。長期出張です。夜は現地の作業員と飲むんですね。仲良くなりますからね。すると彼らは『チリはこんな国だ。こんなところがある。こんな歴史がある。日本はどうなんだ？　どんなところだ？　どんな歴史があるんだ？』と訊くわけです。私はきちんと答えられなくて恥ずかしかった。だからそれ以来，自分でも本をよく読んで社会や歴史のことを知るようにしているんです」と。

　私の聞き取りノートの中では，それはあまりにも据わりの悪いエピソードではありました。私が聞きたかった答えは，もっと「実学的」な科学技術や技能教育然としたカリキュラムでした。しかし，ひとの職業人生の奥行きはそれを研究対象とする研究者の想像をはるかに超えています。「実業教育」と「教養教育」の垣根をこんなにも軽々と取り払ってしまう，Aさんの「涼しさ」に打たれもしました。「企業内教育訓練」を考えるとき，ただちにはその意味を説明できないけれども，常に頭のどこかにひっかかっている記憶のひとつです。

---

訓練へのニーズが強まった。そして，新規採用者についても既存の従業員についても，この時期に広範に進みつつあったとされる「ME技術革新」への対応が急務とされた。また，雇用調整策としても重要であった配置転換に対応するための配置転換・職種転換訓練も，その意義をますます大きくしていった。

　「ME技術革新」という言葉は，1980年代に入る頃から多用されるようになった。生産設備と製品それぞれが，あるいはどちらかがコンピュータ制御される要素を含むという傾向が顕著に高まっていると意識されたのが，この時期であった。オイルショック後の市場環境に規定されて，この時期のME技術革新は品質向上を通じての競争力強化とともに合理化と省力化への強い志向をともなっていた。そのため，既存の中核労働力に関しては，従来の知識や技能に

加えて技術革新への対応が求められた。生産設備メーカーへ派遣しての研修やメーカーからの派遣講師による講習，自社の技術者や経験者による教育やOJTといった方法で，この時期に意識的な向上訓練が行われた。しかし，ME化対応訓練の対象者，ME器機を担当する労働者は，ME器機の導入後の月日の経過にともなって拡大するのは当然ではあるが，総じて職場の班長・リーダー，保全工といった基幹的職種や若年の中堅工のほうに厚く，中高年に薄く，臨時工やパートにおいてさらに薄かった［雇用促進事業団雇用職業総合研究所 1985］。篠塚英子の指摘によれば，製造業大企業における雇用減少は，構造不況業種の存在と合理化の徹底によって1970年代初期から始まっている［篠塚 1989］。ME化はオイルショック以前から続く長期的な省力化傾向と，そのうえでの雇用調整のなかで進められていたのである。

(2)雇用調整と転換訓練，ホワイトカラーの能力開発

企業レベルでのこうした動向に呼応するかのように，1978（昭和53）年に職業訓練法は大きく改正された。政策対象を「技能労働者」から「労働者」とし，すでに既定路線であった「生涯職業訓練・生涯技能評価」の理念をさらに強化した。既存の労働力の再訓練と活用を重視し，第二次産業から第三次産業への労働力再配置をも支援する方向を明確化した。

事業分野が広く，相対的には雇用を維持する余力のあった大企業においては，内部市場型の雇用調整が進められた。そのなかには大きく仕事内容の変わる配置転換，職種転換，業種をまたいだ子会社・関連会社への出向・転籍も含まれていたから，その調整にあたっては配置転換訓練・職種転換訓練が行われた。それまで蓄積してきた職能と，新たに身につけなければならなかったそれとの連続性は事例によってさまざまである。それは雇用の維持と引き替えに企業と労働者が選んだ方法であったともいいうる。

転換訓練にあたっては，インフォーマルなものも含めてやはりOJTを活用した教育訓練が実施されていたことは想像にかたくないが，Off-JT形式の社外の研修，委託訓練を含めて，フォーマルでコストのかかる教育訓練も実施された。雇用調整のための教育訓練については，企業に対する助成金制度が作られていたことは周知のとおりである。たとえば1983（昭和58）年，給付された

雇用調整助成金のうち教育訓練にかかるものは約29万8000人の人員について約76億7000万円であり、これは休業と出向への助成金をあわせた総額161億7000万円の約47％にあたる［篠塚 1989；厚生労働省 1986；1987］。

　景気後退期・低成長期を通じて，企業のコアの部分における省力化・少数精鋭化，配置転換をともなう雇用調整を敢行しながら ME 技術革新に対応した経験が，その後の企業の人材養成・能力開発政策の基調に与えた影響は大きかった。具体的には，限定された正社員層とその周辺に多様な雇用形態で動員される非正社員を質的にも量的にもフレキシブルに活用するという方針に合わせて，依然として OJT を基軸に据える。雇用の弾力化・流動化に則して自己啓発を含む階層別・目的別研修を，企業外部の資源を活用しながら実施してゆく。そうした指向性が固まっていくということである。前項での議論にも通じることであるが，こうした指向性はなにもブルーカラーについてだけにとどまらない。少数精鋭化や配置転換，非正規従業員の活用はホワイトカラーの労働部門についてもよりいっそう進展した。自己啓発や階層別・目的別研修はむしろホワイトカラーの職場において注目される能力開発施策であるともいえる。すでに一定の普及をみていた「職能資格制度」や「自己申告制度」をともなった「目標管理制度」の導入と相まって，ホワイトカラーへの動機づけと能力開発の仕組みは，この時期にいっそうの精緻化が進んだといえるだろう。

## 2　近年の動向とこれからの課題

### (1) 近年の動向

(1)経営者団体の理念——「多様な人材」

　1980年代後半，バブル経済期の労働力不足から，企業は一時的に従業員の積極的採用に努めた。けれども，それに先立つ円高不況期の経験から，バブル崩壊後平成不況期を通じて，長期的な方針としては，企業は長期雇用を維持する層を限定しつつ，雇用形態を多様化させながら即戦力の導入を重視したことにより，企業内の人材形成・能力開発システムをより積極的に再変革していこうとする大きな動因はみられなかったというべきであろう。理念としては，どん

な時代にも人材形成・能力開発の重要性や「これからの役割」を強調する言説は存在するから,この判断には異論もあるだろう。たとえば,男女雇用機会均等法の制定とその改正を受けて,新たに女性労働者を活用する必要性や気運が高まり,男性正社員に対するものと区別されないかたちで能力開発を進める制度的な整備はある程度進んだという点で,一定の新しさはあるだろう。しかし,目的別研修や自己啓発のための個別企業の多彩な能力開発プログラムの存在にもかかわらず,平成不況期にいたる企業内人材形成・能力開発制度において,その思想と方針の大きな転換点は見出しにくいように思われる。

　そのことは,企業内人材育成・能力開発にとって,この時期独自の課題が存在しなかったことを意味するわけではない。ある意味では,先立つ円高不況期に認識された諸課題とそれへの対応が,バブル経済期の一時的な棚上げを経て,再び意識的に確認され,深められつつあるといってよいだろう。

　日本経団連経営労働政策委員会報告2004年版は『高付加価値経営と多様性人材立国への途』というタイトルを掲げている。そのなかで「労働力の減少に対処していくために」,「働く人々の多様なニーズに応えうる選択肢を提供し,若年者,女性,高齢者,障害者,外国人など」の「多様な人材(ダイバーシティ)を活かす戦略」が提唱されている。この戦略に「長期蓄積能力活用グループ」,「高度専門能力活用グループ」,「雇用柔軟型グループ」という従業員区分と「短時間勤務(勤務時間短縮制度を含む),派遣労働,有期雇用,在宅勤務」という働き方のバリエーションを組み合わせた概念を,経営者団体にとって既存の用語でいう「雇用ポートフォリオ(雇用の最適編成)」と呼んでいる。

　人材育成・教育への提言では「企業としても積極的に学校教育に関与,協力し,産学が連携して資質・能力の高い人材育成に全力を傾注する必要がある」という。そのために中心的に提唱されているのはしかし,「①学校教育の改革促進」,「②個人に焦点を当てた育成支援策の推進」,そして「③家庭の役割」の再認識である。このなかで,多少なりとも具体的かつ自覚的に企業の役割が認識されているのは②である。「OJTを中心とした基礎教育,実践教育の充実と同時に」「多様な研修メニューを活用して,従業員それぞれの強みや特性を活かし,これらをさらに伸ばす育成支援」を通じて「従業員一人ひとりが自立

的にキャリア形成に取り組める環境を整えていくこと」,「社会人が再び大学などに戻って勉強するというリカレント教育の重要性が」高まるなかで,こうした「自己啓発を支援するために,企業としていわゆる修学休業制度を検討すること」,という具合いにである。

　日本経団連の理念として,企業内能力開発への重視はもちろん維持されてはいるが,企業が主体的に育成を引き受ける領域は,慎重に限定化されていることは明瞭である。自己啓発に象徴される「個人主導型」の能力開発への支援は強調されるが,雇用の流動化,非正規化,高齢化を踏まえた生涯職業訓練という時代の要請に対して,学校教育を含めた外部の政策手段の活用を重視していることも確かである。内部市場型雇用調整の時代と長期の景気低迷を経て,企業の人材養成・能力開発の基調はこうしたスタンスにいたったのである。

　(2) Off-JT と OJT の実施状況

　厚生労働省の「平成18年度能力開発基本調査」によれば,Off-JT も計画的な OJT も,いずれも低くない比率の事業所が実施している**図表8-1・2**。この調査の対象事業所数は6886で,有効回答数が2836,有効回答率は41.2%である。それは決して低くはないが,能力開発という営為に対する取り組みの熱意においては回答事業所に若干のバイアスは免れないであろう。とはいえ,少なくとも正社員については Off-JT と計画的な OJT の相当程度の普及を確認することができる。ただ,非正社員に対する普及の度合いとの格差はやはり注目に値する。また,事業所規模間の実施状況の違いも,現状を踏まえれば容易に理解できる結果ではある。OJT について,「計画的な」という条件を付して回答を求めているのはこの調査の見識であるといえる。それによって,単に「やらせて教える」手法と違い,一定の内実をもった OJT 訓練は実はそれほどあたりまえに行われているものではないことが理解されるからだ。

　ホワイトカラーへの能力開発に注目するために,「平成18年度能力開発基本調査」の個人調査データのうち,「会社を通じて受講した教育訓練について」,「平成17年度に受講した Off-JT の受講内容別」に金融・保険業,情報通信業の従業員のどのくらいの比率が Off-JT を受けたのかを紹介しよう。全産業の正社員総数の平均が58.2%,非正社員のそれが31.0%である。金融・保険業の

第8章　企業内教育訓練

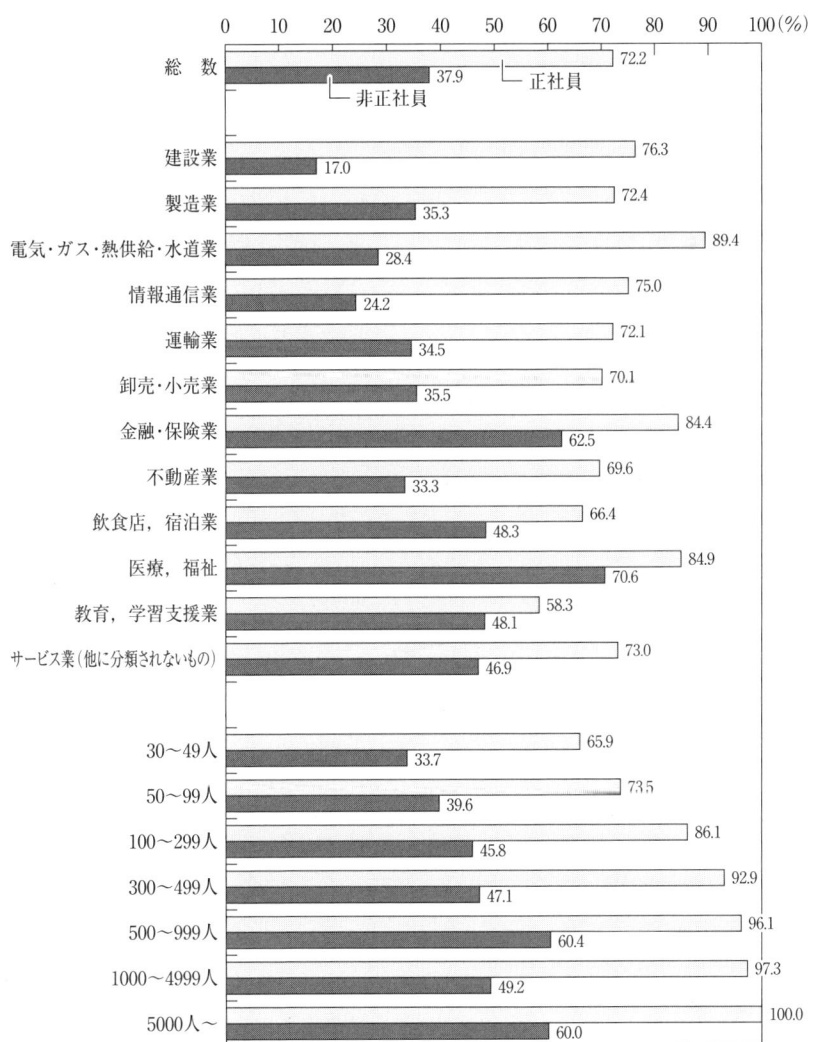

図表8-1　Off-JTを実施した事業所の割合

| 区分 | 正社員 (%) | 非正社員 (%) |
|---|---|---|
| 総数 | 72.2 | 37.9 |
| 建設業 | 76.3 | 17.0 |
| 製造業 | 72.4 | 35.3 |
| 電気・ガス・熱供給・水道業 | 89.4 | 28.4 |
| 情報通信業 | 75.0 | 24.2 |
| 運輸業 | 72.1 | 34.5 |
| 卸売・小売業 | 70.1 | 35.5 |
| 金融・保険業 | 84.4 | 62.5 |
| 不動産業 | 69.6 | 33.3 |
| 飲食店，宿泊業 | 66.4 | 48.3 |
| 医療，福祉 | 84.9 | 70.6 |
| 教育，学習支援業 | 58.3 | 48.1 |
| サービス業(他に分類されないもの) | 73.0 | 46.9 |
| 30～49人 | 65.9 | 33.7 |
| 50～99人 | 73.5 | 39.6 |
| 100～299人 | 86.1 | 45.8 |
| 300～499人 | 92.9 | 47.1 |
| 500～999人 | 96.1 | 60.4 |
| 1000～4999人 | 97.3 | 49.2 |
| 5000人～ | 100.0 | 60.0 |

出所：厚生労働省「平成18年度　能力開発基本調査」

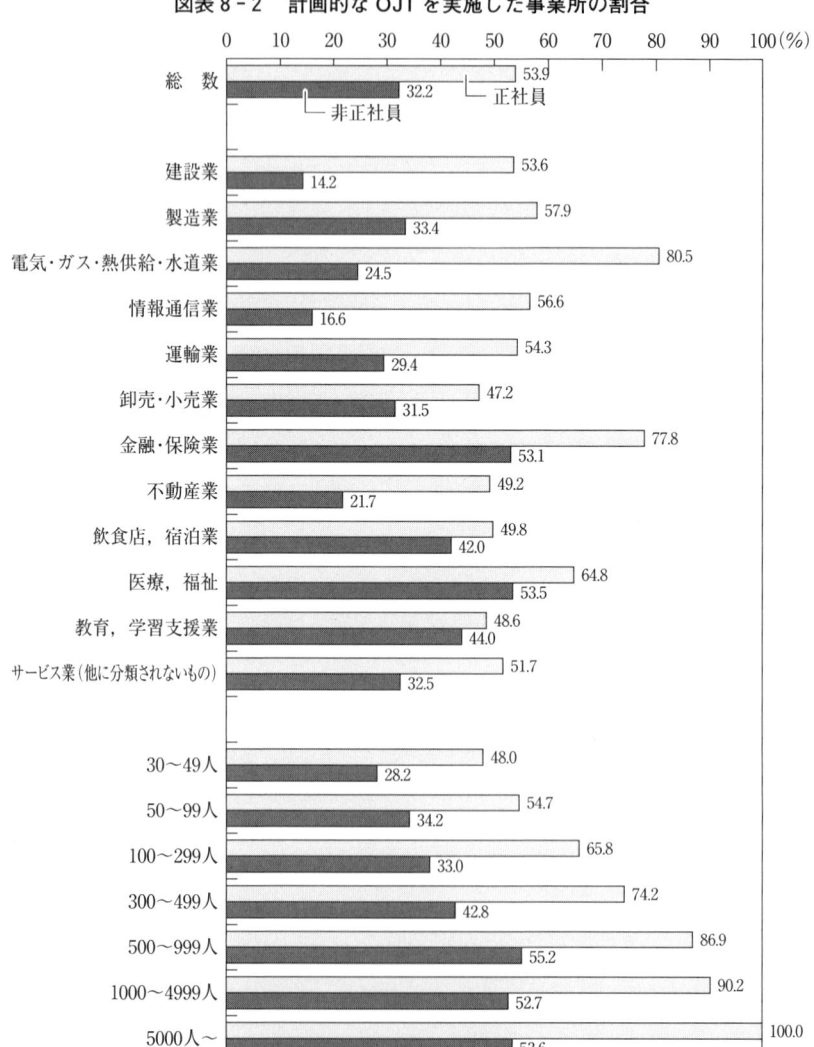

図表 8-2　計画的な OJT を実施した事業所の割合

| 区分 | 正社員 (%) | 非正社員 (%) |
|---|---|---|
| 総数 | 53.9 | 32.2 |
| 建設業 | 53.6 | 14.2 |
| 製造業 | 57.9 | 33.4 |
| 電気・ガス・熱供給・水道業 | 80.5 | 24.5 |
| 情報通信業 | 56.6 | 16.6 |
| 運輸業 | 54.3 | 29.4 |
| 卸売・小売業 | 47.2 | 31.5 |
| 金融・保険業 | 77.8 | 53.1 |
| 不動産業 | 49.2 | 21.7 |
| 飲食店，宿泊業 | 49.8 | 42.0 |
| 医療，福祉 | 64.8 | 53.5 |
| 教育，学習支援業 | 48.6 | 44.0 |
| サービス業(他に分類されないもの) | 51.7 | 32.5 |
| 30～49人 | 48.0 | 28.2 |
| 50～99人 | 54.7 | 34.2 |
| 100～299人 | 65.8 | 33.0 |
| 300～499人 | 74.2 | 42.8 |
| 500～999人 | 86.9 | 55.2 |
| 1000～4999人 | 90.2 | 52.7 |
| 5000人～ | 100.0 | 53.6 |

出所：厚生労働省「平成18年度　能力開発基本調査」

場合，65.9％の正社員と41.9％の非正社員がOff-JTを経験している。情報通信業では66.1％の正社員と38.2％の非正社員がその機会をもった。両産業ともに正社員では「社内での階層別研修」の受講比率が高く，社内外を問わず「職能別研修」と「課題別研修」がそれについで高い［厚生労働省 2007］。十全にではないが，ホワイトカラーへのOff-JTの一端を知りうるデータである。厚生労働省統計データベースシステムでその全表が閲覧できる（http://wwwdbtk.mhlw.go.jp/toukei/kouhyondexk-roudou.html）。

(3)現実の制約と教育訓練費用

もっとも，『能力主義管理』に言及した際にもふれたことではあるが，経営者団体の政策文書がただちに現実を規定しているわけではない。「雇用ポートフォリオ」は各層に位置づけられる労働力が質量ともに然るべく確保されて初めて成り立つものである。すべての企業がそれほど明確な「雇用ポートフォリオ」を確立する条件に恵まれているわけではない。長期雇用の労働者層に対しても，想定以上の若年労働力の移動や正社員の長時間労働が常態化するなかで，意図した能力開発プログラムがうまく機能せず，依然としてアドホックな研修やOJTをつなぎ合わせるという対応を迫られる企業は決して珍しくない。また，とくに製造業やサービス業現業部門のなかには，構造的慢性的な人手不足や後継者不足，そして技能の継承における問題がみられる領域がある。人材育成を困難にしている事情とはどんなものか，厚生労働省調査による**図表8-3**をあげよう。教える側と教えられる側双方の人材不足，そして時間的なあるいは金銭的な余裕のなさが象徴的であろう。そのことは，**図表8-1・2**からわかるような，事業所規模の違いによってOff-JT，OJTの実施状況に差があることと，ある程度符合している。

また，参考までに1985年以降の企業の労働費用に占める教育訓練費用の割合と常用労働者1人あたりの額の推移をみよう（**図表8-4**）。全産業と製造業を比較しているのは，これが経済産業省による『ものづくり白書』からの引用であるからである。額・割合とも平成不況期にやや落ち込みをみせるが，近年はまた上昇傾向にある。

経済産業省は2005（平成17）年，人材投資促進税制の創設を発表した。「教育

図表 8-3　人材育成上の問題

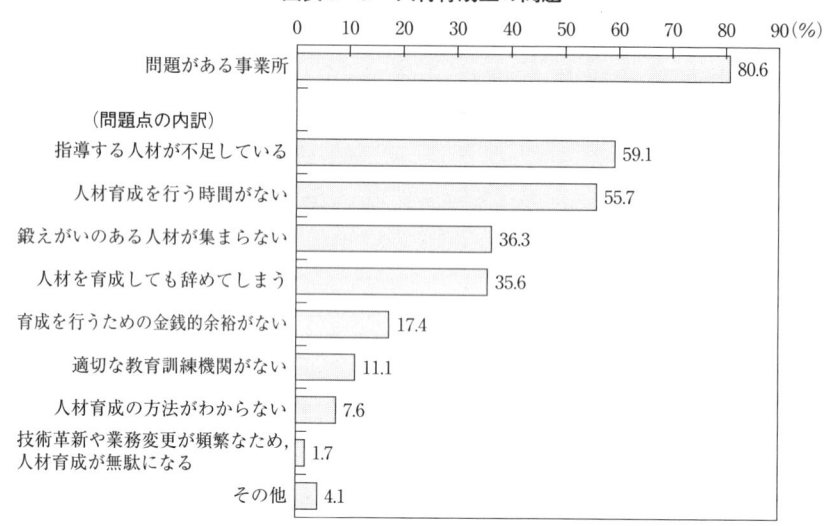

| 項目 | % |
|---|---|
| 問題がある事業所 | 80.6 |
| （問題点の内訳） | |
| 指導する人材が不足している | 59.1 |
| 人材育成を行う時間がない | 55.7 |
| 鍛えがいのある人材が集まらない | 36.3 |
| 人材を育成しても辞めてしまう | 35.6 |
| 育成を行うための金銭的余裕がない | 17.4 |
| 適切な教育訓練機関がない | 11.1 |
| 人材育成の方法がわからない | 7.6 |
| 技術革新や業務変更が頻繁なため、人材育成が無駄になる | 1.7 |
| その他 | 4.1 |

出所：厚生労働省「平成18年度　能力開発基本調査」

図表 8-4　労働費用に占める教育訓練費の推移

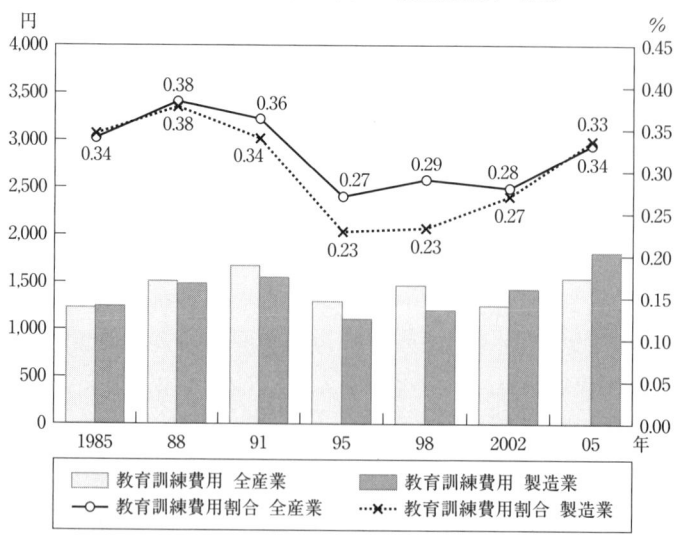

| 年 | 教育訓練費用 全産業(円) | 教育訓練費用 製造業(円) | 教育訓練費用割合 全産業(%) | 教育訓練費用割合 製造業(%) |
|---|---|---|---|---|
| 1985 | 1,200 | 1,230 | 0.34 | 0.34 |
| 88 | 1,500 | 1,470 | 0.38 | 0.38 |
| 91 | 1,650 | 1,520 | 0.36 | 0.34 |
| 95 | 1,280 | 1,080 | 0.27 | 0.23 |
| 98 | 1,440 | 1,170 | 0.29 | 0.23 |
| 2002 | 1,200 | 1,390 | 0.28 | 0.27 |
| 05 | 1,500 | 1,770 | 0.33 | 0.34 |

出所：「2007年版ものづくり白書」

訓練費が増加した場合の法人税・所得税の特別控除」である。法人企業と中小企業者に対し，従業員の教育訓練費の増加分の一定割合を法人税額から控除する仕組みである。中小企業に関しては特例がある。平成不況期の企業による人材投資が減少傾向を強めるなかで，政府が打ち出したテコ入れ策である。『ものづくり白書』は**図表8-4**における近年の回復傾向をこの税制と景気回復の影響から説明する。

　注意したいことは，この統計が「常用雇用労働者」を対象にしたものであるという点である。いわゆる短期雇用の短時間労働者についてはわからない。ともあれ，常用雇用労働者に対しても，景気後退期には教育訓練投資は低迷した。近年の回復傾向も，それが非正社員化傾向をともなっていることも留意されるべきである。いうまでもなく，「常用雇用」は「正社員」と同義ではない。「常用雇用」労働者内部に訓練投資の多寡があることは否定しえない。そして，常用雇用以外の膨大で多様な非正社員については，最低限必要なOJTや導入訓練は必然的に行われるものであっても，それ以上の訓練は文字どおりむき出しの「自己啓発」によるほかはない。非正規従業員への人材育成システムの充実が遅れていることは否めない［労働政策研究・研修機構 2006c］。以下の(4)で参照する**図表8-5**と**図表8-6**においても，その点がみてとれよう。

(4)能力開発の外部化と自己啓発

　大部の研究報告［労働政策研究・研修機構 2006a］は，近年の「職業訓練サービス市場」に着目する。それは，民間企業，公益法人，経営者団体，大学，専修学校，職業訓練法人などからなる「教育訓練プロバイダー（教育訓練実施組織）」と，正社員，非正社員，自営業に分類された「サービス需要者」から形成される市場として整理されている。報告は厚生労働省の「就労条件総合調査」（2003年）を援用して，2002年の「1年間にOff-JTに支出された教育訓練費は約7400億円である。そのうちの34％は企業内で自家消費されるが，残る67％（ママ）は外部の教育訓練プロバイダーに支出されている。したがって，教育訓練市場に流出した分は約4900億円である」という。また，全体としては人材育成に対する貢献度でいえば「社内で提供されるOJTが最も重要な役割を果たしている」が，「社外のOff-JTと自己啓発は，個人の能力向上を図る

図表8-5　労働者の自己啓発を支援している事業所の割合

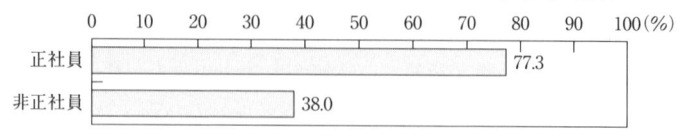

- 正社員: 77.3
- 非正社員: 38.0

出所：厚生労働省「平成18年度　能力開発基本調査」

図表8-6　労働者に対する自己啓発への支援内容（複数回答）

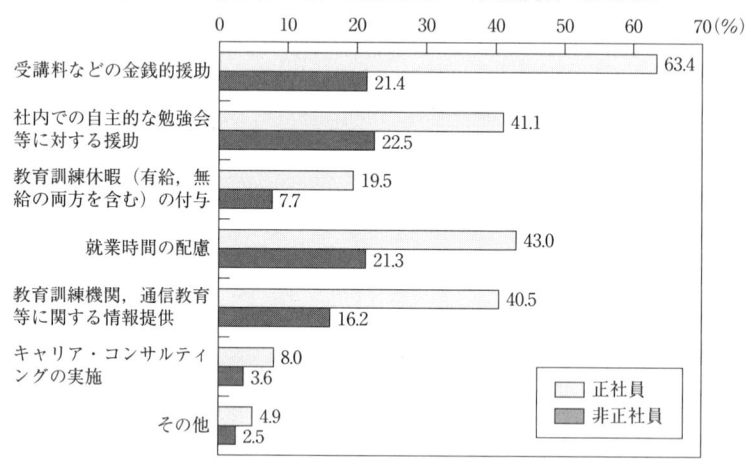

| 支援内容 | 正社員 | 非正社員 |
|---|---|---|
| 受講料などの金銭的援助 | 63.4 | 21.4 |
| 社内での自主的な勉強会等に対する援助 | 41.1 | 22.5 |
| 教育訓練休暇（有給，無給の両方を含む）の付与 | 19.5 | 7.7 |
| 就業時間の配慮 | 43.0 | 21.3 |
| 教育訓練機関，通信教育等に関する情報提供 | 40.5 | 16.2 |
| キャリア・コンサルティングの実施 | 8.0 | 3.6 |
| その他 | 4.9 | 2.5 |

出所：厚生労働省「平成18年度　能力開発基本調査」

うえで，OJT に社内の Off-JT を加えた内部労働市場型の教育訓練方法に匹敵する程度の貢献を果たしている」とする。そして「個人は能力開発に投入している全時間の約6割を自己啓発に配分しており，その水準は研修の約4割を大きく上回っている。さらに研修についても，投下された時間の半分が社外の教育訓練機関の提供するコースに使われている」という。

研修，自己啓発に参加する個人の「能力開発時間の構成」をみると「階層別研修（「ビジネスの基礎知識」と「マネジメント」からなる）に18.2％，「専門研修」に52.1％，「OA・コンピュータ」に13.1％，「語学」8.4％，「その他」に8.2％となっている。

このクリアな知見から，主としてホワイトカラー労働者の能力開発について浮かび上がることは多いだろう。企業は OJT 以外にかかる可視的な教育訓練

費用の7割近くを投じて社外の研修・自己啓発プログラムを利用する。それが可能な領域におけるアウト・ソーシングが，能力開発の分野でも進行している。労働者個人は専門研修や階層別研修を受講し，またOA・IT技術や語学能力の習得へと自己を啓発する。そうした外部市場型の教育訓練は企業内の訓練に匹敵する重要度をもつとみなされるにいたっている。つまり，能力開発の力点が，内部市場型の教育訓練と並んで，「企業特殊的」とみなされない，よりポータブルな職能を職業訓練サービスとして購入するという側面にも分け与えられてきているということである。

　なお，費用については，企業からの援助（そして企業への助成・優遇を通じて間接的に政府の公的な援助を受けているともいえる）は今のところ比較的手厚いが，「個人主導型」の能力開発という本質上，自己負担部分もある。

　この動向は「労働力の流動化」と「自己啓発の促進」，「生涯職業能力開発の支援」という政府の基本方針とさしあたり符合している。すなわちそれは，1985（昭和60）年の職業能力開発促進法とそのもとでの第四次職業能力開発基本計画以来，「雇用の安定」という否定しがたい価値との間で微妙に揺れながらも，ほぼ一貫して政策的に依拠されてきた基調である。再び厚生労働省の「能力開発基本調査」をみてみよう。労働者の自己啓発を支援している事業所の割合は，正社員に対しては77.3%だが，非正社員に対しては38.0%となっている（図表8-5）。支援内容は「金銭的援助」がとくに多く，「就業時間の配慮」がそれにつぐ（図表8-6）。

## （2）これからの課題

(1)雇用の「流動化」か「安定化」か――「エンプロイアビリティ」

　これからの企業でどのような能力が求められるのか，その最良の養成方法は何かを考えることは，社会政策のテキストの職責と能力を超えている。またそうした考察と予言がもし可能だったとしても，その耐用年数は決して長くないということは，本章で説明してきた歴史状況そのものが教えていよう。そこで本項では，現状の雇用問題の文脈において，企業内教育訓練・能力開発との関わりの深い論点を指摘しておくにとどめよう。

第 9 章の「はじめに」では，公共職業訓練政策の必要性を説明するうえで，「企業内教育訓練そのものには，よほどの労働力不足状況下でもない限り，労働市場を流動していて安定的な雇用に恵まれない労働者に対して訓練を行う積極的なロジックも手段もない」とやや悲観的に述べている。とはいえ，雇用労働の領域において拡大しつつある格差は，その労働者の雇用形態と雇用の安定度と密接に関わっている。そして日本の現状においては，労働者の職業訓練・能力開発は依然として雇用機会のなかで行われ，企業の訓練投資もその労働者の雇用形態と想定される勤続期間に応じて決まるといっていい。そうであるなら，公正さという観点からも，安定的な雇用と能力開発プログラムを組み合わせた雇用機会ができるだけ広範に存在することが望ましいはずだ。「エンプロイアビリティ」の向上はひとり労働者の責任と努力の結果であるとみなすことには限界があろう。エンプロイアビリティという概念には，外部労働市場での通用性という意味だけでなく，内部労働市場にとどまることのできる力という意味もある。

　非正社員の活用が進められるなかで，前述のように，パート労働者の戦力化といった要請から，サービス業や小売業，製造業でもパートタイマーへの能力開発プログラムを整備する企業は多数存在する。それが，パートタイマーにとって雇用の安定や真の意味でのエンプロイアビリティに結びつくものであれば，この動向は注目される。

　雇用保障の強化は労務コストと調整コストを上昇させるから，結局安定した雇用の増加につながらないという議論もある。そのロジックに従えば，企業にとって重荷になるくらいの教育訓練コストを企業に負担させると，その配分に偏りが発生するということであろう。つまり，企業はきわめて少数の精鋭だけに訓練投資をするから，結局格差を拡大させ固定化させることになる，と。しかし，その偏りは以前からあり，そして今もある。その結果，個々の労働者の所得水準にかくも大きな隔たりが発生しているために，その政策的な是正が必要な段階になってきているのである。その是正に参加することは，企業の社会的責任のひとつであるといっていいのではないだろうか。そして訓練費用は，冗費ではなく投資でもある。その一部には公的な助成制度すら存在する。個々

第8章　企業内教育訓練

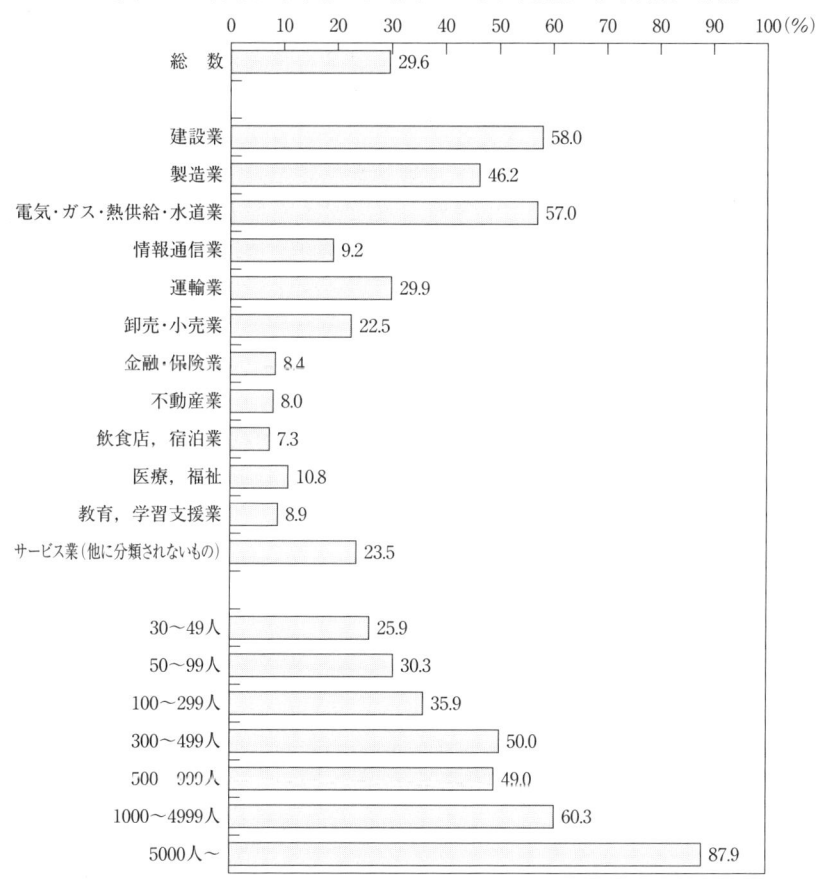

**図表8-7　「団塊の世代」の退職等にともなう技能の継承問題の有無**

| 区分 | 割合(%) |
|---|---|
| 総数 | 29.6 |
| 建設業 | 58.0 |
| 製造業 | 46.2 |
| 電気・ガス・熱供給・水道業 | 57.0 |
| 情報通信業 | 9.2 |
| 運輸業 | 29.9 |
| 卸売・小売業 | 22.5 |
| 金融・保険業 | 8.4 |
| 不動産業 | 8.0 |
| 飲食店，宿泊業 | 7.3 |
| 医療，福祉 | 10.8 |
| 教育，学習支援業 | 8.9 |
| サービス業(他に分類されないもの) | 23.5 |
| 30～49人 | 25.9 |
| 50～99人 | 30.3 |
| 100～299人 | 35.9 |
| 300～499人 | 50.0 |
| 500～999人 | 49.0 |
| 1000～4999人 | 60.3 |
| 5000人～ | 87.9 |

出所：厚生労働省「平成18年度　能力開発基本調査」

の労働者に蓄積された職能は，同時に企業によって資源として活用されるものである。その意味では，効率性の観点に立っても，個別企業が教育訓練費用を支出することは依然として正当化される余地があるだろう。

　若年層を中心とした，安定的な雇用を得る前の労働者，あるいはその外側で就労する労働者の人材形成にとって，公共職業訓練の役割は今後ますます重要になろうが，現状ではそれだけでは限界がある。たとえば，「日本版デュアル

システム」のような制度を通じて，より安定的な雇用につながるような公的な訓練制度に個別企業が積極的な役割を果たせることも望ましいと考える。この点は次章第3節において再びふれよう［労働政策研究・研修機構 2007］。

(2)「団塊の世代」大量退職問題

2000年代最初の10年間に，「団塊の世代」の大量退職によって企業や事業所の知識と技能が空洞化するという現象は，労働者の年齢構成のアンバランスと企業内における技能養成・能力開発システムの機能不全が発現しているという点で，きわめて深刻な問題である。厚生労働省の調査では，前述のように人材育成上の問題として，「指導する人材が不足している」という点を意識する企業の比率が，問題ありとする企業（80.6％）のうちの60％弱にのぼることが指摘されている（**図表8-3**）。また，団塊の世代の退職にともなって技能継承に問題があると考える事業所は，大企業ほどその比率が高くなることも示された（**図表8-7**）［厚生労働省 2007］。

直接の対策としては，短期集中的な技能継承プログラムを実施することと団塊の世代の定年後再雇用制度を活用することが行われている。あまりに急場しのぎの対策として，その実効性に限界はあろうが，個々の企業の努力はもちろん評価されてよい［労働政策研究・研修機構 2006b；経済産業省 2007］。

しかし，たとえば，若年層の雇用保障をより重視し，その長期的な技能養成と能力開発を再構築する企業の営為がなければ，この問題への本質的な対策とはならないであろう。雇用形態の多様化と量的フレキシビリティを追求することと，本来は属人的な技能や能力を企業にとって安定的な資源として維持することとは，程度の問題はあれ基本的に矛盾する関係にある。OJTという言葉は，技術的には「職務に配置された上での訓練」を意味するが，経済学的には「雇用されてからの訓練」をも意味する。日本企業はながらく，その当否はさておきそのOJTをこそ自らの強みとして自負していた。いま仮に技能養成・能力開発の主な責任主体を労働者自身であるとみなすなら（つまり，労働者が雇用される前に基本的な職能を獲得していることを期待するなら），「2007年問題」はどこにも存在しないことになる。少なくなくとも組織としての企業が対処すべき問題ではないはずである。しかし，そういう開き直りが可能でないことは自明

である。これまでの歴史的前提を踏まえると，わが国は企業内能力開発を重視するシステムを選択してきたからである。この論点は前項での議論と密接に関わっていることはいうまでもない。

　実はこの「2007年問題」は，ある意味では大きな状況変化のひとつの波頭であるともいえる。人口高齢化と少産化の影響はより長期的なもので，たとえば建設業においては，労働者の高齢化と後継者不足の問題はすでに指摘されて久しい。同様な状況を抱える産業は少なくない。地場産業においては，それがごく普通である。後継者の相対的な多寡という相違点はあれ，必要な職能が継承される条件が整っていなかったという点で，問題の根は共通している。団塊の世代の大量退職と職能継承問題が注目されるのは，それがより広範な産業と職業の分野で起きているからである。大企業部門ではたとえ今回の問題が短期的にはなんとかクリアできたとしても，高齢化と後継者不足の問題がより深刻な分野はまだまだあることを忘れるわけにはいかない。

1）「青年学校令」は1935（昭和10）年に制定された。「実業補修学校」と「青年訓練所」を統合した「青年学校」の設立を定めた。これは高等小学校や中学校などの中等教育に進学しない生徒の一般的学力向上と軍事教練を主目的としたもので，企業内の教育機関も「青年学校」という形式をとることを求められた。1939（昭和14）年には男子について義務教育化された。
2）「実業補修学校」は1893（明治26）年の「実業補修学校規程」に根拠をもつ，中等教育に進学しない生徒に対する教育機関。多くが公立で，小学校に付属させて設置されていたが，私立のものもあった。
3）　戦前の「養成工制度」には多様なバリエーションがある。ここでは明治の末頃から主として重工業の大企業にみられ始め，その後整備されていく，企業内における熟練基幹工養成のための若年労働者訓練機関とその仕組みを意味する。
4）「徒弟訓練」にも多様な形態があった。中小企業を中心にみられた職人徒弟制とも呼ぶべきものから，大企業における前述の「養成工制度」を補完するものとしての「工場徒弟制」と呼ばれる訓練形態も広範に存在した。1916（大正5）年に施行された工場法によって運営の要件が規定されたが，その内実はさまざまである。ここでは，設置する企業の規模や対象の限られた「養成工制度」に対して，実質的に多くの労働者の訓練を担った戦前の技能工養成制度として把握する。
5）　事業所や職場における第一線の現場監督者に対して，作業管理や人事管理の技法を体系的に訓練する手法。
6）「遍歴職人」，「渡り職工」という言葉が示すように，広域での通用性をもつ資格ない

し知識・技能を備えた「職人」,「職工」,「熟練工」と呼ばれた人たちは,雇用機会やさらなる技能研鑽の機会を求めて流動的な労働市場を形成する場合があることが知られている。その場合,高い職能とプライドが雇用主からの独立性と移動可能性とに結びついていた。戦後日本の養成工制度がめざしたものは,企業への忠誠心と定着性は高いが,仕事自体に向上心と熱意をもつような心性を備えた熟練工であったといえる。
7) 訓練手法としては,実際の職務遂行過程から離れて行う訓練のことであるが,「座学」という意味で理解される場合もある。いうまでもなく,机に座っているかどうかは本質的な点ではない。
8) 選定されたのは理科学機械工,精密機械工,電気機械組立工,鋳物工,鍛工,刻版工,精密印刷工,鎚金工,カットグラス工,レンズ研磨工,陶工,漆工,竹藤細工職,手捺染職,手織工 [隅谷・古賀 1978]。
9) 訓練手法としては,実際の職務遂行過程にあってそれ自体を訓練課程として意味づける訓練を意味する。経済学的には,労働者が特定の雇用主に雇用されてから受ける訓練を意味する。
10) 初めて職業に就く労働者のこと。
11) 直訳すれば "plasticity" であるが,今日でいう "flexibility" フレキ(ク)シビリティ(＝柔軟性),とくに質的柔軟性の労働者単位での表現に近い。この文脈では,労働者の職務配置が,労働者の適応可能性においても労使関係手続きにおいても比較的経営者の自由に行いうる条件を意味している。


【参考文献】
尾高煌之助（1993）『企業内教育の時代』岩波書店
木村保茂・永田萬享（2005）『転換期の人材育成システム』学文社
熊沢透（1998）「『多能工』理念の検討」『アジアの労働と生活』社会政策学会年報第42集,御茶の水書房
熊沢透（2003）「技能養成制度」佐口和郎・橋元秀一編『人事労務管理の歴史分析』ミネルヴァ書房
経済産業省（2007）『2007年版ものづくり白書』（ホームページ原稿 NO.(9)）
厚生労働省『労働（経済）白書』各年度版
厚生労働省職業能力開発局（2007）「平成18年度　能力開発基本調査」
　　　（http://wwwdbtk.mhlw.go.jp/toukei/kouhyondexkr_38_1.html）
　　　（http://www.mhlw.go.jpoudou/2007/070719-1.html）（結果概要）
厚生労働省ホームページ　職業能力開発情報「応援します　能力開発」
雇用促進事業団雇用職業総合研究所（1985）『マイクロエレクトロニクス化と生産技術・職場組織の変化に関する研究報告書』
雇用促進事業団職業訓練研究センター・企業内教育研究会（1984）『メカトロニクス

時代の技能者養成』
雇用促進事業団職業訓練研究センター・企業内教育研究会 (1984)「新時代の企業内職業能力開発の課題と方向――新しい『学習企業』をめざして」雇用促進事業団職業訓練研究センター編『これからの職業能力開発の課題と方向――新しい「学習企業」をめざして』
雇用・能力開発機構ホームページ (http://www.ehdo.go.jp/)
逆瀬川潔 (2004)「職業訓練の変遷と課題」
　(https://appsv.main.teikyo-u.ac.jp/tosho/ksakasegawa52.pdf)。
佐口和郎 (2003)「新規高卒採用制度」佐口和郎・橋元秀一編『人事労務管理の歴史分析』ミネルヴァ書房
篠塚英子 (1989)『日本の雇用調整』東洋経済新報社
隅谷三喜男・古賀比呂志 (1978)『日本職業訓練発展史』日本労働協会
中央職業能力開発協会 (1989)『中央職業能力開発協会十年史１，２』
中央職業能力開発協会ホームページ (http://www.javada.or.jp/)
日本経営者団体連盟・関東経営者協会 (1963)『企業学校の実態』(労務資料第73号)
日本経営者団体連盟 (1969)『能力主義管理――その理論と実践』(日経連能力主義研究会報告)
日本経団連経営労働政策委員会 (2004)『高付加価値経営と多様性人材立国への途』
久本憲夫 (1998)『企業内労資関係と人材形成』有斐閣
法政大学大原社会問題研究所『日本労働年鑑』各年版，旬報社。また，大原デジタルライブラリー (http://oohara.mt.tama.hosei.ac.jp/rnndex.html)
明治大学企業内教育研究会編 (2000)『人材活用と企業内教育』日本経済評論社
労働政策研究・研修機構 (2006a)『我が国の職業能力開発の現状と今後の方向』(労働政策研究報告書 No.53)
労働政策研究・研修機構 (2006b) 特集「『2007年問題』を検証する」『日本労働研究雑誌』No.550
労働政策研究・研修機構 (2006c)「多様化する就業形態の下での人事戦略と労働者の意識に関する調査」JILPT 調査シリーズ No.25
労働政策研究・研修機構 (2007)『若年者就職支援の取組と方向』(労働政策研究報告書 No.79)

(熊沢　透)

# 第9章

# 能力開発政策

## はじめに

　本章では，政府による職業訓練・能力開発政策を取り扱う。政府の労働政策のなかには，たとえば，最低労働基準を設定し，採用，管理，解雇のルールを定めるといった個別的労使関係を規定する仕組みがある。また，労働組合や従業員団体の諸権利を保障し，その活動に関わる労働者に対する不利益を排除するといった集団的労使関係を整序する仕組みがある。そして，労働保険制度を強制社会保険として運営するという大切な役割もある。あるいは，政府は労働市場政策と公共職業紹介制度を通じて雇用情勢をコントロールし，失業に対処する任務を負う。それら代表的な労働政策と並んで，職業訓練・能力開発政策も忘れてはならない。

　そもそも，政府による職業訓練・能力開発のための政策はなぜ必要なのか。まず，一国の産業構造や経済見通しのなかで，将来必要とされる質と量の労働力を養成するという，本来的に不確実性は逃れえないが，重要な目的がある。そして，訓練や能力開発がその労働力の生産性を高めることにつながると考えれば，能力開発政策は一般的にいって経済成長にとって重要な政策となる。またとくに，産業構造の転換において，労働力の適切でスムーズな配置・再配置のために，必要な職業訓練を誘導したり直接実施したりすることが求められよう。その対象となる労働者は，訓練あるいは再訓練によってより安定的な雇用機会を得られるかもしれない。その意味では，職業訓練政策は労働市場を整序する政策としての含意をももつことになる。

さらに，教育訓練・能力開発の機会を広範囲の労働者に保障するためには，政府によって担われる領域が必要になってくる，という事情もある。企業内教育訓練はその本質として，その可能性と必要性を意識する企業によって従業員に対して行われる。企業内教育訓練そのものには，よほどの労働力不足状況下でもない限り，労働市場を流動していて安定的な雇用に恵まれない労働者に対して訓練を行う積極的なロジックも手段もない。教育訓練・能力開発の機会をもつことがその労働者の労働市場での取引条件を改善するのだとしたら，安定した雇用機会や訓練機会に恵まれない労働者は，逆にその不利を増幅させてしまうことにもつながってしまう。自分自身で十分な能力開発のコストを負担する条件に恵まれている人はまだしも，そうでなければその人はいつまでも能力開発の機会をもてない状態が固定化されてしまうおそれがある。訓練を望まない人を訓練することはできないが，それを望む人に対しては職業訓練の門戸が開かれていなければならない。職業訓練・能力開発政策が社会政策の一端であることのひとつの所以である。

　本章に先立つ章との関係を明確にしながら，さらに敷衍しよう。第8章のテーマは「企業内教育訓練」であった。そこでは，事業に採用された後に行われる能力開発の仕組みにふれ，日本におけるその仕組みの存在感が大きいことに注目してきた。しかし同時に，上述したようにその日本においても政府による能力開発政策の重要性は無視することはできない。なぜなら，そもそも明治以降，欧米にやや遅れて近代化を進めた日本には，近代的な産業に需要される種類の労働力が，社会的に潤沢に潜在していたとはいえなかった。そのため，実際の技能養成は個別企業が独自に行うことになったが，そのための人的基盤を整備するという政府の役割は依然として小さくはなかったからである。むしろ，比較的初期から義務教育システムを整備したのもそのあらわれであった。後にみるように，第二次大戦後も，復興と経済成長の過程における職業訓練政策は，企業による民間の教育訓練システムの存在を前提として，そのシステムにいかにスムーズに労働力を誘導するかという点に力点がおかれていたといってよい。もともと，より一般的には個別企業の人事労務政策は，その国の労働力政策そのものとの相互性を免れていないというあたりまえの事実がある。企

業による能力開発制度は，関連法令の規制と支援を受けて展開されているのはいうまでもない。政府による能力開発は，企業による訓練に対する助成というかたちをとることも多い。広義の教育政策がその「結果」として想定する若年労働力は，企業にとっては人事労務管理が受け入れざるをえない「前提」にほかならない。また，公共職業訓練は企業内訓練に比べれば比重は小さいが，それでも国民の能力開発の一端を担ってきた。

叙述は以下のように進めよう。第1節において，戦後の職業訓練・能力開発政策がどのように展開したのかを概観する。第2節では，その帰結としての現行の政策の状況を紹介する。第3節では，この政策領域における今後の課題を簡単に整埋する。

# 1　第二次大戦後の経緯

## （1）第二次大戦後の再編期(学制改革)と労働力の再配置

第二次大戦を終えたとき，日本社会は目下の混乱を収拾しながら戦後復興と民主化を果たすという新しい課題に直面した。教育制度は1947（昭和22）年から「六・三制」つまり9年間の義務教育を定め，その上に3年間の高等学校を積み上げるかたちに改められた。これは，学齢期の児童に対する単線型普通教育の普及を徹底することとなった。この制度は，その後の高等教育ないし職業訓練に接続する基礎を国民に普遍的な素地として準備する役割を担っていたのである。その意味では，明治初期以来形成されてきた義務教育制度を，普通教育を中心にして延長・再編したものである。

これは，当時の諸改革に通底する普遍平等の原則と民主化の理念に則ったものであったが，「実業教育」の観点からは「後退」を意味したという指摘がなされることもある。実際，複線型の教育システムをやめ，生徒・学生が個別具体的な職業教育に接する時期を義務教育修了年限以降に繰り延べつつ，その後の高等学校も「総合制」への傾斜を強めていくという状況は，評価が容易ではない。普遍的な普通教育が多様な家庭の子女に多様な機会を与える一助となったという点で積極的な意義を認めうる一方で，戦後日本の教育における｜普通

教育偏重・実業教育軽視」という傾向の一因をこの制度改革に求めることも不可能ではないだろう。ともあれ、この新学制を定めた1947年の学校教育法は、政府や企業の職業訓練・能力開発のためのすべての諸政策に対する前提条件を与えた。

### (2) 労働基準法による「技能養成制度」と職業安定法による「職業補導制度」

　学制改革を経て「新規学卒者」の態様が変わったことについてはひとまずおいて、終戦後に行われた措置を2点、整理しておこう。ひとつは労働基準法の規定による「技能者養成制度」、いまひとつは職業安定法による「職業補導制度」である。これらは、後述する職業訓練法体制のなかに統合されていくのだが、終戦の時点ではそれなりに独自の意味をもっていた。まず前者についてである。

　周知のように、労働基準法は従来の工場法に替えて1947（昭和22）年に制定された。同時に、それまで大企業のなかにあった青年学校や中小企業における工場徒弟制度による教育訓練を、より「近代的」で「民主的」な「技能者養成制度」に置き替えることがめざされた。それまで青年学校や徒弟制度で教育・訓練されていた若年者や幼年工も、雇用されている限り労働者であり、労働者は労働基準法に則した処遇を受けねばならないのは当然である。訓練中であることを理由に、つまり「一人前」でないという理由で、労働者を酷使したり不当に低い労働条件で働かせるといった、前時代的な徒弟制度の弊害を排除するとともに、政府の指導と援助のもとに企業内の若年者訓練を整備することもまた、新しい労働基準法の役割とされたのであった。そのため、同法に基づいた「技能者養成規程」を定め、事業内の若年労働者訓練を整備しようとした。結果的に、この制度は、当時の経営状況のなかでそのままでは十分な定着をみなかった。

　次に後者の「職業補導制度」である。これは同じ1947（昭和22）年の職業安定法の第2章に定められた、公共職業紹介と結びついた公共職業訓練の具体化であった。たとえば、従来の職業補導施設を公共職業補導所に改編し、補導基準を全国的に統一し明確化するといった措置がとられた。しかし、「職業補導

制度」というその名称が含意するように，この制度の第一義的な目的は職業訓練というよりは失業対策であった。この時期の失業者や不完全就業者を構成していた，徴用解除者，復員軍人，引き揚げ者，戦災被災者を主な対象としており，その能力開発政策としての役割はさしあたり限界のあるものであった。

このように，これらの政策は終戦直後という時期の特殊な状況における喫緊の課題に応えようとするものであったがために，それぞれ制約を帯びたものにならざるをえなかった。しかし，戦後復興から経済の再建，戦後の成長の開始というめまぐるしい時代の変化のなかにあって，それぞれ少しずつ修正されながら，日本の職業訓練システムの再出発を促すテコとなった。

以下で具体化しておこう。1947年頃になると，個別企業において，巻き返した経営者のイニシアティブによって主導された管理体制の整備が進められるようになった。1950年の朝鮮戦争による特需景気は戦後経済の回復を軌道に乗せ，企業経営における合理化と生産性向上の必要性が意識されるようになった。とくに職業訓練の文脈では，アメリカから現場監督者訓練（TWI=Training Within Industry）の手法を導入し，現場監督者の管理能力や部下の指導能力の向上がはかられたことが重要である。このとき，労働省は職業安定法に準拠して，その普及に積極的に努めた。

また，この時期，大企業はそれ以降見込まれる生産拡大と技術革新に対応した，新規学卒者の採用とその将来の基幹工としての育成をめざした養成工制度の再編にとりかかった。その制度的な枠組みは前述の技能者養成規程に則って整えられた。企業は，労働基準監督署長の許可のもと，徐々に拡大されつつあった指定職種について，いわゆる養成工訓練を施した。

終戦直後の中小企業は，技能者養成規程に準拠した訓練制度を整える余裕はなく，若年労働者の生活苦や新学制の影響で徒弟制度も空洞化していた。1950年代に入る頃から，複数の企業が共同で技能者養成を実施する例もあらわれ始めたが，大企業のような全日制の教育機関を運営することはできなかった。日本における中小企業層の量的な厚みにもかかわらず，この仕組みが大きな存在感をもつにはいたらなかったのである。その後長らく，中小企業における技能養成は体系的なものとはいえない「現場訓練」の形態によったケースが多かった。

### （3） 職業訓練法（1958年）

　経済成長が軌道に乗り，個別企業の業績も上昇し始めると，大企業においては企業内教育訓練制度の整備がいっそう進められた。戦後導入された管理技法や急速な技術革新の普及・進展に対応するため，技能者養成における要求水準自体が高まっていると意識されていた。他方で，若年労働者を中心に労働市場が逼迫しつつ，炭鉱離職者問題といった労働需給の質的ミスマッチ問題も浮上していた。とくに対策が必要とされた領域に対しては，失業保険福祉施設の一環として職業訓練施設が設けられた。それは1957年設立の労働福祉事業団から61年設立の雇用促進事業団に継承された。駐留軍離職者や炭鉱離職者，さらに日雇い労働者，中高年失業者などがその対象となった。このように，若年労働者の安定的な養成と中高年労働者のスムーズな再訓練が同時に求められていた。労働需給の質量両面での政策的な整序，つまり積極的労働市場政策が求められていたのである。

　そこで，企業内訓練を支援し，その公共職業訓練との連携をはかりながら成長部門への労働力の再配置を進めるため，1958（昭和33）年，政府による職業訓練のための基本法となる職業訓練法が制定される。前述の「技能者養成規程」と「職業補導制度」は，それぞれの初発の状況が大きく変化したこと，両制度の目的の不一致や連携の不十分さからくる問題点が指摘されていたことから，分立状況を解消し，新たな法体制のもとで統合された。

　職業訓練法はその目的として第1条において，「労働者に対して，必要な技能を習得させ及び向上させるために，職業訓練及び技能検定をおこなうことにより，工業その他の産業に必要な技能労働者を養成し，もって，職業の安定と労働者の地位の向上を図るとともに，経済の発展に寄与する」と謳った。そして，労働大臣に対しては職業訓練基本計画を，都道府県知事に対してはその実施計画の策定を求めた。この法律の意義は大きく，規定も多い。今，これまでの文脈から最も重要な点を挙げるとすれば，それは次の点であろう。それは上記第1条の目的のため，公共職業訓練制度と事業内職業訓練をひとつの法体系のなかで両立させ，それぞれの役割や実施の責任主体，認可の基準を定めたことである。これにより，そもそも若年労働力保護と労働基準規制から技能者養

成制度の整序へと転換しつつあった技能者養成規程と，職業安定政策として開始されながら徐々に役割を分化させてきた職業補導制度を，職業訓練政策として統合，整理したのであった。なお，1961年には労働省の職業訓練部は職業訓練局へと昇格した。

　この法整備によって，大企業における教育訓練制度は自前の教育訓練に対して「認定職業訓練」として公的な裏づけと補助を与えられたし，流動的な労働市場を通じて主として中小企業部門に出入りする労働者についても，若干ではあれ公共職業訓練制度が整備されるようになった。公共職業訓練所は都道府県が運営する基礎的な「一般職業訓練所」と，労働福祉事業団が運営するより専門的な「総合職業訓練所」，そして雇用福祉事業団が運営する「中央職業訓練所（後の職業訓練大学校）」として階層化され，整備が進んだ。それらの訓練所での訓練に困難を負うような身体障害者に対しては，別に国や都道府県が運営する「身体障害者職業訓練校」も設けた。

　1959（昭和34）年，新しい職業訓練法のもとで，都道府県では昼夜施設と駐留軍施設をあわせて3万5870人，労働福祉事業団では同じく9110人，合計で約4万5000人の訓練定員を用意した。1963年には炭鉱離職者等の内訳を加えて合計7万5140人を定員とした［逆瀬川 2003］。公共職業訓練は徐々にその役割を大きくしつつあった。けれども，成長と産業構造の急速な変化は，この新しい法体系にさらなる修正を迫っていた。

### （4）職業訓練法の1966年改正

　それを明確にしたのが1966（昭和41）年の雇用対策法の制定である。これは，構造変化をともなう加速度的な経済成長に対応し，労働力の流動化を前提とした積極的労働力政策をさらに推進するための，総合的な方策を定めたものである。職業訓練政策もまた，この深化した積極的労働力政策のなかに位置づけ直されるようになった。依然逼迫の度合いを強めていた技能労働力不足と技術革新にともなう需給ミスマッチに対処するため，69年，職業訓練法は全面的に改定されたのである。新法は，その目的を示す条文そのものにおいては旧法から本質的な違いをみせるわけではない。ただ「雇用対策法と相まって技能労

働者の職業に必要な能力を開発し，及び向上させるために……」（第1条）と端的に宣言していることからもわかるように，あくまでも雇用対策法の理念を職業訓練政策のなかに反映させるものであった。

　新法では，旧法のもとにもあった法定職業訓練を細分化しつつより充実させた。すなわち，①新規学卒者を対象とする養成訓練，②養成訓練の被訓練者に対する向上訓練，③離転職者に対する能力再開発訓練，④上記①から③の修了者やそれに等しい技能や知識をもつものに対する補充教育としての再訓練，⑤職業訓練指導員訓練がそれにあたる。この細分化は，同時に，新法に特徴的な「生涯職業訓練」の理念を反映したものとみることもできよう。また前述の一般職業訓練所は専修職業訓練校に，総合職業訓練所は高等職業訓練校へと改組された。職業訓練団体の法人認可が導入され，事業者や職業訓練法人による職業訓練を公共職業訓練施設として認可することも定めた。そして，既存の技能検定制度をより充実させ，技能労働を称揚し，訓練成果を労働者の生涯にわたって有効に表示するラベルとして普及させるため，中央と都道府県に「技能検定協会」をおいた。それは，増加する高卒労働者にこの段階ではホワイトカラー志向が強かったことや，労働市場流動化にとって技能の社会的通用性を担保することが重要課題であったことに基づいていた。

　1971（昭和46）年，新法を受けて第一次職業訓練基本計画（5ヶ年）が策定される。そこでは，新規学卒者を対象とした養成訓練の対象を3倍に，その他の成人に対する職業訓練の対象を2倍に，技能検定職種を200にするという数値目標が掲げられた。この計画ではとくに，高校進学率の上昇にともなって新規学卒（技能）労働力の主な給源が中卒から高卒へとシフトしたことにより，高卒者への養成訓練の推進が課題として意識されていた。そしてそのことにより技能労働者需要を新規学卒者で充足することがむずかしくなることを踏まえ，既就業者や離転職者，女性労働力への向上訓練や能力再開発訓練，再訓練の強化をはかっていたことは重要であった。

## （5）低成長への移行と雇用保険法

　1973年のオイルショック以降，経済情勢は大きく変化していった。そのこと

はもちろん政府の能力開発政策に影響をおよぼさずにはおかない。74（昭和49）年，失業保険法に替えて「雇用保険法」が成立した。この転換においては失業者（求職者）への保険給付事業に加え，使用者負担の保険料を財源とするいわゆる「三事業」を並置した。つまり，「起こった失業」に対処する失業保険制度は，積極的労働市場政策のための機能を備えた多角的な社会保険制度へと衣替えしたのである。この「三事業」のひとつに「能力開発事業」がある。

能力開発事業では，まず，認定職業訓練を実施する事業に対する助成を拡大した。さらに，雇用促進事業団により運営される職業訓練短期大学校と技能開発センターを設置した。また，休職者と退職予定者に対する職業講習と職業適応訓練を実施し，在職者に対する有給教育訓練休暇を促進した。さらに在職者の職業訓練の費用を助成したり，従業員を所定内労働時間内に有給で公共職業訓練所に派遣する事業者に対する奨励金を支給した。

こうした新制度は，先に改正された職業訓練法による制度の枠内で，教育訓練施策に対する雇用保険財源による財政的支援を強化するという役割を担ったと理解しうる。しかし，労働者を有給で公共職業訓練機関に派遣する使用者への助成は，まもなく認定職業訓練校への助成にまで拡大され，事実上大企業への助成給付という性格をもったことなど，評価のむずかしい問題も残した。

もっとも，雇用保険法に基づく能力開発事業がめざしたことは，ある意味でこの時代の職業訓練政策の大きく変化しつつあった課題を端的に表現している。つまり，企業の雇用調整と技術革新が進展し，労働需要が総じて減退しつつ需要の質的変化が起こるなかで，中高年を中心とする離職者の転職をいかにスムーズに果たすかという1950年代末から引きずっていた問題が，喫緊の課題として増幅されて再浮上したことである。1977（昭和52）年の特定不況業種離職者臨時措置法，翌年の特定不況地域離職者臨時措置法が，ともに離職者に対する職業訓練を重要な対策として規定していたことにもそれはあらわれていた。

1975年の訓練定員をみよう。都道府県と雇用促進事業団による訓練をあわせて，養成訓練において6万1120人，能力再開発訓練において7万6480人，向上訓練では6万7220人，合計で約20万5000人の訓練定員を用意した［逆瀬川 2003］。

### (6) 職業訓練法の1978年改正

　そうした状況にあわせて、職業訓練法は1978（昭和53）年に再び大きな改正を受ける。この改正ではまず、第1条の目的において、先立つ職業訓練法では「技能労働者」とされていた政策対象を「労働者」とした。そして第3条では「職業訓練及び技能検定は、労働者各人の希望、適性、職業経験等の条件に応じつつ雇用及び産業の動向、技術の進歩、産業構造の変動等に即応できるものであって、その職業生活の全期間にわたって段階的かつ体系的に行われることを、また、技能検定は、職業に必要な能力についてその到達した段階ごとの評価が適正に行われることを基本理念とする」と謳った。つまり、もはや対象を技能労働者に限らず、ホワイトカラーやサービス産業労働者をも含めた総合的な能力開発政策を規定する法律であることを自ら明らかにしている。さらに、生涯職業訓練・生涯技能評価の理念をいっそう明確にしつつ、既存の労働力の再訓練と活用を、場合によっては第二次産業から第三次産業への再配置をも視野に入れて構想していたのである。

　また、職業訓練と技能検定にあたって、事業主、国および都道府県の責任と役割を明確に規定した。同時に、「労働者は、次に掲げる職業訓練その他多様な職業訓練を受けることができるように、職業訓練を受ける機会の確保について、事業主並びに国及び都道府県が行う職業訓練に関する措置を通じて配慮されるものとする」（第8条）と定めた。「次に掲げる職業訓練その他多様な職業訓練」は、すでにある企業内および公共職業訓練そのもののほか、事実上、最低限の内実をもつあらゆる職業訓練施策を包括している。それは次のような施策によって具体化された。すなわち、それまで認定職業訓練に限られていた国による助成対象訓練の条件を大きく緩和し、企業による職業訓練・能力開発が別の民間の教育訓練機関を利用することを可能にした。そして、国や都道府県が行う公共職業訓練を専修学校、各種学校へと委託することも可能にした（第9条、第30条など）。

　つまり、1978年の職業訓練法では、訓練対象を拡大し、主に再訓練や職種転換訓練を強化することで既存の労働力の生涯にわたる訓練を求め、そのための責任主体とその役割を明確にした。しかし、その具体化のためには公共職業訓

練自体の充実化というよりは、企業によって行われる訓練への助成の強化と民間資源の活用が重視されたのであった。そうした政策基調は、主として大企業において当時進行していたいわゆる内部市場型雇用調整と結びついたものでもあった。この基調を象徴するかのように1979年には「中央職業能力開発協会」が設立され、そのもとで、各都道府県に既存の職業訓練法人と技能検定協会を統合した「都道府県職業能力開発協会」が配置された。その役割は、民間事業主のもとで行われる職業訓練を指導援助すること、そして技能検定制度を運営することであった。

### (１) 職業能力開発促進法（1905年）

1983年、時の臨時行政調査会答申に基づいて労働省職業訓練局は「職業能力開発局」に改組された。産業構造の変化と技術革新の進展、高齢化社会への移行を踏まえて能力開発の高度化、専門化をはかることが、その目的とされた。職業能力開発局は、２つの重要な研究会、すなわち「公共職業訓練のあり方等研究会」と「企業内教育研究会」における検討を経て、さらに中央職業訓練審議会答申に基づき、職業訓練法の改正作業を担当した。改正案は、法律の名称を「職業能力開発促進法」とした。同改正法は85（昭和60）年５月に成立する。

この新しい法律は、1978年の職業訓練法ですでに明確になっていた、企業内教育訓練を基軸にし、政府がそれを補完するという方向性をさらに推し進めるという性格をもっていたということができる。そのことを象徴するのが「職業能力開発の促進」と題された第３章の構成である。「事業主等の行う職業能力開発の措置」を第１節におき、「国及び都道府県等による職業訓練の実施等」を第２節とし、「事業主等の行う職業訓練の認定等」を第３節とした。

ここからも理解されるように、新法は職業訓練法の抜本的改正というよりは、既定路線の継承発展を基調とした改訂の域を出るものではなかった。第３条において「生涯教育訓練の明確化」を規定しているのは従前と変わらない。ただ、同じ第３条で「訓練を受ける労働者の自発的な職業能力の開発向上のための努力」を助成、配慮することが義務づけられている点には、一定の新しさ

がある。しかし，続く第4条以下で，事業主による職業訓練の自主的運営と，国や都道府県による事業主訓練へのサポートを定めている点は，依然として旧法の枠を出るものではない。

　第3章に盛り込まれた「事業主等の行う職業能力開発の措置」は，すでに民間企業レベルでは常識に類していたさまざまな訓練制度を含め，現状追認的なまでに総花的に整理したものである。事業主の行う訓練についてはOJT，Off-JTに並べて公共職業能力開発施設のほか，他の者の設置する訓練施設による職業訓練を受けさせることを含めている（第9条）。これらの訓練が省令に定められた基準を満たせば「認定職業訓練」としての認定を受ける仕組みも維持されている（第24条）。また，有給教育訓練休暇・長期教育訓練休暇の付与，職業訓練とその援助に関する計画策定，労働者に対する相談指導を行う職業能力開発推進者の選任などが奨励，または努力義務化されている（第10条，第12条ほか）。それらについて，国と都道府県によるさまざまな援助や助成があわせて規定されていることはいうまでもない。

　「国及び都道府県等による職業訓練の実施等」は第3章第2節に規定される。職業能力開発校，職業能力開発短期大学校，職業能力開発大学校，職業能力開発促進センター，障害者職業能力開発校の5種を，国と都道府県によって設置・運営される「公共職業能力開発施設」とした。

### （8）第四次職業能力開発基本計画

　職業能力開発促進法の成立を受けて，第四次職業能力開発基本計画が策定されたのは1986（昭和61）年である。その基本計画の性格を理解するうえで重要な手がかりとして「学習企業」論をおさえておこう。

　先述した「企業内教育研究会」が1984年11月に発表した報告書である「新時代の企業内職業能力開発の課題と方向──新しい『学習企業』をめざして」では，「環境条件の変化」として次の点を挙げている。すなわち，「ME化等技術革新の進展による必要な職業能力の変容」，その「進展の中での中小企業の存立基盤の変容」，「高齢化によるキャリアパターンの変容と中高年齢者のモラールの確保」，「サービス経済化による職業能力開発領域の拡大と変容」，「女

子の就業パターンの変化」,「技術移転のための指導技法の不備」(同報告書 pp.7-12)。こうした状況変化への対応として打ち出されたコンセプトが「新時代に求められる職業人を積極的に育成する新しい」「学習企業」(p.17) であった。この状況認識とその対応としての「学習企業」化コンセプト自体はよく整理されたものであったとしても,その内容が OJT の強化と Off-JT による補完,労働者の自己啓発の促進,中高年労働者や女性労働者を視野に入れた生涯訓練の展開,企業による公的支援の活用などである限り,ことさら方針として「新しい」とはいえない。むしろこの報告の意義は,当時の企業内教育訓練が意識した課題を再確認し,公共の職業能力開発政策にその反映を求めたものであったという点にあろう。

　だから,政府の第四次職業能力基本計画が,そうした企業内教育訓練の側からのロジックを基本的には追認し,職業能力開発促進法に則って,その基本施策の中心に「学習企業」の育成を据え,公共職業能力開発施設によってそれを補完し,労働者の自己啓発を促進することとしたのはある意味ではみやすいことであった。この流れに基づいて,具体的には次のような施策がとられた。1986年,企業に対する能力開発給付金・自己啓発助成給付金をより充実化させ,事業内訓練への助成,訓練派遣への補助,訓練を受ける労働者への賃金の補助を強化した。とくに中小企業に対しては,中小企業団体能力開発推進事業助成金制度,中小企業事業転換等能力開発給付金制度を導入した。依然として,必要な向上訓練にせよ,職種や事業の転換訓練にせよ,自己啓発の称揚という路線を認めながら,助成対象の中心はその労働者を雇う企業なのであった。1980年代には諸外国から日本的雇用システムへの注目が集まり,「学習企業」論としてまとめられるような日本の大企業の能力開発方針を相対化する契機に乏しかったという点も重要である。節を改めて,近年の動向を整理する。なおそれに先だって,歴史的経緯を整理する最後に教育政策の役割をまとめておこう。

## (9) 教育制度の動向
(1)戦後中等教育の整備と理工・技術教育

これまで述べてきた旧労働省・厚生労働省の職業訓練・能力開発政策と並んで注目すべきなのは，旧文部省・文部科学省による教育政策の動向である。新規学卒採用を理念化してきた日本の雇用システムにとって，毎年労働市場に参入する学卒者の質と量は重要な与件となる。労働省の能力開発政策も，実は初等中等教育や高等教育の制度とその成果あるいは限界を前提に実施されるという関係にある。

　終戦直後の学制改革についてはすでに述べた。義務化された新制の中等教育では，従来の「職業科」を「職業・家庭」とし，普通教育の必修教科の中に最も基礎的な「技術教育」をおいた。高度経済成長期に高等学校進学率が急上昇するまでは，この新制中学校でかなりの程度の普遍的なカリキュラムをもつ普通教育を受けた卒業生が，ブルーカラーの給源となる。

　新制高等学校は，戦前の旧制高等学校ではなく，事実上は旧制の中等学校を継承するものとして再編された。1948（昭和23）年の「高等学校設置基準」によって，高等学校における学科は「普通科」と「専門科」とに区分され，後者が現在にいたる各種実業高校の制度的な根拠となっている。51（昭和26）年の産業教育振興法の制定や，経済成長，科学技術の発展に資する実業教育を求める答申や世論も与って，後期中等教育課程において産業教育を担う実業高校の役割は徐々に高まった。普通科についで商業科は以後，下級ホワイトカラーの給源として機能した。工業高校は一部大企業の養成工制度とも競合しながら，一定の素養を備えたブルーカラーを供給した。

　高度経済成長が始まって以降，たびたびの長期経済計画は「科学技術の振興」と「人的能力の向上」を，表現を変えながら掲げ，教育政策にその役割を託した。なおこの時期，有名な「国民所得倍増計画」は「小中学校，高等学校の学級規模の改善」と並置して「科学技術教育の見地からみた理科教育の拡充と施設設備の充実」，「高等学校および産業教育の拡充と整備」を課題として挙げている。そのなかで「本計画期間中に普通課程生徒数と職業課程生徒数の現在の割合4：6を，45年に5：5にすべきである」としながら，「なお普通課程において技術教育を強化することが期待される」という［経済審議会編1960］。これは両課程を対立的に捉えているというよりは，進学者総数が拡大

するなかで，産業構造を高度化させつつ，修了者の明確なコース分けを意図したものだったといえるだろう。いわゆる「中堅産業人養成」の方針である。その後，高等学校進学率がさらに上昇すると，より多様な適性や水準の入学者に対応するため，必修科目の削減，理数系科目・語学系科目の増設，職業系科目の充実化をはかった。

　高等教育については，戦後，新制大学の整備や短期大学の制度化が進められたが，とくに理工系分野での拡充が意識的に進められてきたことが大きい。これは，高度経済成長を迎え高等教育課程で学んだ技術者の将来的な不足が意識されていたためである。また，1960年代に入ると，それまでどちらかというと全体としての大学の新設や定員拡大に慎重であった文部省が，社会的な要望の強まりを受けて私立大学を中心とする新設や定員拡大を容認する政策に転じた。さらに62年には，専門的職業人養成を謳う高等専門学校が設置された。

　(2) 1970年代以降の動向

　1970年代になると，事実上の高等学校全入時代に入る。この段階では後期中等教育の課題は，学力や適性のさらに多様になった入学者をそれぞれの志望する進路に適切に配分するという大きな困難を抱えた。たとえば，先立つ時代と異なり，この時代の高卒就職者はほぼ明確にブルーカラーとしてその初職を選ぶことになった。その困難な課題の意識化は次のようなところにも端的にみてとれる。「理科教育及び産業教育審議会答申」をも受けて78年に改訂された高等学校学習指導要領は，普通科においては「地域や学校の実態，生徒の進路・適性や興味・関心等を考慮し，必要に応じて，適切な職業に関する各教科・科目の履修について配慮するものとする。その際，勤労に関わる体験的な学習の機会の拡充についても留意するものとする」と定めている。また職業科についても，「生徒の実態を考慮し，職業に関する各教科・科目の履修を容易にするため特別な配慮が必要な場合には，各分野における基礎的又は中核的な科目を重点的に選択し，その内容については基礎的・基本的な事項が確実に身につくように取り扱」うよう述べている［文部省 1978］。高等学校レベルの教育を，その年齢の国民ほぼすべてに施しうるようになったことの意義は大きい。しかしその反面，高等学校教育の「大衆化」にともなって高等学校間や生徒間の格

差や内実の多様性に対処しなければならなくなったということである。こと改めて基礎教育の徹底や職業指導の充実が求められていたのは，こうした要請からであることに注意すべきである。

1976年からは，学校教育法改正と専修学校設置基準の設定を経て専修学校の専門課程（専門学校）が誕生し，新たな職業教育機関としての役割を果たすようになった。

1970年代の後半からの低成長への移行にともない，社会経済の各領域で新しい時代状況への対応が求められ，具体化されつつあった。日本経済の国際競争力を維持し向上させるため，技術革新と高付加価値生産に資する人材と労働力の育成に向けて，教育分野においても各界からの要望・提言は強まっていた。それらを受けて，「理科教育及び産業教育審議会」は，高等学校段階での職業教育について，基礎教育の重視と過度の専門分化の是正，学科構成の総合化，カリキュラムの多様化・柔軟化など（1976年答申），情報化・サービス経済化・バイオテクノロジー・新素材への教科的対応，職業教育における学校間・学科間・地域社会との連携，普通科における職業教育の充実化など（1985年答申）を積極的に答申し，それはたびたびの学習指導要領改訂に反映された［文部省 1986；1992］。

労働市場や雇用関係において評価される職業能力を，公教育はどのように付与しうるのかという議論は，この章での課題を超える。ここまで概観したような教育理念や制度の動向が，卒業者の質にどのような影響を与えたのかも，本来は検証されなければならない点である。しかし，後期中等教育（高等学校教育）は高等教育進学者，専修学校進学者，そして就職者に共通の基礎的素養を提供するという役割を果たしているということはいえる。また，高等学校職業科はさらに具体的な職能教育を担っている。つまり後期中等教育や高等教育は，若年労働者が労働市場に参入する初期条件を設定しているともいえる。その意味で，政府の能力開発政策全体のなかで，職業訓練政策と教育政策は密接な結びつきをもっている。

## 2 近年の動向

### (1)「個人主導型職業教育」への転換

　1980年代後半以降は，内部市場型雇用調整と正規従業員の長期雇用維持がもたらす労務コストの上昇が強く意識された時期であった。だからこそ，「雇用の流動化」という，実は戦後たびたび浮上してきた議論が再び現実味を帯びたものとなってきた。この時期の新しさは，「年功序列・終身雇用」と俗に整理される雇用システムの内実が実際に大きく揺らぎ始めたことにあった。

　そのようななかで1987（昭和62）年に経済企画庁が発表した『職業構造変革期の人材開発』では，「企業主導型職業教育」と「個人主導型職業教育」が並置された。そこでは依然として前者を中心に据えながらも，「ホワイトカラー化」・「プロフェッショナル化」の進展を想定し，産業や企業を超えた労働移動を促進するためには個人主導の能力開発を誘導する必要が説かれている。91（平成3）年の第五次職業能力開発基本計画も，企業内能力開発を補完するものとして，「自己啓発の促進」を政策目標として重視し始めた。

　1996（平成8）年度から始まる第六次計画ではさらにその性格は強まり，「計画の目標」においてはとうとうこう謳った。「新しい経済社会を支える基盤としての人材の育成等を推進するため，労働者，事業主，行政等の一体となった取組を積極的に展開することにより，あらゆる労働者がその職業生涯の全ての期間において『各人の個性を活かしつつ経済社会の変化に的確な対応を図る職業能力開発の実現』が図られることを目指す」。「取組」の主体を列記するにあたって，「労働者」が筆頭におかれている。「職業生涯の全ての期間」は特定企業における雇用期間にとどまらないであろうことは明白であり，「的確な対応」は労働者自身の責任をも求めているのも明らかである。そしてこの基調は，現行の職業能力開発政策へとそのまま流れ込んでゆく。現行制度の状況を整理する前に，次項において一点補足しておこう。

### （2）女性労働者の職業能力開発

　齋藤将のすぐれた整理［齋藤 1993］に依拠すれば，本章もまた次の領域に目配りしておくことを忘れてはならないであろう。それは，女性労働者に対する職業能力開発政策と心身障害者に対する職業能力開発政策である。このように「女性労働者」と「障害者」に対して補足的に言及すること自体がすでに問題性をはらんでいることも確かである。とはいえ，これまでの政府の能力開発政策体系そのものが，政策対象を設定する際に内在させていた問題ともいえるだろう。以下では女性労働者についての政策について，簡単に論点を指摘しておこう。心身障害者に対する政策は，紙幅と筆者の力量の限界から割愛せざるをえない点をお断りしておく。

　ともあれ，女性労働者について。職業訓練法も職業能力開発促進法も，そもそもその目的において対象労働者の性別を区別していない。憲法上の原則に照らして，それは当然のことである。しかし，これまで述べてきたように，日本の能力開発政策は企業内教育訓練・能力開発への依存と補完という基本的な性格をもってきた。そのことは事実上，能力開発政策が間接的にせよだれを対象にするのかという問題を，企業内の能力開発はだれを対象にするのかという企業の労務管理方針によって処理してきたことを意味する。とりわけ，OJT の重視という方針を採用する以上，OJT という能力開発の機会はその労働者の配置と担当職務に依存し，配置と担当職務はその企業の人事方針に規定される。

　1986（昭和61）年の男女雇用機会均等法（第9条）とそれに基づく省令は，新入社員研修，管理・監督者訓練，職種別研修などの Off-JT における差別的取り扱いを禁じた。ここに，両性の能力開発機会の均等を積極的に規定する法制度がようやく作られた。しかし，個々の労働者に対して形式的には性別によらない根拠で適用される人事方針自体は，均等法による規制を受けないことになる。同じ職務につく男女間に OJT 機会の差別的取り扱いがあってはならないが，間接差別の結果，男女間に事実上の能力開発機会の不均等があることは十分にありうることである。2006（平成18）年の均等法改正にあたって告知された「事業主が適切に対処するための指針」（厚生労働省告示第614号）では，改正

法第6条1号にいう「教育訓練」には「いわゆる『オン・ザ・ジョブ・トレーニング』」を含めるよう明記されている。このことは大きな進歩といえるが,なお間接差別の影響を排除できないという点で限界を残す。

また,1991(平成3)年制定のいわゆる育児休業・介護休業法は,現行第22条で,事業主が講ずべき措置として「育児休業又は介護休業をしている労働者の職業能力の開発及び向上に関して,必要な措置を講ずるよう努めなければならない」と定めている。これ自体はもちろん女性労働者のみを対象にしたものではないが,より女性に多くありうる休業期間がもたらす不利益を法的に緩和するために,能力開発に言及されているという点で重要ではある。

### (3) 職業能力開発行政の現状

現行の職業能力開発政策は,上述の職業能力開発促進法と2001(平成13)年に策定された「第七次職業能力開発基本計画」から06年の同「第八次基本計画」に引き継がれるなかで展開されている。職業能力開発促進法は制定後たびたび改正されているが,その詳細をここで追うことはしない。これまで整理してきた職業能力開発政策の帰結として,今日におけるその状況を整理しておこう。

(1)職業能力開発行政の機構と施設

厚生労働省の職業能力開発行政に関わる職業能力開発局以下の機構は**図表9-1**のようになっている。右端の各教育機関名称の脇にある数字は,全国に立地する当該機関の数である。独立行政法人雇用・能力開発機構は2002年に前述の雇用促進事業団が改組されて作られたもので,機構図にあるように,各都道府県と並んで公共職業訓練機関を運営している組織である。それに対して,中央職業能力開発協会と各都道府県職業能力開発協会は,民間における職業訓練を指導援助し,技能検定を運営するための組織であることはすでに述べたとおりである。

職業能力開発総合大学校(ポリテクユニバーシティ)と職業能力開発大学校(ポリテクカレッジ)は,学校教育法上の大学ではなく,前者の修了者は独立行政法人大学評価・学位授与機構により工学士の学位が与えられるが,後者の修

## 図表 9－1　職業能力開発行政の機構

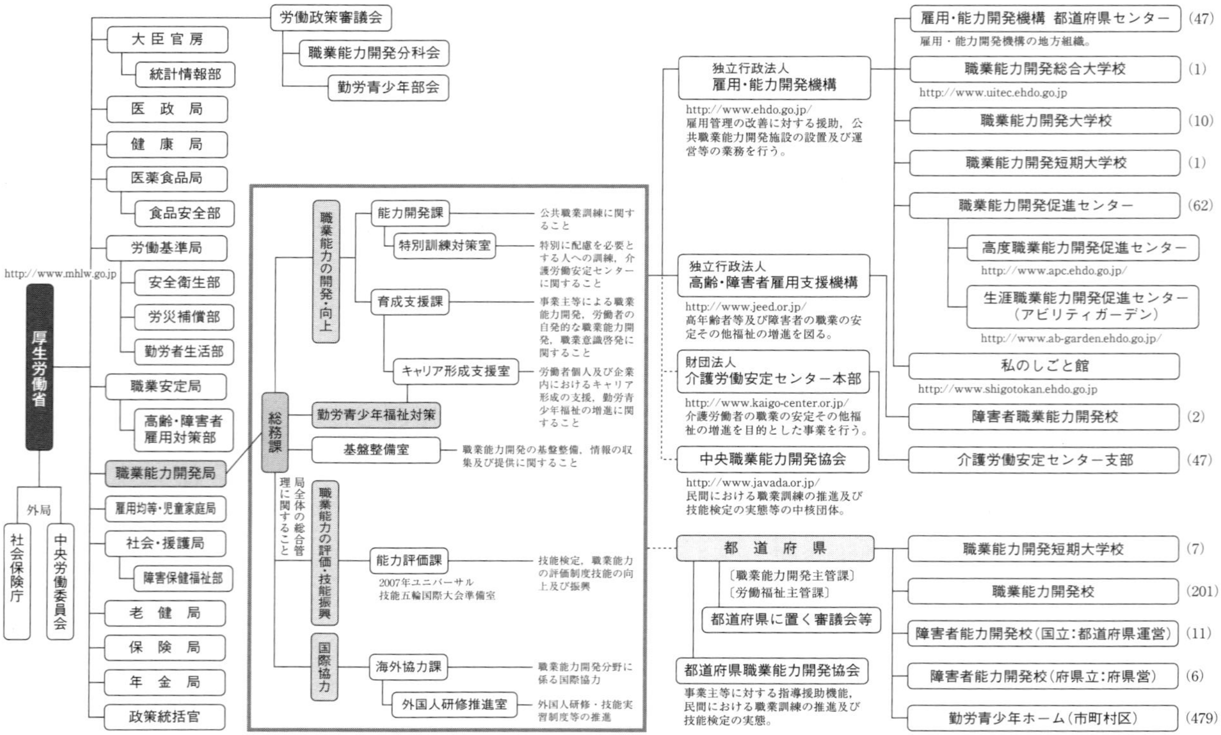

出所：厚生労働省ホームページ　職業能力開発情報「応援します　能力開発」http://www2.mhlw.go.jp/topics/seido/nouryoku/jinzai/dl/ouen17.pdf

了者の場合，学士号は与えられない。ともに，高校学校卒業（見込）者かそれと同等のものを対象にしている。前者はとくに職業能力開発促進法上の「職業訓練指導員」の教育のほか，各種システム工学における先端技術教育を担当している。後者は実践技術者（テクニシャン，エンジニア）教育を標榜しており，ともに修学年数は2－4年であり，専門課程（2年）と応用課程（2年）を積み上げるかたちになっている。職業能力開発短期大学校は2年間の専門課程のみをもつ。なお2－4年の在学者のほか，科目履修生制度や各種セミナーなど短期の職業訓練カリキュラムを併設して社会人に対する教育訓練をも行っている。また，企業に対して教育設備の開放や受託・共同研究を受け付けたりしている。

職業能力開発促進センター（ポリテクセンター）は，上記大学校とは異なり，在職者への能力開発セミナーや求職者への訓練コースを開設する，社会人を対象とする訓練機関で，製造業，建設業，福祉産業のほかホワイトカラー職種の訓練などを行う。全国62ヶ所に配置され，その地域の「職業能力開発の総合センター」という位置づけである。

そのうちで，在職・離職ホワイトカラーを対象に能力開発を行うのが「生涯職業能力開発促進センター（アビリティガーデン）で，東京都墨田区にある。産業団体や企業に対する能力開発コースの開発，その他の支援業務も行う。また，ポリテクセンターのなかでもとくに高度な技術教育を行うのが「高度職業能力開発促進センター（高度ポリテクセンター）」である。千葉県千葉市に所在しているが，全国向けの施設である。

都道府県（もしくは市町村）が運営する公共職業訓練施設のうち，最も一般的なものが「職業能力開発校」である。学卒者のほか，離転職者，在職者を含め多様な層に対する職業訓練を担っている。技術専門校という名称をもつものが多い。そのほか，国と都道府県が運営する障害者能力開発校も，その独自な意義をもっている。

訓練定員の面からみると，1970年代半ばから2000年代にいたるまで，養成訓練生は6万人台から3万人台後半へと半減しながら，能力再開発訓練と向上訓練の定員合計は14万人台から40万人超へと増加してきた。とくに，雇用促進事

業団と雇用・能力開発機構による向上訓練の定員数は1980年を境に急速に拡大する。能力開発政策の課題のシフトが端的にみてとれよう。

技能検定制度は2005年度においては合計137職種の各等級合計で約56万名が申請し，約22万名が合格している。合格率は37.6％である。1959年度から2005年までの累計で約352万名が合格し，「技能士」として公証を受けている（厚生労働省職業能力開発局調べ）。

(2)さまざまなプログラム

職業訓練・能力開発政策は，直接の公共職業訓練，企業が行う訓練への認定・助成・支援，個人の訓練に対する助成・支援といった諸形態をとりながら，これまでさまざまな施策を打ち出してきた。その中心課題は，高度経済成長期の労働力不足に対処することから，徐々に技術革新と構造転換にともなう労働力の質的なミスマッチの緩和と中高年のエンプロイアビリティ保護へと移り，近年では新たに若年層の相対的高失業率への対策も付け加わっている。政策理念と施策の傾向としては，雇用のさらなる流動化を踏まえて（あるいは場合によってはそれをめざして）「生涯訓練」と労働者個人による自己啓発や能力開発の奨励といった性格を強めてきている。その傾向のなかで，現在用意されているさまざまな職業訓練・能力開発プログラムにはどのようなものがあるのか，それをまとめておこう。

2003（平成15）年，政府は「若者自立・挑戦プラン」を策定する。またその２年後には「若者人間力強化プロジェクト」を立ち上げた。その名称からして，これら「若者対策」が「ともあれ若者が頑張れ」という方向性をもっていることは明らかである。前者のプランは厚生労働省レベルで「日本版デュアルシステムの拡充」，「若者向けキャリアコンサルタントの養成・普及の推進」，「学卒，若年者向けの実践的能力評価・公証の仕組みの整備」として具体化されている。後者のプロジェクトは「若者自立塾の創設」，「ヤングジョブスポットの見直し等による若年者への働きかけの強化」，「就職基礎能力速成講座の実施」そして「ものづくり立国の推進」が，その内容として謳われる。これらのなかでとくに「日本版デュアルシステムの拡充」は，2005年度に102億円の予算が措置されていて，せいぜい２億円から10億円弱の予算が用意されているに

第9章　能力開発政策

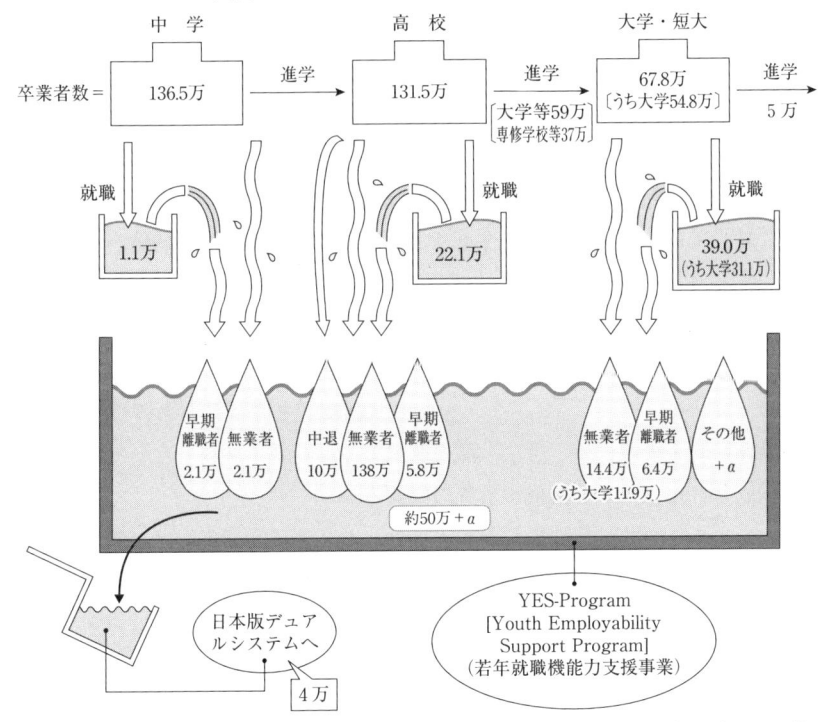

## 図表9-2　若年労働者問題の構造と大きさ

中　学　　　　　　　　高　校　　　　　　　大学・短大

卒業者数＝　136.5万　→進学→　131.5万　→進学→　67.8万　→進学→　5万
　　　　　　　　　　　　　　　　　　　〔大学等59万　　〔うち大学54.8万〕
　　　　　　　　　　　　　　　　　　　　専修学校等37万〕

就職　1.1万　　　　　就職　22.1万　　　　就職　39.0万（うち大学31.1万）

早期離職者 2.1万／無業者 2.1万／中退 10万／無業者 13.8万／早期離職者 5.8万／無業者 14.4万／早期離職者 6.4万（うち大学11.9万）／その他 +α

約50万＋α

日本版デュアルシステムへ　4万

YES-Program
[Youth Employability Support Program]
（若年就職機能能力支援事業）

注：1　無業者：卒業時に進路未決定の者（文部科学省「学校基本調査」において学校卒業後の進路について就職・進学等でない者）
　　2　早期離職者：〈就職者数〉×〈1年以内離職率（※）〉より推計。（※中学48％，高校26％，短大19％，大学16％）厚生労働省調べ（平成12年度卒業者について）
　　3　早期離職者以外の数字はすべて文部科学省「学校基本調査」により，厚生労働省職業能力開発局にて再構成。
出所：厚生労働省職業能力開発局『若年者の就職能力に関する実態調査』（厚生労働省発表　2004年1月29日）より（http://www.mhlw.go.jp/oudou/2004/010129-3.html）

すぎない他の施策に比べ，その位置づけは相対的に高い。文部科学省と厚生労働省の連携のもとで，高校在学生，高卒未就職者，無業者，フリーターを対象に，たとえば「週3日は教育訓練機関で座学，週2日は企業で学習」させる仕組みであるという。2004年度の実施状況では，標準5ヶ月の短期訓練では全国において2万3000人が受講した。1－2年の長期訓練については全国で約9000人ほどである（2005年11月29日，厚生労働省発表「『日本版デュアルシステムの今後のあ

り方についての研究会』報告書について」)。

　図表9-2は，厚生労働省が認識する「若年労働者問題」の構造と大きさを示すものである。図中の「日本版デュアルシステム」の「ひしゃく」によって4万人がすくい取られていることになっているが，これは2000年度の数値である。

　とくに若年者向けではなく，すでに就職している労働者や中高年を含めた求職者に対しては，都道府県の「キャリア形成支援コーナー」や各地ハローワークで「キャリア・コンサルティング」を実施し，「能力開発プログラム」作成の支援や各種情報提供を行うほか，教育訓練給付制度を設けている。その支給実績は，1999年3月から2006年3月までの期間に約195万人に対して約2738億円となっている。また，「ビジネスキャリア制度」と呼ばれるものは，ホワイトカラーについて「人事・労務・能力開発」や「経理・財務」といった分野ごとに編成されたコースを提供するものである。

　以上のような公共職業訓練の訓練実績は，たとえば2002年には，離職者訓練については42万人（うち委託訓練33万人），在職者訓練については20万人，学卒者訓練3万人，合計で65万人となっており，必ずしも十分な数とはいえない。しかし，同じ年についてみた厚生労働省職業能力開発局の，公共職業訓練についての「平成15年度実績評価書」(http://www.mhlw.go.jp/wp/seisakuigyou/03jisseki/5-1-4.html) によれば，「予算編成上の想定受講者数に対する実際の受講者数の割合」でみた計画達成率は全体で67.6％である。このことを考え合わせれば，施策と予算そのものが不十分であるという評価だけでは公正さを欠くだろう。

## 3　これからの課題

### (1) 中小企業や地域企業との連携強化

　最後に，ごく簡潔にではあるが，今後の職業訓練・能力開発政策が果たすべき役割や課題について，大きく3点にまとめておこう。もちろん，その「役割」や「課題」はこれにとどまらない。しかし，とくに喫緊の課題は以下のよ

うなものと本章では考える。

　まず，木村保茂らが積極的に展望するように［木村・永田 2005］，これまで大企業に比べて従業員教育の資源に相対的に恵まれなかった地域の中小企業に対する能力開発への支援において，公共職業訓練の果たすべき役割はこれまで以上に大きいといえるだろう。大企業における企業内教育訓練に課題や困難がないとは決していえない。しかし，これまで「認定職業訓練制度」とさまざまな助成制度のもとで公式・非公式の能力開発システムを構築する余地と力量に恵まれていたのは，やはり大企業であった。本章冒頭で述べたように，政府による職業訓練・能力開発政策が重要な労働力政策であり，不可欠の社会政策の一領域である限り，中小企業の活力を維持向上させる手段として公共職業訓練政策を重視する立場は重要であろう。

### （2）能力と評価のポータビリティの可能性

　今日，日本の雇用システムは大きな揺らぎを経験していることは疑いえない。そのとき，本章の限られた紙幅で「長期勤続＋企業内能力開発」というこれまでの理念的スタイルを維持すべきか否かを論じることはできない。しかし，日本における労働者の「職能」についての古くて新しい論点，すなわち「職能評価の社会的通用性（ポータビリティ）」の可能性については，その論点の重要性が再浮上していることを指摘しておこう。

　政府による技能検定制度は，全面的なものではないにせよ「労働市場の流動化」と，「生涯職業訓練」という2つの大きな政策基調の軸として発展を期待されてきた。しかし結果的には，政府による技能検定がそれほど大きな存在感を示してきたとはいえない。個別企業においては国家技能検定を教育訓練の目標として利用することはあっても，それが労働者の転職において特別有利に働くような社会的な資格として認知されることが少なかったからである。そしてその資格は，労働市場において一定の処遇を約束するようなものでもなかった。日本における多くの雇用労働の労働条件は，職種とその資格に応じて社会的横断的に規定されるよりは，個別企業ごとの従業員身分に応じて規定される部分が強かったからである。

ところが，日本の雇用システムが変容しつつある今，特定企業における正規従業員身分を安定的に保障される従業員層がさらに圧縮されつつある。労働者に蓄積された職業能力は，事実上ポータブルなものとならざるをえなくなりつつあるにもかかわらず，依然としてそれを正当に評価して労働者の職能ラベルとして認知するシステムを，わが国ではもっていない。先にみてきたように，日本における職業能力開発のための諸法は，企業内教育訓練の自律性と機動性とを利用し，それをサポートすることに力を注いできた反面，特定企業との雇用から相対的に独立した局面における労働者の能力開発と評価の体系整備には，もちろん無関心ではなかったが，相対的にはおよび腰であった。そのことは，昨今の「団塊の世代大量退職」問題の「把握のされ方」自体とも決して無関係ではないだろう。件の大量退職は企業や事業所内での能力の継承問題としてのみ注目されているが，それは同時に「団塊の世代の職能大量浮遊」問題でもあるはずだ。

　この問題をむずかしくしている事情のひとつに，既存の労働者の職能ラベルである「資格」制度が有効に機能していないという点がある。国家が認定する「資格」に限ってみても，そこには産業・職業分野ごとに所轄官庁が縦割り区分されていることからくる，資格の縦割り状況がある。旧労働省系の資格のほか，たとえば，ホワイトカラーの仕事に関わりの深い職業分野では経済産業省が，医療や福祉分野では厚生労働省が，教育や文化の領域には文部科学省が，建築や運輸の分野では国土交通省が，それぞれ独自の国家認定資格制度を運営している。産業分野ごとに所轄官庁が分立していること自体の是非はここでは論じないが，こうした状況のもとでは，政府が統一的な能力開発と能力評価のための政策を推進するうえでの制約が大きい。

### （3）現代の低賃金労働者対策として

　いま，勤労者の間で近年拡大しつつある所得や雇用の安定性における格差を問題視する立場をとるなら，政府による職業訓練・能力開発政策にとっての最大の課題は自ずと明らかである。さまざまなかたちの非正規従業員を中心とする，不安定で低賃金の雇用をつないで暮らしている労働者が，今以上の不利益

第9章　能力開発政策

◀コラム❾「早くお嫁さんになって辞めたい」▶

　学校教育法の第82条の二以下で定められる「専修学校」は，2007（平成19）年度には3435校あり，そのうち「専門課程」をおく，いわゆる「専門学校」は2995校，学生数は62万7000人で，入学者は28万2000人でした（「平成19年度学校基本調査速報」）／。この年の高等学校卒業者のうち，専門学校への進学率は16.8％。大学・短期大学への進学者は50.8％，就職者は18.5％ですから，大勢ではないものの決して少なくない若者が専門学校において働く能力を学んでいることになります。
　どんな専門学校であるのかにも大きく依存するのでしょうが，私の知るある介護福祉の専門学校では，ほとんどが女性であるその学生たちは総じて明るく勉強熱心で人なつっこく心暖かです。さしあたりの目標である介護福祉士と社会福祉主事の資格取得率と就職率はきわめて高い学校です。毎年80名前後の卒業生のほとんどが，地域の社会福祉の現場へと巣立っていきます。彼女ら彼らの職業人生に幸多かれと祈ります。
　しかし，考えさせられるのはここから。常勤の先生からうかがったところによると，かなりの卒業生が5年ほどのうちに何らかの理由で離退職してしまうのだそうです。入学金と2年間の納付金の合計は150万円。高卒で就職した場合の機会費用を含めると，個人的にもかなりのコストをかけてその資格は取得されています。そしてこれは社会的にみても惜しいことです。設立がそれほど古くないので，いわゆる「M字型カーブ」が再び上昇し始めるあたりの年齢層の卒業生がまだいないこともあって即断はできませんが，訓練された介護マンパワーの職能が短期的にしか発揮されないということになれば，それは大きな損失です。すでによく知られているはずの仕事のきつさや労働条件の恵まれなさに耐えられないのは本人たちの責任？退職しても身近な家族の介護の際に役立つだろうから無駄ではない？そうではないと思います。これほど真摯でしかるべき資格をもった働き手たちが，介護の現場で望まれて，そして無理なく働き続けることのできる条件を作りえていない社会にこそ，問題があります。その条件には，本章でふれた職業の「資格」とその正当な「評価」の問題も大きく関わっています。「民間の活力」もさることながら，資格の評価とそれに結びついた処遇の確保は，政府による確かな制度管理を必要とするでしょう。それなくしては，「早くお嫁さんになって辞めたいです」と屈託なく話す彼女たちを決して嗤うことはできないはずです。

を被らないよう，その職業訓練・能力開発の途を十分に用意することである。具体的な政策手段や実施主体については数多くのオプションが考えられるし，それと同じくらい数多くの批判や慎重論も考えられるだろう。訓練機会や能力開発プログラムはすでに用意されているのに，それに応じない労働者側にも責任があるという意見さえありうる。
　また逆に，雇用労働における格差の原因を，労働者側の能力ないしは能力開

発機会の不足や欠如に求めるというスタンス自体に問題があるという正当な批判もある。それは，労働力需要側の要因をおいて労働者の能力開発をすれば事態は改善するのかという，より本質的で正しい問いである。

しかし，ある労働者がそれまでの人生において自己に投資する教育訓練費用を負担できなかったこと，労働市場に参入した後にもその機会と余裕に恵まれないワーキング・プアに対して現状の処遇を宿命化することは，社会政策的文脈で職業訓練・能力開発政策を考える立場からは許されない。能力開発の機会を欠きながら，驚くべき低所得で暮らす人々に対しては，所得保障とセットにした能力開発プログラムが用意されなければならないだろう。日本の民間企業に蓄積された教育訓練・能力開発のノウハウや資源を動員することに制約があるならば，そこには「公共職業訓練」が機能すべき，その名にふさわしい領域がある。もちろん，これまでの長い経緯からして，それは簡単な課題ではない。本来若年労働者の職業能力を底上げするために主要な役割を果たすべき各地域の職業能力開発校が，当の若年労働者にとってあまり魅力的な訓練機関になりえていないという問題が依然として横たわる。前述の中小企業との連携の可能性とも関わる点ではあるが，職業能力開発校のコース設定やカリキュラム構成を，より地域や産業の今日的なニーズに則したものにしていく必要はあろう。その工夫は不可能ではないし，実際に現実のものとなりつつある。

【参考文献】（法律条文，指針，基本計画については省略）
木村保茂・永田萬享（2005）『転換期の人材育成システム』学文社
経済審議会編（1960）『国民所得倍増計画』
厚生労働省『厚生労働白書』各年度版
厚生労働省ホームページ　職業能力開発情報「応援します　能力開発」（http://www2.mhlw.go.jp/topics/seido/nouryoku/jinzai/dl/ouen17.pdf）
雇用促進事業団職業訓練研究センター・企業内教育研究会（1986）「新時代の企業内職業能力開発の課題と方向――新しい『学習企業』をめざして」雇用促進事業団職業訓練研究センター編『これからの職業能力開発の課題と方向――新しい「学習企業」をめざして』
雇用・能力開発機構ホームページ（http://www.ehdo.go.jp/）
齋藤将（1993）『職業能力開発法体系』酒井書店

逆瀬川潔（2003）「職業訓練の変遷と課題」『帝京経済学研究』第37巻第1・2号合併号（https://appsv.main.teikyo-u.ac.jp/tosho/ksakasegawa52.pdf）
隅谷三喜男・古賀比呂志（1978）『日本職業訓練発展史』日本労働協会
中央職業能力開発協会（1989）『中央職業能力開発協会十年史1・2』
中央職業能力開発協会ホームページ（http://www.javada.or.jp/）
法政大学大原社会問題研究所『日本労働年鑑』各年版，旬報社。また，大原デジタルライブラリー（http://oohara.mt.tama.hosei.ac.jp/rnndex.html）。
文部省（現文部科学省）（1972）『学制百年史』帝国地方行政学会
文部省（現文部科学省）（1978）「高等学校学習指導要領」
文部省（現文部科学省）（1986）『産業教育百年史』ぎょうせい
文部省（現文部科学省）（1992）『学制百二十年史』ぎょうせい
労働政策研究・研修機構（2006）『我が国の職業能力開発の現状と今後の方向』（労働政策研究報告書　No.53）

**注記**：公刊されている公文書以外から，文中に付記した部分を除いては直接引用はしていない。しかし本章第2節（2）において，女性労働者に対する職業訓練・能力開発について独立した項目設定をする点は齋藤将氏上掲書による示唆が大きい。本章第3節（1）における，中小企業や地域企業と公共職業訓練の連携の態様については，木村保茂・永田萬享両氏上掲書による報告を参考にした。また，各時代における訓練諸施策の訓練定員については，逆瀬川潔氏上掲稿におけるきわめて丹念な整理に負うところも大きい。以上をとくに注記しておく。

（熊沢　透）

# 第 10 章

# 労働運動

## はじめに——労働運動と社会政策

　労働運動は，労働者を労働組合に組織して経営者と団体交渉を行い，組合員の賃金や労働条件向上を追求する。これにより，経営者との関係で立場が不利である個々の労働者が勝ち取ることができなかった水準の賃金・労働条件の実現をはかる。労働運動は，企業あるいは産業レベルの労働者の経済的利害を代表するだけでなく，国家レベルで労働者全般の利害を代表する。すなわち，政府に対して労働者の権利（団結権などの労働基本権）の保障，経営者が守るべき労働条件や労働安全衛生の基準設定，労働者およびその家族の生活水準の維持・向上などを目的とした政策を要求する。

　社会政策は，賃金・労働条件や労働者の生活水準について基準設定や保障を行い，自由な市場競争に一定の規制を加えることを目的とした，国家によって実施される政策である。国家が社会政策を実施する目的は，労働者保護自体ではなく，労働力の「継続的・安定的な確保・掌握」の実現により資本主義経済の維持・発展をはかることであるといわれる。そのため，労働組合の関与がなければ，社会政策は経営者の利害をより強く反映したかたちで形成され，政策が設定する労働者保護はミニマムな水準に抑えられる傾向にある。それに対し，労働運動は政策要求運動を展開して政府に働きかけ，社会政策の制定の促進や，すでに制定された政策の内容を拡充する役割を担っている［小松 1993：27, 33, 101, 104］。

　本章は，日本の労働運動が第二次大戦後から現代までどのように展開したの

かを，社会政策との関連を考慮に入れながら分析する。本章の構成は以下のとおりである。第1節は，労働運動の政策志向の4つの類型を説明し，第2節-第5節で検討する労働運動の1940年代後半から80年代末までの歴史的展開の分析枠組みを示す。歴史的展開の検討は，1940年代後半（第2節），1950年代（第3節），1960年初め-70年代中頃（第4節），1970年代中頃-80年代末（第5節）という時期区分にそって行う。第6節は，1990年代以降の労働運動の展開，運動が直面している課題，および労働運動の新たな取り組みについて検討する。

# 1　労働運動の政策志向の類型化

### (1) 2つの次元に基づいた政策志向の分類

　労働運動の政策志向は，どのように分類することができるのか。比較労働運動・労使関係論の先行研究にヒントを得つつ，かつ戦後日本の労働運動の特徴を考慮して政策志向の類型化を試みる。政策志向は「政策追求方法」と「運動を行うレベル・要求の焦点」という2つの次元から分類される。

　第1の次元は，労働運動の「運動的」側面と「制度的」側面である。労働運動は，職場あるいは社会全体の労働者の地位向上をめざす社会運動のアクターであるとともに，労働組合と経営者（あるいは政府）の相互関係を規定するフォーマルまたはインフォーマルなルール（労使関係制度）におけるアクターでもある。労働運動が運動的側面を重視する場合，労働組合は組合員や支持者を集会や争議行為あるいは日常の闘争に動員して，経営者や政府などの交渉相手に圧力をかけて譲歩を引き出す。そのため，交渉相手との対立・緊張関係をともなう場合が多い。他方，労働運動の制度的側面が強い場合，労働組合は団体交渉や労使協議など交渉相手との取引を通じた妥協あるいは合意形成を重視する。また，交渉のプロセスはリーダー主導になるため，労働組合はボトムアップ＝動員型ではなく，トップダウン＝統制型の組織運営を行う傾向にある。

　第2の次元は，労働運動が活動するレベルである。労働運動が経済領域と政治領域でのアクターであることに対応して，前者を企業・産業レベル，後者を国家・社会レベルに分けて考えることができる。また，活動するレベルは労働

図表10-1　労働運動の政策志向の類型

|  |  | 主な政策追求方法 | |
|---|---|---|---|
|  |  | 運動的側面を重視：組合員の動員（交渉相手との対立，緊張関係をともなう） | 制度的側面を重視：組合と交渉相手のリーダー同士の取引（合意形成を重視） |
| 活動を行うレベルと要求の焦点 | 国家・社会レベル＝政治的要求 | ①政治闘争主義（アウトサイダーとしての政治主義） | ②政治的交換（インサイダーとしての政治主義） |
|  | 企業・産業レベル＝経済的要求 | ③戦闘的経済主義 | ④ビジネス・ユニオニズム，あるいは労使協調主義 |

注：類型化のため参考にした比較労働運動・労使関係論の先行研究は以下のとおりである。
　G. Marks (1989) は，アメリカ，ドイツ，イギリスの労働運動の事例に基づき運動が政治的志向，経済的志向をもつ条件を分析した。政治志向をもつ条件として，国家の労働運動に対する抑圧，および労働運動の発達によりその社会全体への影響が無視できなくなる状態（20世紀初頭の「組織革命」）を挙げた。また，特定の産業の労働組合が労働市場に「適応」している場合，その政策は経済的志向になるとした（他方，特定の産業の労働組合が労働市場に「適応」していない状況は，政治的志向を促進するとした）。図表10-1との関係では，①が国家の抑圧に起因する政治的志向，②が「組織革命」に起因する政治志向に対応する。Marksの意味する経済主義と，図表10-1の③と④は必ずしも対応しない。あえて関連性を考えると，労働市場に「適応」する程度が弱い場合，労働組合は③に近い経済的志向を，「適応」する程度が強い場合，④に近い経済的志向をとるとみることができる。
　R. Hyman (2001) は，ヨーロッパの労働運動の政策志向の理念型として階級闘争主義，社会統合主義，ビジネス・ユニオニズムを挙げた。図表10-1の①と③は階級闘争主義に，②は社会統合主義に，そして④はビジネス・ユニオニズムに対応する。
　L. Turner (1991) は，1970年代以降のアメリカ，ドイツ，日本，スウェーデンなどの労働運動の比較で，国家レベルと企業レベルの労使関係の結びつきに注目した。彼によると，企業レベルの労働組合が，国家レベルの社会的コーポラティズムや法的規制などで企業を超えた基盤（図表10-1の②に対応）をもたない場合，組合は企業の生産問題の政策決定過程に従属的に統合される傾向（④の労使協調主義に対応），あるいは政策決定過程から排除される傾向（④のビジネス・ユニオニズムに対応）にあると指摘する。他方，企業レベルの労働組合が企業を超えた制度的基盤をもつ場合，生産問題の政策決定過程に企業から独立した立場で参加できるとした。

運動の中心的要求と結びつき，企業・産業レベルの活動は経済的要求を，国家・社会レベルの活動は政治的要求を要求の焦点とする。社会政策との関連でみると，労働運動は国家・社会レベルで，政策の制定あるいは政策内容の充実を促進する機能をもつ。企業・産業レベルでは，労働組合は経営者と賃金や労働条件などについて交渉することで，経営者が社会政策を遵守して賃金や労働条件を定めることを確実にする機能をもつ。

### （2）労働運動の4つの政策志向

これらの2つの次元から，労働運動の政策志向の4つの類型を描き出すこと

ができる（**図表10-1**）。第1に，運動的側面を重視し，国家・社会レベルを活動領域とする「政治闘争主義」である。この類型の政策志向の文脈として，国家の労働運動に対する抑圧的政策，あるいは労働組合の存在を認めるものの十分な法的保護を与えない「消極的な承認」の状態を挙げることができる。また，労働運動が法認されたとしても政治体制のアウトサイダー，あるいは政治的領域においてマージナルな存在とみなされ，フォーマルなルートでの政策決定過程に対する影響力が限られていることも文脈として挙げることができる。労働運動がこのように「閉じられた」政治的機会構造のなかで政治的影響力を行使するためには，労働者をできるだけ大規模な大衆行動や争議行為（たとえばゼネスト）に動員することによって国家に対して圧力をかける必要がある。なお，労働運動の大規模な動員は，労働組合が組織力をもち，多くの組合員が労働者としての連帯意識を共有して政治的動員に呼応することを前提とする。

　第2の類型は，国家・社会レベルを活動領域とするものの，制度的側面を重視する「政治的交換」[1)]である。この政策志向をとる労働運動は，組合員の動員による対政府圧力よりも，組合リーダーと政治エリート間の交渉（政治的交換）による労働政策や社会政策の要求実現を重視する。政・労エリート間の交渉が成立するためには，労働運動が政治的領域で政府が無視できない程度の影響力をもつこと，あるいは政策決定過程のアクセス（多くの西欧諸国にみられるコーポラティズム的制度が典型）を通じて政治体制のインサイダーとして地位の確立が要求される。また，政治的交換が制度として定着するためには，労働運動側については労働組合の「政策実施能力」が問われる。すなわち，政府との交渉内容に一部の一般組合員の反対があったとしても，労働組合は内部統制を強めて政治的交換で政府と「約束」したことを実行しようとする。なお，労働運動が政治体制のインサイダーとして影響力を有効に発揮するためには，労働運動が市民社会において労働者の利害を広義に代表する重要なアクターであると認識されていることが求められる。

　第3の類型は，企業・産業レベルで争議や日常の職場活動などの組合員の動員に基づいた政策を重視する「戦闘的経済主義」である。この政策志向は，動員重視という側面で第1の類型の「政治闘争主義」とセットで追求される場合

が多い。しかし，後者が国家を相手に政治的課題を追求するのに対し，前者は経営者（あるいは経営者団体）を相手として賃金や労働条件など経済的課題を追求する。この政策志向を追求する労働組合は，職場活動家の指導のもと組合員を争議行為を含む大衆行動に動員し，その圧力により経営者から賃上げや労働条件の向上などの譲歩を引き出す。そのため，組合員は経営組織に強く統合されず，組合リーダーの動員の指令に呼応できる程度の組合意識をもつことが求められる。このような政策志向は，経営側の組合要求を拒否する強硬な姿勢，それに対する組合側の戦闘的なリアクションという対立的な労使関係を文脈とする場合が多い。

第4の類型は，企業・産業レベルで組合と経営者（あるいは経営者団体）の関係が制度化され，リーダー同士の経済的課題をめぐる交渉が重視されるビジネス・ユニオニズムあるいは労使協調主義である。ビジネス・ユニオニズムと労使協調主義は，労使間の「距離」の違いにより区別される。ビジネス・ユニオニズムはアメリカの労使関係で典型的にみられるが，労働組合は企業レベルで「ローカル」として組織されていても，経営側からは企業外部にある産業別組合の一部とみなされる。ローカルは経営者と交渉して賃金や労働条件を定めた労働協約を結び，組合員の苦情を協約に定められた方法で処理するかたちで組合を統制し，安定した労使関係の維持に貢献することを求められる。他方，労使協調主義をとる組合（日本の企業別組合が典型的な事例）は，経営者から同じ企業の構成員からなる企業内組織とみなされる。労使協調主義をとる組合は労使関係の基本的基盤を，労働協約に基づいた契約的関係よりも，より非契約的でインフォーマルな関係も含む労使間の「相互信頼関係」におき，企業内の従業員と経営者の利害の「すりあわせ」を通じ安定的な労使関係の維持をはかる。またこのような組合は，労使間の紛争を企業業績に悪影響を与えるとして回避するため，対組合員関係では動員を極力抑え統制を重視する。

このように類型化された労働運動の4つの政策志向は理念型であり，労働組合は実際には複数の政策志向を，矛盾をはらんだかたちでとる場合が多い（[Hyman 2001：4-5]を参照）。しかし日本の労働運動は，総評や同盟などの労働組合全国組織が政治的イデオロギーにそって分裂していたため，運動的，

**図表10-2　1950年代以降の日本の労働運動の政策志向の類型**（1950年代-80年代）

| | | 主な政策追求方法 | |
|---|---|---|---|
| | | 運動的側面を重視 | 制度的側面を重視 |
| 活動を行うレベルと要求の焦点 | 国家・社会レベル | ①総評主導の政治闘争（1950年代-70年代前半），公務部門の労働運動 | ②「社会契約的」運動，政策制度闘争（1970年代半ば以降） |
| | 企業・産業レベル（ただし企業レベルが中心） | ③春闘における産業別統一闘争，職場闘争・反合理化闘争 | ④相互信頼的労使関係（1960年代半ば以降の民間大企業の企業別組合） |

制度的側面を重視した政策志向が相対的に「純粋」なかたちでそれぞれの組織の政策に反映された。また，労働運動の法的枠組みが民間部門と公務部門で異なったため，部門による政策志向の違いも顕著であった。さらに，日本の労働運動は企業別組合を基本単位とし，経営者との交渉も企業レベルで行ったため，経済的要求を中心とした企業レベルの活動（企業別組合によって担われた）と政治的要求を中心とした企業を超えた国家・社会レベルの活動（全国組織によって担われた）が相対的に分離していた（**図表10-1**の①②と③④を分けるライン）。なお，労働運動の産業レベルの活動は，実質的に企業別組合の連絡・調整にとどまり，欧米のように企業レベルの活動が産業レベルの活動に従属することはなかった。

　以下では戦後日本の労働運動の展開を時期区分ごとに検討するが，それぞれの時期区分の労働運動の特徴，あるいは1つの時期区分から次の時期区分の特徴の変化は，**図表10-1**で類型化された4つの政策志向のバランスあるいはバランスの変化として捉えることができる。**図表10-2**は，**図表10-1**で類型化された政策志向を1950年代-80年代末の労働運動にあてはめたものである。政策志向の大きな流れをみると，全国組織や部門間で時期の違いがあるものの，国家・社会レベルでは政治闘争主義から政治的交換に（**図表10-2**①→②），企業レベルでは戦闘的経済主義から労使協調主義に（**図表10-2**③→④）移行した。すなわち運動的側面が弱まり，制度的側面が強まったのである。また，国家・社会レベルと企業レベルの活動の関係をみると，運動的側面が強かった時期は前者（**図表10-2**①）の後者（**図表10-2**③）に対する影響が強かった（たとえ

ば，賃上げを目的とした春闘が政治的要求と結びついて闘われた）。他方，制度的側面が強まると，後者（**図表10-2**④）が前者（**図表10-2**②）に影響を与える傾向が生まれた（たとえば，70年代後半以降の労働運動が政府の政策への発言を求める政策制度闘争は，労使協調主義路線をとる民間大企業の企業別組合を代表する産業別組織が政策推進労組会議に結集したことで強まった）。

## 2 戦後民主改革のもとでの労働運動[2)]

### （1）1940年代後半の政治的・経済的文脈

　労働運動にとって最も重要な政治的文脈は，GHQによる民主改革の一環として行われた労働組合の法認であった。1945年12月22日公布，46年3月1日に施行された労働組合法は，労働者が労働組合を結成し，経営者と団体交渉を行い，交渉が決裂した場合に争議を行う権利（労働三権：団結権，団体交渉権，争議権）を認めた日本で初めての法律であった。1946年秋に労使紛争調停手続きを定めた労働関係調整法が公布・施行され，労働委員会による斡旋・調停・仲裁制度が導入された。また，賃金，労働時間，安全衛生などの労働条件を規制の対象とする労働基準法が1947年4月に公布，同年11月に全面施行された。戦間期にも労働組合を法認する労働組合法案が内務省社会局を中心として作成され，1921年から31年の間に7回国会に上程されたが，経営者団体の激しい反対にあい成立することはなかった。そのため，労働組合は存在したものの（戦前最高の組織率は1931年の7.9％），これらの組合は経営者の反組合政策から保護されていなかった。戦後改革で導入された労働組合法をはじめとする労働法制は先進的な内容をもち，労働運動の法的環境を「一挙に先進資本主義の水準，あるいはそれ以上の水準に引き上げた」とされる［栗田 1994：52-53］。

　労働組合の法認を受けて，労働運動は急速に高揚した。しかし，占領軍は東西冷戦の開始を受け占領目的を民主化から経済復興に転換し，戦闘化した労働運動を抑圧する政策をとるようになった。マッカーサー書簡を受けて1948年7月に日本政府から出された政令201号は，公務員の争議権を禁止し，また協約締結権を奪うことで，団体交渉権に大幅な制限を加えた（ただし，国鉄などの政

府事業は公共事業体となり、そこで働く労働者の団体交渉権が認められた)。さらに、1949年6月に労働組合法が改正された。改正法は、組合の自主性を高める名目で「使用者の利益を代表するもの」を組合員から排除する条項や組合専従者に対する使用者の給与支払いを禁止する条項、そして労働協約の有効期間を3年以内に制限して協約の自動延長を禁止する条項を含んだ。その結果、多くの企業でこれまで組合員だった課長職が非組合員化され、また改正前に結ばれた有効期間の定めのない労働協約(その多くが組合側に有利なものであった)が経営側の申し出により解約された [兵藤 1997：82-83]。

　労働運動の経済的文脈として重要なのは、急速に進行するインフレーションにより賃金が物価水準に追いつかず、労働者などの給与生活者の生活が極度な窮乏状態に陥ったことであった。戦後初の「労働白書」といわれる『経済実相報告書』(1947年7月)によると、1937年と比較して家計費が60－70倍となったのに対し、製造業賃金の増加が23倍にとどまっていた。そのため、「飢餓賃金」を賃金の大幅増額で克服することが、急速に組織化が進んだ労働組合の要求の柱の1つとなった。

　占領軍が日本経済の復興のため指示した経済安定9原則、およびそれを具体化したドッジ公使による「ドッジ・ライン」(1949年3月)も、労働運動にとって重要な経済的文脈である。ドッジ・ラインは超均衡財政の編成と価格差補助金削減、復興金融金庫の新規貸出の停止、単一為替レートの設定などの政策を実施し、インフレの収束と企業合理化を促進した。ドッジ・ラインによる財政抑制により、行政機関や公共事業体は大量の人員削減(行政整理)を実施した。民間企業も、その多くが価格差補助金や復金融資に依存していたために厳しい状況におかれ、大量の人員削減をともなう企業整備を実施した。これらの公務および民間部門の人員削減対象者には、多くの左派系の組合活動家が含まれていたため、労働運動は大きな打撃を受けた。

### (2) 企業・事業所を単位とする労働組合の結成

　民主改革による政治的文脈の変化を受けて、労働組合の組織化は急速に進んだ。1945年末時点で509組合、約38万1000人が組合に組織されたが、この規模

は戦前の最大時に迫るものであった。その半年後（1946年6月）には，1万2000組合，368万人に達した。新たに結成された労働組合は，そのほとんどが事業所単位で組織された企業別あるいは事業所別組合であった（1企業1事業所の場合「企業別組合」，1企業に複数の事業所がある場合は「事業所組合」が組織された。以下では，これらの組合を「企業別組合」と呼ぶ）。企業別組合は，特定の企業・事業所で働く正規雇用の従業員を組織したが，多くの場合，職員と工員（すなわち，ホワイトカラーとブルーカラー）両方が同一の組合に属す「混合組合」であった。当初工員のみで組織された企業別組合も，その後混合組合に移行したものが多い［兵藤 1997：41-42］。また，企業別組合と並行して労働組合の産業別組織も組織されたが，これらは「企業別組合が任意で加盟あるいは脱退できる連合組織」という性格にとどまった［栗田 1994：56］。

　なぜ，欧米諸国のように産業あるいは職能でなく，企業あるいは事業所が戦後日本の労働組合の組織単位となったのだろうか。この理由についてはいくつかの説があるが，最も有力と思われるのは二村一夫の説である。欧米諸国には同じ職業につくものが企業を超えて団結する「クラフト・ユニオン」の伝統が労働運動の基盤として存在したが，日本の労働運動には同様な伝統が存在しなかった。そのため，労働者が「毎日顔を合わせ一緒に働いている」職場を基盤とした労働組合が，労働者によって「ごく自然に選ばれる形態」であったとされる［二村 1994］[3]。また，企業別組合が「ごく自然に選ばれる形態」であった歴史的背景として，工員層が抱いていた企業内の差別的な処遇に対する強い憤懣があった。多くの工員はこれまで企業内で低い身分におかれ，職員との間で賃金，昇進，労務管理あるいは福利厚生の内容で差別的な処遇を受けていた。戦後，工員層は彼らの経済的・社会的地位向上を，企業を超えた社会的レベルよりも企業内で追求することに関心をもった。すなわち，彼らはすでに社会的結びつきがある企業・事業所を基盤に組合を結成し，「工職身分格差の撤廃」を要求して企業内の処遇改善を追求したのである［二村 1994；Gordon 1993］。

　では，なぜ差別的処遇を受けていた工員が職員と一緒に企業別組合を結成したのだろうか。この問いに対しては，3つの理由が挙げられている。第1に，戦時期の産報運動（国家が産業報国会を通じて経営者と労働者を軍需生産に動員する

ために推進した運動）は，工員，職員，経営者とも戦争遂行という国家目標の前では平等な立場であるとするイデオロギーを強調し，同一企業の工員，職員，経営者を運動の一単位として組織した。このような産報運動のイデオロギーや組織形態が，戦後の「混合組合」結成を促進した要因であるとされる。第2に，インフレーションの急速な進行により職員層の賃金や労働条件が悪化したため，企業内の工員・職員層の処遇の差が縮まり，工員と職員の経済的利害が共通性をもつようになったことである。第3に，職員層の多くが占領政策のなかで強調された「民主化」イデオロギーを受け入れ，工員層と共同行動をとるとともに，新たに結成された企業別組合では主導的役割を担ったことである。

### (3) 生産管理闘争と経営協議会による経営権への挑戦

このように企業・事業所別に結成された労働組合（企業別組合）は，**図表10－1**の類型に則していえば「戦闘的経済主義」路線を志向した。企業別組合は，工員と職員の処遇や身分の格差の縮小・廃止を追求するとともに，企業経営に対する強い発言権を求めた。他方，経営者は敗戦の衝撃や政治・経済情勢の不確定さから明確な経営方針をもてず受け身的な姿勢をとった。経営権に対する挑戦が最も明確なかたちであらわれたのは，生産管理（業務管理）闘争であった。生産管理闘争は，ストライキによる生産停止ではなく，組合が経営機構を「占拠」して通常の生産等の企業活動を継続するなかで，大幅賃上げ，組合の承認，経営協議会の設置などの要求を経営者に迫っていく争議形態であった。生産管理は，1945年の第一次読売争議，京成電鉄争議，46年の日本鋼管鶴見製鉄所争議，第一次東芝争議，高萩炭坑争議などで闘争手段として採用され，46年の各月の労働争議件数の20-50％を占めた［二村 1994；栗田 1994：64-65；法政大学大原社会問題研究所編 1949］。ただし，当時の企業別組合は課長まで組合員としていたため，組合が生産管理闘争を実施しても，職場レベルの生産の指揮系統は通常のままであった。生産管理闘争は，政府が占領軍の支持を得てこの争議形態を禁止する声明を1946年6月に出すと，次第に下火になっていった。

企業別組合は，生産管理闘争あるいはストライキによる闘争により，経営者から賃金大幅引き上げとともに，経営協議会の設置を勝ち取った。経営協議会

は，その多くが「団体交渉と経営参加の機能をあわせもつ協議決定の場」として設けられた。企業別組合は経営協議会の場で，通常団体交渉の対象となる賃金・労働時間などの労働条件のほか，解雇・異動・採用などの人事問題について強い発言力をもち，企業の人事権を規制した。締結された労働協約のなかで経営協議会の設置を規定している協約が占める割合は，1946年半ばに6割，47年末には9割を占めるにいたった［兵藤 1997：54；大原社会問題研究所編 1949］。

### （4）全国組織の結成と政治闘争路線をめぐる対立

　企業・事業所レベルの組合結成とともに，労働組合の全国組織も結成された。1940年代後半の主要な全国組織である総同盟（日本労働組合総同盟）と産別会議（全日本産業別労働組合会議）は，どちらも46年8月に結成され，それぞれ労働運動の右派的，左派的潮流を代表した。総同盟は戦前に活躍した右派・中間派の組合リーダーを中心に結成され，約1700組合，85万5000人を傘下におさめ，反資本主義・反共産主義・日本社会党支持の路線をとった。他方，産別会議は21の産業別組織，約156万人を傘下におさめ，その幹部の多くが日本共産党員であったため，同党の影響を強く受けた。2つの全国組織および傘下組合は，お互いに競合して勢力拡大と活発な活動を展開したが，発足後しばらくの間は産別会議が労働運動の主導権を握った。これは，戦後型の若手リーダーの指導のもとさまざまな要求を掲げ闘争を展開した産別会議のほうが，戦時体制に協力した戦前の組合リーダーを指導部に含んでいた総同盟よりも，労働者の支持を得やすかったことによる。

　産別会議主導の国家・社会レベルの労働運動は，「政治闘争主義」（**図表10-1**の①）路線を追求した。産別会議は1946年10月，首切り反対や賃上げなどの要求に基づいて傘下の民間労働組合を中心とした共同闘争を組織したが，経済的要求だけでなく吉田内閣退陣などの政治的要求も掲げ，ゼネストを呼びかけ経済闘争を政治闘争に発展させようとした。「10月闘争」は，民間企業労働者賃金の平均1000円引き上げなど経済的成果を収めたが，組合員の政治的動員には成功しなかった［正村 1985：165-166］。10月闘争で民間企業労働者の賃上げ

がある程度上昇したものの，国家・地方公務員の賃金は低い水準のままであった。そのため，官公部門の労働組合の連合体である全官公庁共闘は，賃上げなどを求めた統一要求を吉田内閣に提出した。同内閣は一定の譲歩は示したものの，要求の大枠は拒否した。全官公庁共闘はこれに反発し，経済的要求を政治問題と結びつけ，吉田内閣倒閣・民主政府樹立をめざして1947年2月1日に予定されたゼネスト（2.1ゼネスト）計画で中心的役割を担った。しかし，2.1ゼネスト直前にGHQが公式に中止命令をだすと，全官公庁共闘は同組織を支援してきた共産党の説得を受け入れてゼネスト中止を指令した［兵藤 1997：66-67］。

　2.1ゼネストの中止，およびその後行われた総選挙での共産党の不振を契機に，経済闘争を政治闘争に発展させようとする共産党の影響を受けていた産別会議の指導部に対する批判が強まり，「政党による組合支配排除，労働組合の民主化」を掲げたグループが主要な産業別組織で結成された。産別未加盟であったが，当時の労働運動で強い影響力をもった国労（国鉄労働組合）内部に，「国鉄反共連盟」（後に国鉄民主化同盟〔民同〕に改称）が1947年11月に結成され，産別会議内部にも産別民同（産別民主化同盟）が48年2月に結成された。民同運動と呼ばれる組合内の共産党の影響に反対する運動は，産別民同を核とした1つの運動の潮流を形成するようになった。さらに，占領軍の左派系労働組合の抑圧強化やドッジ・ラインによる行政整理，企業整備のなかでの左派（とくに共産党系）活動家の解雇に助けられ，国労などの主要産業別組織で民同グループが組織の主導権を握った。産別会議では加盟組合の脱退が相つぎ，1948年11月の第4回大会から1年後の第5回大会の間に組合員が40％減少した［Carlile 2005：141, 151］。

　産別民同，国鉄民同，総同盟は，それぞれの加盟組合，および全国組織に所属していない産業別組織（独立系組織）を結集した新たな全国組織の結成をめざし，1949年2月に「全労会議準備会」を開催した。しかし，準備会は多くの独立系組織の参加を得ることができず，また準備会に参加した組織の幹部のさまざまな思惑により全国組織結成の合意に達することができなかった。その後，私鉄総連（日本私鉄労働組合総連合会）などの独立系組織がイニシアティブ

をとり「全国労働組合連絡統一準備会」が1949年11月に開催され,この準備会をベースとして50年7月に総評(日本労働組合総評議会)が結成された。総評は,「日本共産党の組合支配と暴力革命方針」の排除,「自由にして民主的な労働運動」による労働戦線統一などを運動方針で掲げ,民同運動の主張を踏襲した [兵藤 1997:89, 96; Carlile 2005:160-165]。

### (5) GHQ・政府の抑圧政策および経営者の反撃

すでにみたように,GHQは占領目的を経済復興にシフトして,戦闘化する労働運動を抑圧するため,公務員の争議権・団交権の禁止,労働組合法の改正を日本政府に指示した。また,ドッジ・ラインの実施による行政整理,企業整備は大量の人員整理をともない,間接的ではあるが,左派活動家を企業別組合から放逐する効果をもった。さらに朝鮮戦争が始まると,占領軍は1950年7月に「レッド・パージ」(共産党員とその同調者の追放)を新聞・放送業界を対象に行った。これを皮切りに,公務部門や民間部門一般でもレッド・パージが実施され,年末までに官公庁と民間で合計して1万3000人が解雇された。1949-50年の人員整理やレッド・パージにより,「戦闘的経済主義」的企業別組合の運動を指導してきた多くの幹部・活動家が解雇され,企業別組合は弱体化し,あるいは解散に追い込まれた。抑圧政策のインパクトは,労働組合数,組合員数,組織率の減少というかたちであらわれた。1949-51年にかけて,組合数は3万4688から2割減少して2万7644になり,組合員数は15%,組織率は13.2ポイントそれぞれ減少した(**図表10-3**。なお組合員数や組織率の減少は,労働組合法改正による中間管理職の組合脱退の影響も受けていると考えられる)。

GHQ・政府の政策,とくに労働組合法の改正を受けて,個別企業の経営者は経営協議会設置を盛り込んだ労働協約を破棄し,新たな協約を企業別組合と締結することで経営権の再確立をはかった。1948年4月に結成された日本経営者団体連盟(日経連)は,結成当時から経営協議会を決議機関から協議機関に再編すべきとする方針を打ち出し,49年に労働組合法が改正されると,労働協約を改定して経営協議会を廃止,あるいは諮問委員会などに再編すべきと主張した。そして,多くの企業で経営者は組合に協約改定を提起したものの,労使

**図表10-3　労働組合数,労働組合員数および推定組織率の推移**（1947-52年）

| 年 | 単位労働組合 | | 雇用者数（万人） | 推定組織率（％） |
|---|---|---|---|---|
| | 労働組合数 | 労働組合員数（人） | | |
| 1947 | 23,323 | 5,692,179 | 1,256 | 45.3 |
| 1948 | 33,926 | 6,677,427 | 1,259 | 53.0 |
| 1949 | 34,688 | 6,655,483 | 1,193 | 55.8 |
| 1950 | 29,144 | 5,773,908 | 1,251 | 46.2 |
| 1951 | 27,644 | 5,686,774 | 1,336 | 42.6 |
| 1952 | 27,851 | 5,719,560 | 1,421 | 40.3 |

注：各年6月30日現在
出所：労働省「労働組合基本調査」

交渉が暗礁に乗り上げて協約の期限が切れ，無協約状態に陥る事例が多く出た。とくに産別会議傘下の組合が組織された企業で無協約になる傾向があったとされるが，産別会議の弱体化と民同勢力の伸張により，1950年半ば以降経営協議会を廃止・再編する労働協約を受け入れる組合が増えていった［兵藤 1997：74, 82-83］。このように，企業レベルでの労使間の力のバランスは，経営者優位にシフトした。

## 3　企業別組合を超える運動の模索

### （1）1950年代労働運動の政治的・経済的文脈

　1949-50年のGHQ・政府の労働組合抑圧政策および経営者の経営権再確立により，労働運動は国家・社会レベルと企業レベルで弱体化した。しかし，政府は戦後民主改革で導入された労働組合法の枠組みを維持し，民間部門の労働組合の法認の制限・撤廃や，企業の労使関係に介入する政策はとらなかった。他方，政府は公務部門の労働運動については政令201号の枠組みを維持した。1948年末の国家公務員法の改正と公共企業体労働関係法の制定，50年の地方公務員法，52年の地方公営企業労働関係法の制定により，公務・公共部門[4]の労使関係の法的枠組みがつくられた。改正国家公務員法と地方公務員法は国家・地方公務員の団交権を大幅に制限し，争議権を否認した。公共企業体労働関係法

(1952年に改正され公共企業体等労働関係法になる）と地方公営企業労働関係法は，それぞれ3公社（国鉄，専売公社，電電公社）・5現業（郵便，林野など）と地方公営企業の職員の争議行為を禁止した。このように民間部門と公務部門で異なるかたちで形成された労働運動の法的枠組みは，その後の労働運動の展開に大きな影響をおよぼすことになる。

1950年代の労働運動の政治的文脈は，占領体制を終結する講和条約をめぐる論争，アメリカとの軍事同盟や日本の再軍備，戦後民主改革の「行き過ぎ」是正をねらった「逆コース」政策，憲法改正問題，日米安保条約改定などさまざまな政治的争点・対立に特徴づけられ，国家・社会レベルの労働運動を活発化させる契機となった。総評は，運動の活性化のなかで中心的役割を果たした。

ドッジ・ライン実施以降低迷していた日本経済は，朝鮮戦争の特需（「動乱ブーム」）によりいったんは不況を脱したものの，1952年以降「動乱ブーム」は沈静化したため再び不況に陥った。しかし，1954年後期から好転のきざしをみせ，55年に入ると国際収支が大幅に改善し，鉱工業生産や設備投資が大幅に増加した。1957年にいったん不況期に入るが，景気は58年秋以降回復に向かい，鉱工業生産，設備投資，輸出が大幅に伸びた。1970年代初めまで続く高度経済成長は，このようにして50年代後半に始まった。

労働運動の経済的文脈は，2つの意味で企業・産業レベルの労働運動を活性化した。第1に，「動乱ブーム」後の不況に直面した企業が人員削減をともなった経営再建を実施すると，労働組合は解雇反対闘争を展開し，雇用を守るという防御的なかたちで再活性化した。第2に，1950年代半ば以降の経済成長を受けて，企業が設備投資による技術革新をともなう産業合理化を実施すると，労働組合は新しい製造設備導入にともなう労働密度の増加，労働時間の増加などの労働強化の問題に直面した。労働組合は労働強化の問題を，職場闘争による合理化ペースの規制，あるいは合理化による負担増の代償としての賃金引き上げ要求などで対応することで能動的なかたちで再活性化した。

## （2）総評の「左傾化」と「高野ライン」

1950年7月に結成された総評は，民同運動に参加した組合や総同盟を同一組

織に結集し，公称で377万人，組織労働者の3分の2を傘下におさめた。しかし，総評を基軸とした労働運動の統一の気運は，朝鮮戦争勃発と東西陣営の対立激化の影響による労働運動内の意見対立のため，長続きしなかった。総評結成直前に勃発した朝鮮戦争により，在日米軍が朝鮮半島に出動したため，日本政府はGHQの指示に基づき実質的には軍事組織である警察予備隊を1950年7月に結成し，54年の自衛隊結成につながる再軍備を開始した。また，対日講和をアメリカの冷戦政策に従ったソ連・中国を除外した単独講和か，これらの国々を含んだ全面講和で進めるのかをめぐり，論争が起きた。日本政府は単独講和を選択したものの，論壇は圧倒的に全面講和を支持した。

1951年3月の総評第2回大会は，このような政治的文脈のなかで開催された。大会は左右両派の大激論を経て，再軍備反対・中立堅持・軍事基地化反対・全面講和の「平和四原則」を採択し，朝鮮戦争でアメリカ側を支持した国際自由労連への一括加盟を否決した。このように総評は結成から1年が経過する前に，アメリカの期待に反して立場を西側陣営に親和的なものから「米ソいずれの陣営にも与することなく，中立を堅持する」ものに転換した。このような転換の背景には，総評の主要加盟組合である国労，全逓（全逓従業員組合，後に全逓信労働組合に改称），日教組（日本教職員組合）で民同運動の左派的位置にいる中堅幹部の連携が強まったこと，戦争を直接体験した若い世代の組合員の間で平和主義への支持が自発的に広がったことなどが要因としてあった。これに対し，国際自由労連加盟を支持し平和四原則の採択に反対する組合幹部のグループも連携を強めたため，総評結成を支えてきた民同運動は，「平和四原則」および国際自由労連加盟問題で左派と右派に分裂した［兵藤 1997：100；Carlile 2005：177, 179］。この分裂はその後深まり，53年の総評大会後に3つの産業別組織（海員組合，全繊同盟，全映演）が総評を脱退し，すでに総評を脱退していた総同盟（総同盟は50年11月に同組織を解散して総評との統一を主張する左派と，総同盟解散を拒否し新たな「再建」総同盟の結成を主張する右派に分裂した）に合流して全労会議（全日本労働会議）を54年4月に結成した。全労会議は，国際自由労連への一括加盟，経済闘争の重視などの方針を採択した。

1950年代前半の総評は，高野実事務局長の主導のもと政治闘争主義（**図表10**

−1の①）を追求した。「高野ライン」と呼ばれる路線のもと，総評は「平和と民主主義」を求める国民運動で主導的役割を果たし，講和条約発効前後に政府が推進した破壊活動防止法制定（1952年）などの「逆コース政策」に反対する政治闘争を展開した。さらに，国民運動の政治的課題と企業別組合の一般組合員の要求（賃上げや解雇反対）を結びつけることで，企業レベルの労働運動の下からの活性化を追求した［清水 1982：319；Carlile 2005, 216-217］。企業レベルの闘争では，地域住民や労働組合員の家族も組合員と共闘するという「ぐるみ闘争」が採用された。「動乱ブーム」後の不況による賃金引き下げ・解雇に反対して闘われた尼崎製鋼争議や日鋼室蘭争議（どちらも1954年）では，この闘争方式が採用され，地域住民と家族を巻き込んだ長期闘争が展開されたが，どちらの争議でも労働組合側の敗北に終わった。

## （3）「太田・岩井」ラインへの移行と春闘の開始

　1950年代半ばになると，政治課題を重視する「ぐるみ闘争」路線に対し，賃金闘争を重視する路線が合化労連（合成化学産業労働組合連合）の太田薫委員長を中心に主張され始めた。太田ら「高野ライン」に批判的な組合幹部のイニシアティブにより，産業別組織間の共闘組織に基づいた春闘（春季賃上げ闘争）がスタートした。1954年末，合化労連や私鉄総連など総評傘下の5つの産業別組織による共闘会議が結成され，その後3つの産業別組織（そのうち電機労連〔全日本電機機器労働組合連合会〕は総評に未加盟）が共闘会議に加わり，「8単産共闘」となった。8単産共闘は3波にわたる統一ストを実施し，参加した産業別組織すべてが賃上げを勝ち取った。賃金闘争が重視された背景には，日経連やその傘下組織が「生産性向上をともなわない賃上げ」を認めないこと，賃上げは定期昇給のみで行うべきと主張し，国の調停仲裁機関も定期昇給のみによる賃上げを支持し，財界，政府の賃上げ抑制政策が強まったことがある。春闘はこのような「賃金ストップ政策」に対抗するために，産業別統一闘争により企業別組合の産業レベルの連携を強め，経営権が確立された企業内で企業別組合の交渉力が弱くなっている状況を克服し，ベースアップを勝ち取っていくことをめざした［兵藤 1997：124-125；栗田 1994：131］。1955年春闘後の総評第6回

大会は，事務局長に国労の岩井章が，副議長に太田薫が選ばれ，総評執行部は「高野ライン」から「太田・岩井ライン」に移行した。

「太田・岩井ライン」のもとでの総評執行部は，春闘による経済闘争を重視したが，政治的課題に関しては中心的担い手にはならなかったものの，大衆行動の調整役を果たした。総評は，砂川基地拡張反対運動（55-56年），警職法改悪反対闘争（58年），日米安保条約改定反対闘争（59-60年）などの政治闘争に，加盟産別組織に対して組合員の動員を要請した［兵藤 1997：198-199］。

### （4）企業別組合の合理化・労働強化への対応

企業別組合は，1940年代後半のような経営協議会を通じて経営権を規制する力を失った。しかし1950年代，多くの企業別組合が戦闘性を回復した。企業整理やレッド・パージで共産党員など左派の役員・活動家が解雇された後，執行部は穏健的な幹部に握られたが，総評の「左傾化」に対応するかたちで穏健的な幹部や活動家のなかから戦闘的経済主義的潮流（**図表10 - 1の③**）が生まれてきた。戦闘的経済主義をめざす幹部や活動家は，企業別組合の弱点の克服を2つのルートでめざした。第1に，春闘における産業別統一闘争への参加により，企業別組合が産業レベルで統一された賃上げを要求し，同一の団体交渉スケジュールで行い，交渉が決裂した場合は統一ストライキを実施することで，経営者に対する交渉力を強めようとした。第2に，企業別組合は職場闘争を行うことで職制と労働者の権威主義的な関係を民主化し，また合理化のペースを規制することで労働条件の維持・改善をめざした。ただし，この時期，企業別組合が実施した職場闘争は1940年代後半の経営協議会を通じた経営権の規制と異なり，経営権を認めたうえで職場における職制の一方的な指揮・命令を規制しようとする試みであった。全自（全日本自動車産業組合）日産分会，北陸鉄道労働組合，三池炭鉱労働組合などは，強力な職場組織を確立して組合員の労働条件を規制した。他の多くの企業別組合はこれらの組合ほど強力な職場闘争を展開することができなかったが，職場レベルの組合員を動員することで労働運動の下からの活性化を試みた。

このように企業別組合は産業別統一闘争や職場闘争，すなわち，戦闘的経済

主義を追求して組合運動の「自律性」を追求しようとした。しかし，経営者はこのような「自律性」を認めず，長期化した労働争議を契機に組合に「介入」して経営側に協力的な第二組合を育成した。組合の賃上げ要求や経営者の合理化提案に端を発して組合分裂がともなった長期争議の事例として，日産争議（1953年），日鋼室蘭争議（1954年），王子製紙争議（58年），三井三池争議（59-60年）などを挙げることができる。第二組合の性格については，「第二労務部」として経営に従属しているという見解と，労働者の「社員」，「従業員」意識を反映して労働者側の自発性もある程度もつ組織とする見解がある。経営側に全面的に支援を受けているとはいえ，第二組合が従業員の大多数の組織化をなしえたことは，後者の見解にもそれなりの説得性があると考えられる［栗田 1994；久本 1998］。

### （5）公務部門組合と政府の対立の激化

1950年代において民間部門（少なくとも総評系産別組織）と公務部門の労働運動は，組合を規制する法的枠組みが異なるにもかかわらず，連帯を保っていた。公労協（公共事業体等労働組合協議会）を中心とした公務部門労働組合は，春闘に1956年から参加した。国労や全逓などは「職場集会」「時間外拒否」「遵法闘争」などで公労法の枠組みを超えて実質的な争議行為を行い，春闘のスケジュール闘争（ストライキなどの闘争日程やヤマ場を前もって設定する戦略）で主要な役割を果たすようになった。たとえば1957年春闘では，国労を中心とする公労協は，職場大会，遵法闘争，休暇闘争を行ったため，国鉄の列車に多くの遅延・運休などの影響がでた。

政府と公共企業体当局は，公労協の春闘実力行使に対し処分を行い，1957年春闘では国労に対して19人の解雇と約700人の停職，減給，戒告という，これまでで最大規模の処分を行った。国労はこれに対して処分反対闘争を組織し，春闘を上回る規模の実力行使を行ったため，当局はさらなる大量処分を行った。このように，処分反対闘争と処分が繰り返されるという悪循環が生まれた。さらに，国労が同年6月の大会で，解雇処分を受けた組合員を三役に選出すると，国鉄当局は国労が「合法的な代表者を欠いている」と団体交渉を拒否

した。4ヶ月の団交拒否後、国労は解雇処分を受けなかったものを委員長と副委員長に選出することで、労使の膠着状態は解かれた。国労や全逓（全逓は1958年春闘で実力行使を行い、当局は大量処分と団交拒否を行った）などは、当局による処分や団交拒否を政府による組合に対する抑圧と受け止め、政治闘争主義（**図表10-1**の①）をさらに強めた。全逓は当局の団交拒否などの抑圧政策に対抗するため、総評と連名でILOに日本の実情について提訴し、ILO87号条約（結社の自由及び団結権の擁護に関する条約）の批准闘争を進めた。

### （6）安保改定反対闘争，三井三池争議への大規模な動員

　安保改定反対闘争は、民間労働組合を含む広範な労働運動が参加した政治闘争であった。日米相互協力及び安全保障条約（新安保条約）は、米軍が「極東」で行う戦争に日本の協力を義務づけるなど双務性を強めたものであった。総評を中心とする労働運動は、日米安保条約改定に反対し、中立労連（全国中立労働組合連絡会議）、社会党など13団体と安保改定阻止国民会議を1959年3月に結成した。全労会議は、共産党が国民会議にオブザーバー参加することに反発して不参加となった。国民会議は1959年4月から年末までに10次にわたる統一行動を実施したが、安保改定反対運動が国民運動としてとくに盛り上がりをみせたのは60年5月19-20日にかけての衆議院での条約批准の強行採決以降であった。強行採決以降、国会、首相官邸、アメリカ大使館への抗議デモがほぼ連日実施され、6月4日の第17次統一行動では、安保改定反対を目的とした大規模な政治ストが実施され、総評系、中立労連系の産業別組織傘下の460万人が参加した。この統一行動の中心となった国労と動労（国鉄動力車労働組合）は、東京では始発から午前7時まで「職場大会」を実施したため、多くの列車の運休・遅延が生じた。政治ストは、さらに6月15日、22日により大きな規模で実施された。しかし、6月19日に新安保条約が自然承認され、条約発効の23日に岸首相が退陣を表明すると、次第に運動は下火になった。

　安保改定反対条約とほぼ同時期、三井鉱山三池炭鉱では戦後最大規模の争議が起きた。三池鉱山は1959年8月に約4500人の人員削減を柱とする合理化案を発表し、そのうち三池炭鉱では2020人の希望退職者の募集が提示された。当

第 10 章　労 働 運 動

◀コラム⓾　最低賃金法制定に向けた闘争▶――――――――――――――

　労働運動が社会政策の制定の促進や内容の充実をはかった事例として，最低賃金法制定を挙げる。
　1947年に施行された労働基準法は，労働条件の最低基準を設定したものの，最低賃金（以下，最賃という）を設定しなかった。総評，全労会議とも，最賃制の設定を運動方針の重要な柱の1つとしていた。総評は全国一律8000円最賃を要求したのに対し，全労会議は総評の要求を非現実的であるとし，より現実的な最賃制（業種別，職種別，地域別最賃制）を主張した。政府も欧米諸国による日本の繊維製品のダンピング輸出に対する非難の高まりを受けて，最賃制の検討を1950年代半ばに開始した。1957年は，最賃制度を要求する運動が高まり，総評は57年春闘で最賃8000円獲得を闘争目標とし，最賃制度要求の時限ストを計画した（政府から中央賃金審議会設置の譲歩を引き出したため，中止された）。
　政府は1958年1月に中央賃金審議会答申を受けて，業者間協定方式を中心とした最賃法要綱を発表した。総評は全国一律8000円確立の立場から政府案に反対し，全労会議は政府案の修正をめざす立場をとった。総評，全労会議，中立労連などの全国組織は，2月に政府案に一致して対応するための連絡会議を設置し，最賃は業者間協定ではなく最賃審議会で決定されるべきとする統一見解を出した。しかし，総評は全国一律最賃を盛り込んだ社会党の修正案を支持したのに対し，全労会議は政府案の修正を主張し，両組織の対立により連絡会議は3月に解散した。自民党は，衆議院で政府案を強行採決し参議院に送った。参議院では，全労会議の要求を一部取り入れた修正案が可決され，衆議院も修正案に同意したため，最賃法は59年4月に成立，同7月に施行された。総評は最賃法を「労働者の発言権及び共同決定権さえ奪う業者間のみの協定」であると厳しく非難した。
　1968年に改正された最賃法は，業者間協定を廃止し，労・使・公益三者構成の最賃審議会の調査・審議による最賃方式を中心にすることとした。改正の背景には，労働運動が59年以降も業者間協定を批判し，全国一律最賃確立を要求する闘争を継続したことがあった。

――――――――――――――――――――――――――――――――――

時，三池炭鉱労働組合（以下，三池労働組合という）は強力な職場闘争を展開し，合理化のペースや労働条件を現場レベルの労使交渉で規制していた。三池炭鉱の希望退職に応募した人数が目標人員を大幅に下回ると，会社側は12月に約300人の職場活動家を含む1278人を指名解雇し，組合の職場規制力を弱めようとした。三池労働組合は指名解雇に抗議して断続的にストを実施したが，1960年1月に会社側が三池炭鉱をロックアウトすると，無期限ストライキに入った。このなかで，ストを中止して生産再開を求める批判勢力が組合を脱退

し，第二組合（三池新労）を 3 月に結成した。三池新労は生産開始などの労働協約を会社と結び，三池労働組合と激しく衝突しながらもピケットラインを破り就労を開始した。しかし，三池労働組合は採掘された石炭を貯めておく設備（ホッパー）を占拠し，採掘された石炭の鉱外への搬出を阻止した。ホッパーの占拠には三池労働組合組合員だけでなく，全国から支援の組合員がかけつけ，ホッパーを占拠する組合員・支援者の数は 2 万人に膨れあがった。これらの組合員・支援者をホッパーから排除するため，7 月に 1 万人にのぼる警官隊出動の準備が進められた。もし衝突が起きれば多数の死傷者が出ることが危惧されるなか，三池労働組合が中労委会長によるあっせん案の白紙委任を受け入れたため，衝突は直前で回避された。8 月に出されたあっせん案は，指名解雇を自発退職としたものの，実質的に指名解雇を認めるものであった。しかし，三池労働組合を支援してきた上部団体の炭労（日本炭鉱労働組合）は運動の限界を感じていたため激論の末に受諾を決め，三池労働組合も炭労の決定を受け入れたため，三池争議は収拾に向かった。争議収拾後，会社の敵対的な労務政策により三池労働組合は弱体化し，会社側が進める合理化を容認・協力する三池新労が主導権を握った。

## 4　高度経済成長下の労働運動の展開

### (1) 1960年代-70年代半ばの政治的・経済的文脈

　池田内閣は，安保改定反対闘争を受けて，政治課題では「低姿勢」政策をとり，国民所得倍増計画に代表される高度経済成長路線を追求することで，自民党政権の安定化をはかった。政治的争点がなくなったわけでなく，総評を中心とする労働運動は1961年の政暴法（政治的暴力行為防止法）反対闘争，65年の日韓条約反対闘争，66年のベトナム反戦統一ストなどの政治課題に取り組んだ。しかし，これらの政治闘争の動員の規模は安保改定反対闘争の規模にはおよばなかった。また，1964年の春闘に行われた「池田・太田会談」で公共企業体職員の賃金の民間準拠が確認され，公務部門労働組合が要求していたILO87号条約が65年に国会で批准されるなど，政府と公務部門労働組合の対立はある程度

緩和した。しかし，政府は公共企業体労働者へのスト権付与には反対し続け，75年11-12月の8日間にわたる公労協の「スト権スト」実施にもかかわらず，その立場を堅持した。

　日本経済の高度成長は1960年代に入ると本格化し，60-69年の実質経済成長率は62年と65年を除くと毎年10％を超えた。日本企業は60年代前半に進んだ貿易自由化・資本自由化により国際競争にさらされることになり，競争力強化のため設備投資を急速に増やした。それにともない，人手不足（とくに若年層）が起こり，有効求人倍率は67年以降1％台になり，求人超過状態が74年まで続いた。春闘賃上げ率は，このような労働市場の状況を反映して上昇した［李 2000：34］。73年秋の第一次オイルショックで高度経済成長は終焉したが，インフレの急速な進行が賃上げ要求の圧力を強め，74年春闘は最大規模の動員に基づき，春闘史上最高の賃上げを獲得した。

## （2）民間部門における総評の地盤沈下と同盟の勢力拡大

　民間大企業労働運動の戦闘的経済主義から労使協調主義への路線変更は1950年代から始まっていたが，60年代に入るとその傾向はとくに輸出産業の企業別組合の間で強まった。路線変更は，戦闘的路線をとる傾向にあった総評系産業別組織に加盟していた企業別組合がユニオン・リーダーの交替により組合全体が脱退するかたち，あるいは脱退をめぐる対立から協調路線をとる多数派組合と戦闘的路線をとる少数派組合に分裂するかたちをとった。これらの脱退・分裂は造船産業，化学産業，紙パルプ産業，金属機械産業などの企業別組合にみられ，脱退した企業別組合の多くは労使協調を志向する同盟系の産業別組織に加盟した［木下 1992：17-23］。なお，同盟（全日本労働総同盟）は，全労会議や総同盟などの組織を一本化して1964年に結成された全国組織である。

　これらの企業別組合は，企業がおかれている厳しい市場環境に敏感に反応して，経営者との対立よりも協力関係を結ぶことで企業が国際競争に勝ち残っていく選択をしたとみることができる。しかし，民間大企業の経営者は協調的労使関係を構築していく強い意志をもち組合運営に介入したこと，また同盟系の産業別組織が総評系組合に対して強く働きかけたことも，路線変更の要因とし

て挙げることができる。この結果，1967年には同盟が民間労働組合の組織人員で総評を上回った。

### （3）春闘のパターン・バーゲニングの形成

1955年に始まった春闘は，産業別統一闘争とスケジュール化されたストライキにより経営者に大幅賃上げを迫る戦闘的経済主義路線をとり，さらに公労協の春闘参加と実力行使の実施による組合指導者への処分問題で政治闘争主義の様相も帯びた。また，60年春闘は安保改定反対闘争の一環として位置づけられ，経済的要求と政治的要求が結びつけられて闘われた。

相場形成とその波及のパターンの成立により産業間の賃上げ額が決定するという，より制度化された賃金決定機能を春闘がもったのは，1964年以降である。それまでは，明確な賃上げのパターン・セッターが存在せず，民間部門と公務部門の賃金の関連づけは不確定であった。しかし，64年春闘における「池田・太田会談」（池田首相と太田総評議長の会談）により，公共企業体の賃金の民間部門準拠，すなわち「民間における春闘相場を，とくに私鉄相場を媒介にして，官公部門に反映させること」が確認された。その結果，その後の春闘において，民間大手企業（とくに重化学工業）がパターン・セッターとなり，私鉄→公共事業体→国家公務員→地方公務員に波及していく賃金決定のサイクルが形成された［早川 1992：246］。さらに，このように形成された「春闘相場」は，組合の組織率が低い中小企業や地場産業の企業が賃上げ額を決定する目安としての社会的機能をもった。なお，「池田・太田会談」のような労働組合の全国組織と政府の交渉は，交渉結果が春闘の「制度化」を促した意味で，**図表10-1**の②「政治的交換」に対応すると考えられる。

1960年代後半以降の春闘では，国際金属労連日本協議会（IMF-JC）に参加する産業別組織が春闘相場形成に影響力をもった。IMF-JCは，民間輸出産業の労働組合が貿易自由化に対応するために64年に結成した組織で，金属機械産業（鉄鋼，電機，造船，自動車，機械）の産業別組織が総評，同盟などの既存の全国組織の枠を超えて参加した。IMF-JCは67年春闘で「賃金闘争連絡会議」を設置して初めてパターン・セッターとなったため，この年の春闘は

「JC春闘」と呼ばれた。それ以降，IMF-JCに加盟する鉄鋼労連，電機労連，造船総連などの産別組織が春闘相場決定で主導的役割を果たしたが，そのうち素材産業として業況が相対的に安定している鉄鋼産業のパターン・セッターとしての影響力がとくに強くなった［李 2000：33］。

### （4）総評春闘の政治課題への取り組み

　総評は1970年代に入ると経済的要求だけでなく国民生活に関わる政策要求を春闘で提起し，大規模な動員を通じて政府に政策実現を迫った。すなわち，春闘は1964年以降パターン・バーゲニングの形成により賃上げ要求の面では制度化したものの，政策要求の面では政治闘争主義的傾向（**図表10-1の①**）をもったのである。総評が70年春闘で掲げた「15大要求」は，大幅賃上げや時短要求に加え，最低賃金制の全国全産業一律化，公害・交通災害対策，減税，医療保障・老齢年金・児童手当の制度化など幅広い要求を盛り込んだ。71年春闘は「生活闘争」を運動の柱の1つとして掲げ，労働組合が広範な勤労者と共同して国や自治体に対して制度的課題を追求することを呼びかけた［兵藤 1997：307］。73年春闘では，年金の賃金スライド制などを要求して年金統一ストが春闘共闘委員会に加盟する53の産業別組織，350万人の参加を得て実施され，ストライキと並行して国会への請願行動や各地で集会も行われた。

　第一次オイルショックを契機とした「狂乱物価」のなかで闘われた74年春闘は，動員型春闘のピークとなった。総評は，春闘を「労働組合と国民の連帯による政治・経済体制の変革を求める闘い」と位置づけ，「インフレから国民生活を守る国民春闘」のスローガンのもと3万円を大きく上回る賃上げ要求とともに，政府に対しては物価や税制，社会保障，最低賃金制度など国民生活に関わる政策を要求した。4月上旬から中旬にかけて春闘史上最大規模のストライキが実施され，また「インフレ阻止国民共闘」（総評や社会，共産，公明党などが結成した共闘組織）が3月に2回開いた集会には中央で23万-25万人，全国で130万-140万人が参加した。春闘がこのように盛り上がった背景には，国民のインフレによる生活水準低下の不満とともに，世論がインフレを煽るような企業行動に反発したこともあった［新川 1993：201-202；兵藤 1997：307-308］。74年春

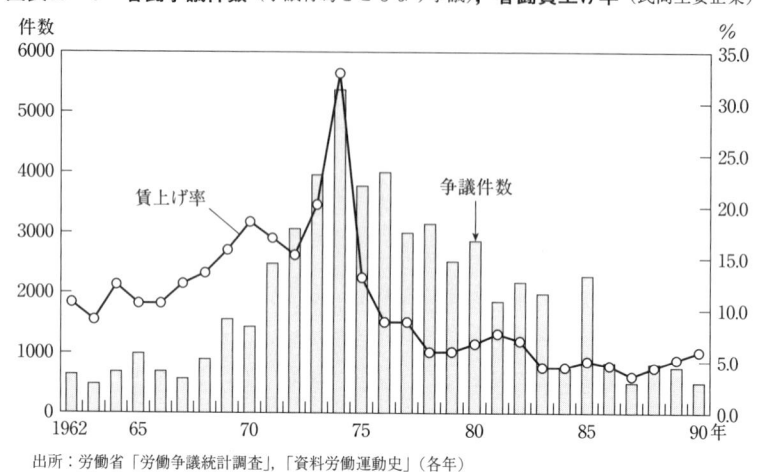

**図表10-4　春闘争議件数**（争議行為をともなう争議），**春闘賃上げ率**（民間主要企業）

出所：労働省「労働争議統計調査」，「資料労働運動史」（各年）

闘の争議行為をともなう争議件数は5375件と最高値を記録し，民間主要企業の賃上げ率も32.9％と春闘史上でかつてない高水準の賃上げとなった（**図表10-4参照**）。

### （5）公労協スト権スト

　1975年は労働運動の流れを変える重要な出来事が2つ起きた。そのうちの1つは75年春闘で，これについては次節で扱う。もう1つは，75年11-12月にかけて8日間闘われた公労協の「スト権スト」である。スト権ストは，国労，全逓，全電通（全国電気通信労働組合）など公労協に加盟する9組合が公労法により禁止されている争議権の回復を政府に迫るために実施した「政治スト」であり，公務部門の労働運動がもつ政治闘争主義的政策志向（**図表10-1の①**）の大規模な表出としての最後の事例であった。このストに対して，政府は「違法ストに屈するようでは議会制民主主義は維持しがたい」という立場をとり，スト権付与に否定的な専門委員懇談会（内閣官房に設置されたスト権問題を検討する懇談会）意見書を尊重する声明を出し，公務部門労働者の争議権禁止の立場を堅持した。公労協は，政府声明に抗議したものの，世論の長期化するストに対す

る反発が強くなったこともあり，ストの中止を決定した。公労協は，何１つ政府から譲歩を得ることなく，スト権ストに敗北したのである［兵藤 1997：316；熊沢 1982：509］。

　公労協がスト権ストを計画し実際に突入した経過や，公労協と公共企業体当局および政府・自民党との舞台裏での政治的駆け引きについては，ここでは述べない。[5] 労働運動の流れのなかでスト権ストが重要なのは，このストが公務部門と民間部門の労働運動の間の乖離を示したことである。民間労働組合の影響が強い同盟は争議権回復を支持したが，政治ストによる解決には強く反対した。鉄労（鉄道労働組合，同盟系の国鉄労働者の組合で国鉄内では少数派組合）の組合員は，管理職とともにスト中の列車の運行に協力した。さらに，私鉄総連や運輸労連など公労協と通常連携関係がある民間部門の組合ですら支援行動に消極的で，支援行動は一部の例外を除きほとんどみられなかった。すなわち，スト権ストは公労協の孤立した闘いとなったのである。民間労働組合の消極的態度の背景には，オイルショック後の不況と経営の減量化という状況のなかで，多くの民間労働組合が雇用不安に直面して萎縮していたこと，さらに経営合理化に協力して不況を乗り切ろうとした民間労働組合が公労協の「階級闘争主義・政治主義」に不信感をもったことがある［熊沢 1982：502-503；井上 1997：195-196；新川 1993：149］。スト権ストの敗北後，公務部門の労働運動の総評や労働運動全体に対する影響力が低下した。

## 5　低成長期の労働運動と労働戦線統一

### （１）1970年代半ば－80年代末の政治的・経済的文脈

　政府は1970年代前半の春闘（とくに74年春闘）で顕著になった大幅賃上げがコスト・プッシュ・インフレを引き起こすことを危惧し，75年春闘にむけて対策をとった。政府は正式な所得政策（政府が各企業の労使が守るべき賃上げガイドラインを提示すること）はとらなかったものの，非公式に財界リーダーや民間労働組合の一部のリーダー（とくに賃上げの鍵を握る鉄鋼労連のリーダー）と調整を行うとともに，金融引き締めによる総需要抑制政策を実施して「企業の支払い能

力」を弱め,「労働の戦闘意欲」を奪った [新川 1993：203-204, 211]。政府が80年代に進めた行政改革路線は,79年に第二臨調(臨時行政調査会)の設置,82年の第二臨調答申(国鉄,電電公社,専売公社の民営化),85年の国鉄再建監理委員会の分割民営化の計画の答申,86年の国鉄改革法案の国会の可決,87年4月の国鉄分割民営化と9つのJR新会社設立へと進んでいった。国鉄の分割民営化は,これまで総評や公務部門労働運動で中心的役割を果たした国労の影響力を著しく弱める効果をもった。

経済的文脈では,第一次オイルショックを契機とした経済不況が重要である。1970年後半-80年代末にかけての経済成長率は,3-5％台と低水準になった。日本経済の回復は,輸出部門企業の合理化,コストダウン,品質向上による国際競争力強化にかかっていた。民間大企業労働組合は,このような経済的文脈に敏感に反応し,企業の競争力向上への協力をいっそう強めた。また,経済不況により中小企業は大企業よりも厳しい状況にたたされ,これまで合理化反対運動を展開してきた中小企業労働組合は,企業そのものの存続が危ぶまれるなかで技術革新に対して「現実的」対処をする路線に転換した [井上 1997]。

## (2) 春闘の変容と輸出産業部門労働組合の主導権確立

74年春闘の大幅賃上げを受け,日経連は75年春闘の賃上げを15％以下とするガイドポストを提示し,賃上げ抑制に強い決意で臨んだ。また,政府や財界のコスト・プッシュ・インフレの懸念に対し,鉄鋼労連(日本鉄鋼産業労働組合連合会)や同盟など民間部門の労働運動のトップリーダーの間でも賃上げ抑制を容認する意見が出てきた。たとえば,1975年1月に開かれた同盟の大会で,天池会長は,労働組合が賃上げを抑制するかわりに政府にインフレ抑制を求める「社会契約的運動論」を提起した。また,鉄鋼労連の宮田委員長は前年の組合大会で,日本経済が「安定成長」に転換するなか従来の賃上げ要求方式である「前年実績プラス・アルファ」を継続するのは困難だとする見解を述べた [兵藤 1997：292-293]。

75年春闘では,パターン・セッターである鉄鋼労連は経営側から示された

14.9％の回答で妥結し，それに続く産業の賃上げ率は鉄鋼の妥結率以下となった。鉄鋼を上限とする賃上げパターンは，74年春闘までのパターン・セッターの鉄鋼の賃上げ率を後に続く民間労働組合が押し上げるパターンからの「質的」な転換を意味した。民間主要企業の賃上げ率は前年の半分以下（13.1％），日経連のガイドポストの枠内に抑えられた。75年春闘での争議行為をともなう争議件数は前年比で3割減少したが，これは民間労働組合が不況感を強め，賃上げよりも雇用維持を重視したことを反映していると考えられる（**図表10－4**を参照）。なお，労働組合の賃上げ自粛の受け入れに対し，政府や経営者からはインフレ対策や雇用安定の保障などの見返りの政策の約束がなされなかったため，「社会契約的運動」は「契約なき自制」であると評価された［井上 1997：174－175］。

　75年春闘で13％に抑えられた賃上げ率は，76年春闘以降さらに抑えられ，一桁台で推移した。70年代後半の春闘では，民間輸出部門の産業別組織から構成されるIMF-JCの比重が増した。76年春闘では，IMF-JCに加盟する4つの産業別組織（鉄鋼，造船，電機，自動車）は，同じ日に経営者から回答を引き出す「JC4単産集中決戦」方式を採用し，これらの輸出産業の賃金妥結の影響力は春闘相場において決定的になった。「集中決戦」は，IMF-JC加盟の産業別組織間の連携強化を通じて「賃上げを最大限に勝ち取る」ことが目的とされた。しかし，「集中決戦」の実際の効果は，市場競争に強くさらされている輸出部門における生産性向上に見あった賃上げを全産業の賃上げの上限とすることで，日本経済の国際競争力を維持・強化することであった。「集中決戦」がこのような効果をもった理由として，第1に，輸出部門の労働組合が市場競争の圧力に敏感に反応したこと（たとえば，鉄鋼労連が打ち出し，後にIMF-JC全体の政策に影響を与えた「経済整合性」論は，現実の経済・市場状況と整合性をもつ賃金要求が必要であると論じた），そして第2に，これらの労働組合が経営側の提示した回答を最終回答（いわゆる「一発回答」）として受け入れたことを挙げることができる。なお，「集中決戦」と「一発回答」での妥結は，各輸出産業の主要企業の労働組合や産業別組織幹部と経営側のトップレベルの交渉を促進し，74年春闘までの特徴であったストライキなど組合員の動員に基づいた賃上げ交

渉を過去のものとした（**図表10-4**が示すように，75年以降春闘の争議件数は減少傾向にある）。すなわち，75年以降，春闘における賃金決定のプロセスは一般組合からはみえづらい「雲の上の交渉」となり，春闘の制度内化がさらに強まったのである［Sako 1997：250；李 2000：44, 51-52；兵藤 1997：301, 322］。

### （3）政策制度闘争による政府の政策決定への発言強化の試み

　75年春闘で賃上げ抑制を受け入れた同盟や他の民間部門労働組合が打ち出した「社会契約的運動」は「契約なき自制」となってしまい，労働運動と政府の「政治的交換」（**図表10-1**の②）は正式には成立しなかった。しかし，組合リーダーと政府の非公式な結びつきが形成され，民間労働組合はこのような結びつきに基づいて政府に対する発言力強化を追求した。民間労働組合が政策制度闘争に取り組んだ背景には，組合幹部の間に企業レベルで経済的要求だけに集中しても労働者の生活水準を維持することはできず，組合の活動を企業外の公的領域に拡大し，政府の政策決定過程に労働組合が参加すべきだとする認識があった。1976年に，政推会議（政策推進労組会議）が16の産業別組織により結成された。政推会議は4つの重点項目（経済政策，雇用，物価，税制）について共同して政府や与野党に政策制度要求を行った。また，造船や繊維産業などの構造不況業種における雇用問題が深刻になると，離職者対策や産業政策についての政策要求も行うようになり，労働組合の代表は，より多くの労働産業政策関連の政府の審議会に参加するようになった［兵藤 1997：298, 418；新川 1993：220］。さらに，政労使三者の代表が公式に会談できる場として70年に設置された産労懇（産業労働懇話会）は，75年春闘以降労働組合が政策制度要求を行う場として注目され始めた。労働組合代表は，産労懇をコーポラティズムの機関として，その権限と機能を充実させることを要求した。しかし，産労懇は労働大臣の諮問機関の1つとしてとどまり，「いかなる意味でも国策を左右する権限を持たなかった」とされる［新川 1993：222］。

　民間企業の労働運動は政策制度闘争により政府との「政治的交換」を行い，さらには労働組合代表の政策決定過程への参加の制度化，すなわち，当時の西欧諸国でみられたコーポラティズム的制度の日本版構築を追求した。しかし，

この試みは成功したとはいえない。第1に，労働組合代表は産労懇や審議会で独自の政策を追求し，その政策実現に向けて政府・与党や財界と明確なかたちで交渉を行わなかった。また，75年春闘における賃金抑制では労働組合の協力が不可欠であったものの，それ以外の政策課題の実施において政府は労働組合の協力をとくに必要としなかった[Dore 1990]。第2に，労働組合は，77年の特定不況業種離職者臨時措置法制定や雇用保険法改正（構造不況業種の労働者の雇用維持や離職者への助成の充実を柱とした政策）などの政策要求を実現した。しかし，政策要求は労働組合の影響のみで実現したわけではなく，使用者の不況業種支援政策要求も重要な役割を果たした。さらに，国会における与野党伯仲の状況も，同措置法の成立を促進した。第3に，労働運動が政治領域で影響力を発揮するためには，労働運動が市民社会において労働者の利益を広義に代表する重要なアクターと広く認識されていることが求められる。しかし，政推会議に代表される労働運動の政治領域での影響力発揮の試みは，主に民間部門の労働運動，具体的には労使協調主義をとる民間大企業労働組合の産業別組織によって担われていた。民間大企業労働組合やその産業別組織は，それぞれの企業の正規雇用者の利益を労使協調の枠組みのなかで向上させることをミッションとしており，市民社会に開かれた組織とはいえなかった[Suzuki 2003]。

### (4) 労使協議制度の発達と相互信頼的労使関係の強化

民間大企業の労働組合は，1970年代半ば以降労使協調主義を強めた。上記のように，IMF-JC に代表される輸出部門労働組合は「経済的整合性」論に基づき，企業がおかれている厳しい市場状況に対応して賃上げ抑制を行った。また，企業の競争力を向上に必要とされるドラスティックな合理化にも柔軟に対応した。このような企業別組合の行動に対しては，経営者に対し過度に「物わかりが良すぎる」とする批判的見解が出されたが，企業別組合はその存在意義を見出すためにいくつかの活路を求めた。

第1に，賃上げ抑制や合理化にともなう配置転換などで組合員は一定の「犠牲」を払うことを求められるが，企業別組合はその代償として経営側に組合員の雇用安定を守らせるように努めた。経営者の雇用安定へのコミットメント

は，民間大企業では少なくとも1990年代初めまでは維持されたと考えられるが，合理化で生じた余剰人員の対応は当初の企業内の配置転換から，次第に企業グループ内の関連企業への出向・転籍にシフトしていった。第2に，合理化への協力という枠組みのなかでも，組合幹部は労使協議を通じて経営側と合理化計画の詳細や経営戦略などについて発言や意見を交換する「深い経営参加」を行った。労使協議制度は，労働組合の代表（労働組合がない企業は労働者の代表）と経営者の代表が労働条件，雇用人事，福利厚生，生産計画，経営方針などについて協議・意見交換をして労使のコミュニケーションの円滑化を目的とする制度であり，交渉が決裂すると争議行為に移る団体交渉とは区別される。84年の労働省調査では，約65％の企業に労使協議機関があり，その割合は企業規模が大きくなるほど高くなった。92-93年にかけて民間の企業別組合に対して行われた調査によると，「経営戦略への実効力ある発言」を行っているとする組合の割合は約6割で，その割合は企業規模が大きくなるほど高くなる。また，そのような発言を始めた時期の約6割が80年代初め以降であった［栗田1994：182-183；稲上編 1995：10, 298-299］。ただし，企業別組合の経営参加は「手続き的」なものであり，経営戦略に「実体的」な影響を与えるものでないとする見解も示されている［上井 1994：9-10］。

　労使協議制度による「深い経営参加」は，ある種の「弊害」もともなった。企業別組合幹部と経営者の間の「相互信頼関係」が深まり，組合幹部と経営者が高度な経営事項に関わる情報も共有するようになると，組合幹部と一般組合員の距離が広がった。たとえば，組合幹部と経営者が要員の合理化案について，非公式で一般組合員には非公開の「事前協議」を行い，そこで合意を形成した段階で公式な協議制度に諮る事例（大手鉄鋼メーカーの事例）が報告されている［森 2003］。非公式な折衝で，組合幹部は職場の意見を伝えて経営側が提案した合理化計画に一定の修正を加えることは可能である。しかし，一般組合員が協議内容を知るのは正式な機関に諮られた段階であり，その段階ではすでに労使合意は形成されている。その結果，一般組合員は組合運営に対する「当事者意識」が薄まり，組合活動への関心が低くなるという問題が起きた。前掲の1992-93年の企業別組合調査によると，「ここ10年間での一般組合員の組合活

動についての関心」について「変わらない」が47％と最も多くを占めたものの，「低くなった」とする組合は37％で，高くなったとする組合（16％）を上回った［稲上編 1995：295］。

## （5）労働戦線統一への動きと総評内部の軋轢

　1970年代末から80年代初めにかけて，民間労働組合が中心となった労働戦線統一運動が活発化した。労戦統一の背景には，70年代後半以降の経済変動を受けて多くの民間労働組合が労使協調路線を志向するようになり，総評，同盟，中立労連などの上部団体の違いによる加盟労働組合の政策志向の差異が薄まったこと，また，政策制度闘争の推進についても多くの民間労働組合の考えが一致したことがある。

　1978年の同盟，鉄鋼労連，ゼンセン同盟の大会は，民間先行の労働戦線統一（以下，労戦統一という）を相ついで提唱した。全国組織間の協議が進められた結果，80年に6つの民間労働組合産業別組織の代表から構成された「労働戦線統一推進会」が結成された。推進会は，13回の議論の結果，81年6月に「労働戦線統一の基本構想」を発表した。基本構想は，民間単組間の「信頼関係」が政策制度要求や賃金闘争での共闘関係により深まり，民間先行の労戦統一の条件が整ったと指摘した。また，労戦統一の必要性と目的として，全国組織が分立している状態では労働運動は政府に対する政策制度要求の「力を発揮」できないこと，労戦統一により日本の労働運動が国際自由労連との連携を強化して国際労働運動へ積極的に参加できることなどを挙げた。そして「統一の進め方」として，新たな全国組織への参加を大会で確認した産業別組織により「労働戦線統一準備会」を発足させることを提言した。基本構想は，統一準備会に加盟する条件として産業別組織が国際自由労連に志向することを挙げ，また，民間先行の労戦統一を「右翼的再編」と批判する団体や組織には「毅然とし対応する」立場をとった。

　同盟は基本構想を同盟の路線を大筋で踏まえていると支持したものの，総評は基本構想に賛成する産別組織，基本構想は認めつつも（統一準備会加盟への）選別主義は絶対とるべきではないとする組織，基本構想自体に反対する組織と

の間で意見が割れた。総評は基本構想をめぐる4ヶ月間の紛糾を経て，「労戦統一に賛成するすべての単産に門戸を開放」することを条件に，基本構想が提唱した労働戦線統一準備会を承認した。その結果，1981年12月に39産別組織が結集して統一準備会が発足し，準備会は82年の全民労協（全日本民間労働組合協議会），そして87年11月の民間連合（全日本民間労働組合連合会）の結成へとつながっていった。民間連合結成で総評以外の全国組織は解散したが，総評は公務部門中心の全国組織として存続した。総評も89年に解散・民間連合と統一（全的統一）を決定し，同年11月に連合（日本労働組合総連合会）が結成された[6]。

　労戦統一の進展には，総評の路線変更が背景として存在した。総評指導部は，75年春闘やスト権ストでの敗北を受けて，1970年代後半にこれまで主張してきた政治闘争主義・戦闘的経済主義路線に限界を感じ始め，IMF-JCや同盟が推進した労使協調主義・政治的交換（＝政策制度闘争）路線に軸足をシフトした（**図表10-1**参照）。総評の政策志向のシフトは，第一次オイルショック後の厳しい経済状況のなかで「ドラスティックな合理化プロセス」の「厳しい試練」に迫られた中小労働組合を含む傘下の民間労働組合が総評の合理化反対方針に異議を唱えたことも影響している［井上 1997：209-213；新川 1993：215］。総評が路線を変更して民間先行の労戦統一に合流するためには，組織内部の軋轢を克服する必要があった。総評は2つの内部的な軋轢を抱えていた。第1に，公務部門と民間部門の軋轢である。公務部門の組合は争議権をめぐる政府との対立や市場競争に直接さらされていないことなど，民間労働組合と異なった政治的・経済的文脈におかれており，民間労働組合が直面している厳しい経済状況や合理化への柔軟な対応を必要としていることに関心を示さなかったとされる。しかし総評指導部は，反合理化のスタンスを維持することで総評運動が労働運動全体から孤立することを危惧し，公務部門労働組合の反対を抑えて70年代末に合理化反対方針を事実上撤回した［井上 1997：218-219］。

　第2の軋轢は，支持政党をめぐる対立（主流派の社会党支持に対し反主流派の「政党支持の自由」〔実際には共産党支持〕）を反映したものである。この軋轢は，「労働戦線統一の基本構想」をめぐる対立にあらわれた。「主流派」の産業別組織は基本構想を支持あるいは容認したものの，「反主流派」の統一労組懇（統

一戦線促進労働組合懇談会）系の産業別組織は階級的路線の立場から基本構想を「反共分裂主義」「大企業中心の労働戦線統一」であると反対した。また，主流派であっても，組織内に統一労組懇を支持するグループを抱える産業別組織（日教組，自治労〔全日本自治団体労働組合〕など）があった。総評は当初，労戦統一に参加する労働組合の選別に反対したが，後に統一労組懇系産業別組織の排除を受け入れた。その結果，89年に連合が結成された段階で，統一労組懇系産業別組織が中心となり，全労連（全国労働組合総連合）が結成された。また，日教組や自治労では連合加盟を志向する主流派と連合加盟反対の反主流派（統一労組懇系グループ）の対立が深まり，後者は独自の産業別組織を結成して全労連に加盟した。なお，連合加盟に反対するものの全労連に参加しない国労を中心とする「旧総評左派グループ」（社会党左派を支持）は，89年に全労協（全国労働組合連絡協議会）を結成した。

### （6）国鉄分割民営化による国労の弱体化

　総評が民間先行の労戦統一に合流し，次第に全国組織の独自性を失っていったもう1つの背景には，総評内で強い影響力をもった公務部門の労働運動の弱体化があった。弱体化の重要な要因の1つは，公務部門労働運動の中心的存在であった国労が，1987年の国鉄分割民営化にいたる過程で著しく力を弱めたことであった。

　国労の弱体化は，雇用不安を感じた国労組合員の大量脱退，および国鉄改革法の可決が必至になった段階で起きた国労の分裂によるものであった。国鉄監理委員会が1985年7月に国鉄分割民営化の具体的計画を答申すると，国鉄当局は国鉄改革反対の立場をとる国労を，改革支持の立場をとる鉄労や動労から孤立させる政策をとった。当局の「孤立化政策」は，85年11月の国労との雇用安定協約再締結の拒否（鉄労や動労とは締結）や，86年1月の国鉄改革への協力の「踏み絵」となる労使共同宣言案の提示（国労は締結拒否，他の2労働組合は締結）などによって進められた。労使共同宣言には，民営化後はストを自粛すること，合理化への積極的協力，余剰人員対策に労使が協力して取り組むことなどが盛り込まれた。雇用安定協定の失効と労使共同宣言締結拒否は，組合競合

における国労の立場を著しく不利にした。多くの国労組合員は雇用不安を感じ始め，86年1月以降国労からの脱退者数が急速に増加した。組合員の大量脱退は，国労の国鉄内最大労働組合としての地位を脅かし始めた。

　1985年7月の衆参両院選挙の自民党勝利で国鉄改革法案可決が確実になると，国労執行部は「大胆な妥協も必要」であるとして労使共同宣言を受け入れる方針をとろうとした。しかし，国労内には国鉄改革に反対する勢力の影響が強く，11月の臨時大会で執行部の労使共同宣言締結案は否決された。その結果，国労執行部は国鉄改革反対派の主導に移り，これまで執行部を形成していた主流派は国労を脱退して鉄産総連（全国鉄道産業労働組合総連合）を結成した。分割民営化後の87年6月時点で，JR新会社の最大労働組合は労使協調主義路線をとる鉄道労連（全日本鉄道労働組合総連合会。動労と鉄労を中心とした国鉄改革を支持した労働組合の連合体，約11万人）となり，国労は約4万1000人と前年6月の組合員数から75％減となり，少数派組合となった。

　上記のように第一次オイルショック後，民間部門の労働運動は市場圧力の影響を受けて労使協調路線を深めていった。他方，市場圧力が弱い国鉄の場合，労働組合の労使協調路線の確立は，政府が推進した分割民営化路線と当局の国労孤立化政策という政治的な過程を経て達成された。

## 6　1990年代以降の労働運動の展開——運動の後退と新たな活路の模索

### （1）労働運動をめぐる環境の変容

　日本経済は，1990年に「バブル経済」が崩壊すると，戦後最大の不況である「平成不況」に陥った。85-89年の5年間のGDP増加率平均が4.6％であったのに対し，平成不況後の5年間（90-94年）の年平均は2.2％に，さらにその後の5年間（95-99年）の年平均は1.2％に低下した。経済不況の労働市場や労働運動への影響は，失業率・失業者数の増加，非正規雇用者の増加，希望退職や早期優遇退職制度による大企業部門の人員削減（いわゆる「リストラ」），春闘での賃上げ率の低下，そして労働組合組織率・労働組合員数の減少などのかたちであらわれた。

厳しい経済状況を受けて，経営者は長期雇用や年功賃金等を規範とした「日本的経営」の見直しをした。それを象徴するのが，1995年に日経連が発表した「新時代の『日本的経営』」である。この報告書は，日本的経営の基本的理念を変えないものの，「意識の多様化，産業構造の変化」に対応するために雇用システムの根本的見直しを提唱した。具体的には，雇用形態を「長期蓄積能力活用型グループ」，「高度専門能力活動型グループ」，「雇用柔軟型グループ」に分けて，これらの3つの雇用形態を効率的に組み合わせた「自社型雇用ポートフォリオ」を策定していくべきとした。3つの雇用形態の処遇は大きく異なり，第1のグループが昇給のある「期間の定めのない雇用契約」，第2，第3のグループが昇給のない「有期雇用契約」に基づいた。

政府は，新自由主義政策への志向を強め，1995年に総理府に規制緩和小委員会を設置して労働市場の規制緩和を促進した。とくに90年代末の一連の法改正は，これまで労働者保護に主眼をおいた戦後労働法制の全面的な見直しとなった。政府は97年に男女雇用機会均等法の改正にともない労働基準法（以下，労基法という）を改正，女性労働者の深夜労働を禁止し，深夜残業を規制した「女子保護規定」を撤廃した。労基法は98年に再び改正され，これまで11の業種に限定されていた裁量労働制がホワイトカラー労働者の大半に適用され，変形労働時間制の要件が緩和され，高度専門的技術・知識をもつ労働者の有期雇用契約の上限が1年から3年に延長された。99年には，改正労働者派遣法と改正職業安定法が成立し，これまで26業務に限定されていた労働者派遣が原則として自由化（ネガティブ・リスト化）され，民間の有料職業紹介も自由化された。その後，労働者派遣法は2003年にも改正され，派遣期間が1年から3年へと延長され，製造業務への派遣が解禁された（ただし派遣期間は1年）。同年に改正された労基法は，有期雇用契約の上限を原則3年とし（高度専門的技術・知識をもつ労働者の場合5年），企画業務型裁量労働制の要件・手続きを緩和した。

労働市場の規制緩和の動きはさらに進んでいる。厚生労働省は「就業形態・就業意識の多様化にともなう労働条件決定の個別化の進展」や「働き方の多様化の進展」を受けて，労働契約法制と労働時間法制のあり方について労働政策審議会に諮問し，2006年12月に同審議会から答申が出された。答申は労働契約

法制について「(労働者に周知されている) 就業規則で定める労働条件が, 労働契約の内容となる」とし, 労働条件の変更を就業規則の変更 (その変更が合理的である限り) により行えるとした。また, 労働時間法制について答申は, 長時間労働を抑制するため一定時間以上の時間外労働の割増賃金を引き上げるべきとしたが, 他方で「(年収が相当程度高い) 一定の要件を満たしたホワイトカラー労働者について……労働時間に関する一律的な規定の適用を除外する」, いわゆるホワイトカラー・エグゼンプション (第6章第3節参照) を盛り込んだ (厚生労働省Webサイト)。政府は答申に基づき07年3月に労働契約法案, 労基法改正法案を閣議決定して国会に提出した。ただし, ホワイトカラー・エグゼンプションは, 世論の反発が強かったため, 労基法改正案に盛り込まれなかった。なお, 労働契約法は一定の修正を経て07年11月に成立した。

### (2) 春闘の賃上げ状況と春闘の見直し

厳しい経済状況を反映して, 春闘での賃上げ額・率は低下し続けた。主要民間企業の春闘賃上げ率は, 1990年平均の5.9％から, 95年の2.8％, 2000年の2.1％, そして05年の1.7％に低下した (**図表10-5を参照**)。賃上げ率のうち2％は定期昇給分に相当するとされるため, 2002年以降の賃上げ率が2％を下回ったことは, (少なくとも平均でみると) 実質的な賃上げであるベースアップが行われなくなったことを示している。

経営者, 労働組合とも1990年代半ばに, 春闘の改革を主張し始めた。日経連は, 春闘のパターン・セッターが輸出産業 (80年末以降, 電機と自動車産業のパターン・セッターとしての影響が強まった) であるものの, パターン・バーゲンニングにより通信, 電力, 私鉄など国内市場産業の賃金がこれらの産業の生産性向上分以上に引き上げられていると主張した。そして, 春闘が日本経済の高コスト構造の原因となっていると批判し, 賃金決定は生産性向上と各企業の支払い能力に基づくべきであるとした。

連合に加盟するいくつかの産業別組織も, 春闘見直しを検討し始めた。産業別組織の幹部の間で, 労働組合が春闘の賃金交渉で一律に賃上げを獲得することが困難になっているという認識が広がったことが, 見直し論の背景にある。

たとえば，鉄鋼労連は日経連の春闘に対する批判的見解を共有し，春闘による賃金決定が「生産性向上の裏打ちのない産業・企業まで世界水準に横並びで賃金を引き上げ」，そのコストが物価に転嫁されてきたと指摘した。そして，各産業や企業の賃上げは「それぞれの実態に応じた自律的な賃金決定」を行うべきであるとした［兵藤 1997：523］。

春闘見直し論はそれぞれの産業別組織によって内容が異なるものの，その多くが春闘の賃上げ交渉における産業別組織の自律性の強化を主張した。すなわち，連合の役割をミニマム基準設定にとどめ，具体的な賃上げ要求や妥結は産業別組織主導で行うことを主張した。いくつか

**図表10-5　民間主要企業における春期賃上げ状況の推移**（1989-2007年）

| 年 | 妥結額（円） | 賃上げ率（％） | 分散係数 |
| --- | --- | --- | --- |
| 1989 | 12,747 | 5.17 | 0.11 |
| 1990 | 15,026 | 5.94 | 0.08 |
| 1991 | 14,911 | 5.65 | 0.08 |
| 1992 | 13,662 | 4.95 | 0.11 |
| 1993 | 11,077 | 3.89 | 0.12 |
| 1994 | 9,118 | 3.13 | 0.12 |
| 1995 | 8,376 | 2.83 | 0.10 |
| 1996 | 8,712 | 2.86 | 0.10 |
| 1997 | 8,927 | 2.90 | 0.11 |
| 1998 | 8,323 | 2.66 | 0.12 |
| 1999 | 7,005 | 2.21 | 0.15 |
| 2000 | 6,499 | 2.06 | 0.14 |
| 2001 | 6,328 | 2.01 | 0.15 |
| 2002 | 5,265 | 1.66 | 0.15 |
| 2003 | 5,233 | 1.63 | 0.16 |
| 2004 | 5,348 | 1.67 | 0.18 |
| 2005 | 5,422 | 1.71 | 0.16 |
| 2006 | 5,661 | 1.79 | 0.18 |
| 2007 | 5,890 | 1.87 | 0.14 |

出所：労働省，厚生労働省調べ，厚生労働省Webサイトより作成

の産業別組織はさらに議論を進め，産業別組織の調整機能をミニマム基準設定にとどめ，具体的な賃上げ交渉を企業別組合の裁量に任せることを提唱した。すなわち労働組合側の議論も，これまでの春闘の基礎をなした産業間のパターン・バーゲニングおよび同一産業内における賃上げ交渉の調整について見直し始めたのである。

連合は2002年の春闘以降，統一賃金要求基準にベースアップを含めず，ベースアップ要求を各産業別組織の判断に任せた。この政策転換は，上記の春闘見直し論や厳しい経済状況のもとでの産業間の業績格差を考慮してなされたもの

とみることができる。しかし，中小企業労働組合が多く占める産業別組織からは，大手企業と中小企業・地場産業企業の賃金格差を縮めるために，連合は統一要求基準を設定することが「ナショナルセンターの社会的使命」であるとの異論も出された（[日本労働研究機構 2002] 2002年9月23日付）。

1990年代半ば以降の春闘は，64年春闘以来制度化されてきたパターン・バーゲニングの機能低下に特徴づけられる。それにともない，賃金交渉が産業あるいは企業レベルに分散化する傾向が強まった。分散化の指標として**図表10-5**の春季賃上げの分散係数をみると，係数が増加傾向にあることがわかる。

## （3） 労働運動の政策形成への発言力の低下

労戦統一により1989年に結成された連合は，組織労働者の多数（90年時点で62％）を組織する全国組織となり，労働組合員および勤労者全般を代表して政府と「政治的交換」を行うアクターとしての役割が期待された。実際，連合は政策制度要求を政策の最重点課題とし，政府の審議会に代表を送り，官庁，内閣，政府与党と政策会談を行った。しかし，連合が政治領域での組織的プレゼンスを強めようとした矢先，日本経済は厳しい不況に陥り，政府は新自由主義政策を志向するようになった。連合は政府の労働市場の規制緩和政策に反対したものの，これらの政策形成過程に影響をおよぼすことができなかった。

連合が労働側の利益を代表して政策形成過程に参加する主要なルートは，省レベルに設置された審議会に労働側代表として参加することである。連合と連合加盟組織は，1997年時点で290人の代表を70の審議会に送っていた。これらの審議会は，労働，社会保障，教育，経済，男女平等などさまざまな課題を扱っていた。これらの課題のなかで，連合は労働政策に関する審議会への参加を重視した。旧労働省には11の審議会が設置されていたが，そのほとんどが三者（労働側委員，使用者側委員，公益側委員）構成であった。労働政策形成にとくに重要なのは，労働基準を扱う中基審（中央労働基準審議会）と雇用関係を扱う中職審（中央職業安定審議会）であった。

1990年代初めまで，これらの審議会は諮問された政策課題の審議と，労働省への建議や答申作成を三者合意の原則に基づいて行った。労働側委員と使用者

側委員の意見が異なった場合は，公益側委員が仲裁者の役割を果たした。公益側委員は労使のそれぞれの立場を考慮して建議や答申案を作成し，労働側，使用者側委員はその案を受け入れることで妥協に達した。しかし，上記のように政府は90年代後半に労働市場の規制緩和政策を追求するようになると，審議会における三者合意の原則の維持が困難になった。98年の労基法改正，99年の派遣法改正は，それぞれ中基審，中職審により審議された。労働側委員は裁量労働制の大半のホワイトカラー労働者の適用と労働者派遣の自由化に強く反対した。他方，使用者側委員はこれらの規制緩和政策を強く支持し，公益側委員も使用者と同じ立場に立った。中基審と中職審は，改正法案を「概ね妥当」あるいは一定の追加事項を加え答申した。また，年金改革を審議した厚生省（当時）の年金審議会も，労働側委員の反対意見を考慮しない答申を出したため，労働側委員が抗議の意を示すため委員を辞職した。このように三者合意の原則が崩れたことは，政府の新自由主義政策のもと労働組合の政策形成過程における影響力（少なくとも第三者合意の原則が守られた時期にあった程度の影響力）が弱まったことを示唆する。

連合は審議会の答申で労働側委員の意見が反映されていないことを受けて，民主党など野党に働きかけて国会審議での法案修正にエネルギーを注いだ。その結果，労基法改正，派遣法改正は一定の修正や付帯決議を経て可決された。修正や付帯決議は労働側の意見をある程度反映したものの（たとえば，裁量労働制の適用範囲拡大の施行の1年間延期や派遣労働者の保護等の強化），これらの改正法の趣旨である労働市場の規制緩和自体を変更するものではなかった。

### （4）労働組合組織率・組合員数の減少と組織拡大の試み

労働運動の政策領域における発言力の低下の要因の1つに，労働組合の組織率・組合員数減少がある。組織率は，1975年の34.4％以降減少傾向にあり，83年に29.7％と30％を下回り，2003年には19.6％と20％を下回った。組合員数は94年までは増加していたが，95年以降減少に転じた。また，民間部門の組織率をみると，組織率が高い公務部門を含む全体の組織率よりも低く，97年に19.8％と20％を下回り，06年には16％まで低下した（**図表10-6**を参照）。

図表10-6　労働組合員数，組合組織率（全体，民間）

| | 組合員数（千人） | 組織率（全体）(%) | 民間組織率（%） |
|---|---|---|---|
| 1990 | 12,265 | 25.2 | 21.9 |
| 1991 | 12,397 | 24.5 | 21.4 |
| 1992 | 12,541 | 24.4 | 21.3 |
| 1993 | 12,663 | 24.2 | 21.3 |
| 1994 | 12,699 | 24.1 | 21.2 |
| 1995 | 12,614 | 23.8 | 20.8 |
| 1996 | 12,451 | 23.2 | 20.2 |
| 1997 | 12,285 | 22.6 | 19.8 |
| 1998 | 12,093 | 22.4 | 19.6 |
| 1999 | 11,825 | 22.2 | 19.4 |
| 2000 | 11,539 | 21.5 | 18.7 |
| 2001 | 11,212 | 20.7 | 18.0 |
| 2002 | 10,801 | 20.2 | 17.5 |
| 2003 | 10,531 | 19.6 | 17.1 |
| 2004 | 10,309 | 19.2 | 16.8 |
| 2005 | 10,138 | 18.7 | 16.4 |
| 2006 | 10,041 | 18.2 | 16.0 |

出所：労働省，厚生労働省「労働組合基礎調査」各年より作成

　労働組合の組織率低下については，いくつかの説明がされている。第1に，産業構造の変化である。労働組合組織率が相対的に高い製造業の雇用が減少したのに対し，組織率が相対的に低いサービス産業の雇用が増加したという説明である。しかし，時系列的にみると，製造業の組織率はサービス業の組織率よりも常に高いものの，どちらの産業の組織率も一貫して低下している。そのため，産業構造の変化だけでは，組織率低下を十分に説明することができない。第2に，パートタイムや女性労働者の比率増加などの雇用構造の変化である。パートタイム労働者など非正規労働者（その多くが女性によって占められる）は，企業別組合に組織化されないため（企業別組合は通常，正規労働者のみを組織する），これらの労働者の増加が組織率の低下の要因であるとする説明である。

第1と第2の説明が「構造的」説明だとすると，第3の説明は「主体的」な説明である。すなわち，組織率が低下しているのは，労働組合が組織化努力を十分にしていないとする説明である。組織化努力不足の問題は企業別組合と産業別組織の2つのレベルで検討することができる。企業レベルでは，企業別組合は基本的に特定の企業の正規労働者のみを組織するため，同じ企業で働く非正規労働者や他企業の未組織労働者を組合に加入させるインセンティブは少ない。さらに，企業別組合は経営者とユニオンショップ協定を結ぶと正規労働者を自動的に「組織化」できるため，企業内での組織化をする必要もなくなる。厚生労働省の2000年の調査によると，ユニオン協定を結んでいる労働組合の割合は75.9％で，労働組合規模が大きくなるほどその割合が高くなる。産業別組織は当該産業内の未組織労働者を組織化することが期待されているが，一部の産業別組織を除いて組織化を推進する体制が十分に整っていないのが現状である［都留 2002：51-83；鈴木 2006b］。

労働組合全国組織は，政治領域や市民社会で労働者全般を代表するため，組合組織率や組合員数低下にともなう労働運動の影響力低下を強い危機感で受け止めている。連合，全労連とも大会ごとに組織拡大を運動方針に盛り込んでいるが，組織拡大に本格的に取り組み始めたのは2000年以降である。連合は01年の大会で組織拡大を「最重要課題」とし，2年間で60万人の拡大を目標とした「アクション・プラン21」を打ち出した。この目標値は，各構成組織から出された，具体的組織対象に裏づけされた数値に基づいている。この目標達成のために，連合予算の20％強に相当する約10億円が組織拡大関係に配分され，新たに設置された「組織拡大センター」に20人のスタッフが配置された。全労連も01年の評議委員会で2億円の「組織拡大基金」の設置が決定され，それに基づいてオルグ配置をするなど，組織拡大に向けての活動を本格化させた［早川 2006］。

組織拡大の取り組みへの積極性は，産業別組織の間でも程度が異なる。たとえば，ゼンセン同盟（2002年に組織統合によりUIゼンセン同盟と改称）は連合加盟組織で組合員数を増加させた数少ない組織である（1996年の60万200人から2002年の61万3300人に増加）。ゼンセン同盟は，組織拡大を組合政策の最優先課題に

位置づけているため，組織化活動に充てられている人的，財政的資源は他の産業別組織より多い。ゼンセン同盟が組織拡大に積極的に取り組み実績を挙げた理由として，同組織が加盟組合（企業別組合）に対して相対的に強い権限をもつこと，組織化戦略が柔軟であること（経営者の了解を得て未組織企業を組織化するが，了解が得られない場合は経営者と対立しても組織化する）が指摘されている。他方，組織拡大にあまり積極的でない産業別組織は，その加盟組合の多くがユニオンショップ協定を結び労使協調関係にある企業別組合であること，組織の加盟組合に対する権限が相対的に弱いことが特徴である［鈴木 2006b］。

### （5）企業別組合の状況と新たな取り組み

　労働運動の環境は1990年代以降大きく変化したものの，企業別組合の労使協調路線は維持されている。企業が厳しい経済環境に対応するため組織再編や人員削減などの政策を実施したことは，逆に労使協議制度を通じた労使のコミュニケーションを深めたとする見解も示されている。連合総研（連合総合生活開発研究所）が2006年に企業別組合を対象に行った調査によると，労使協議への付議事項は5年前と比較して拡大あるいは増加傾向にあり，協議の内容も複雑になっている。協議内容が「変わらない」とする回答は54％と最も多いが，「複雑になった」とする回答も44％を占めた。また，非公式の労使協議の開催は5年前に比べ「増えた」とする回答（28％）が，「減った」とする回答（10％）を上回っている。労使協議での組合の企業に対する「発言力」，「経営案に対する組合の意見反映度」の評価をみると，5年前と比べて「変わらない」とする回答が最も多いが，発言力が強くなり，反映度が高くなったと評価する傾向がみられる。たとえば，発言力が「強くなった」（16％）は「弱くなった」（7％）を上回った。ただし，労使協議に付議される事項の内容が一般組合員に理解される程度をみると，5年前と「変わらない」とする回答が最も多いが，「低くなった」（17％）が「高くなった」（10％）を上回り，一般組合員が「労使の協調関係から取り残されつつ」あることが指摘された［連合総研 2007：57-61］。このように，企業別組合は企業経営のロジックに以前よりも深く組み込まれ，組合員を経営に対して「代表」する機能を弱めた。

しかし企業別組合は，状況の変化に常に「受動的」な対応をしていたわけではない。たとえば，企業の組織再編や従業員構成の変化に対応して，自らの組織形態の変革を試みている。電機産業では，企業の組織再編は主に分社化というかたちをとる。電機メーカーの企業別組合のなかには，分社化に対応して企業別組合を分離・独立させる動きが出ている。大手電機メーカーのA社の組合（組合員数約3万人）は，これまでA労働組合内部にあった主要事業分野ごとの支部を単組化（独立した組合にすること）して，将来的にはAグループ連合をつくり，そこにA労働組合から分離した組合をA社グループの関連企業の組合と同列に加盟させる計画である。これにより，A社から分社化された事業分野が非組合化することを防ごうとしている［松尾 2006：162-164］。

　また，従業員のなかにパートタイム労働者が占める割合が大きい百貨店やスーパーなど小売・流通業では，企業別組合がパートタイム労働者の組織化に取り組んでいる。厚生労働省の調査によると，パートタイム労働者が常用労働者に占める比率（2006年）は，卸売・小売業が最も高く41％で，製造業（14％），サービス業（26％）を大きく上回る。小売・流通業ではパート比率が高いだけでなく，パートタイム労働者の基幹化も進んでおり，パートタイム労働者が正規労働者に代わって担当する職域が拡大している。スーパーや百貨店の企業別組合を傘下にもつゼンセン同盟（現UIゼンセン同盟）や商業労連（現サービス・流通連合）は，90年代半ば以降パートタイム労働者の組織化方針を本格的に打ち出し，傘下の企業別組合も組織化に取り組み始めた。たとえば，サービス・流通連合傘下の伊勢丹労働組合は労使共同プロジェクトや意識調査実施などでパート組織化の準備を行い，2000年に基幹パートタイマー（社会保険加入者）の組織化を始め，02年には組織化対象を一般パート（社会保険非加入者）に拡大した［浅見 2006：128-133］。また，UIゼンセン同盟傘下のイオン労働組合は，04年に月120時間以上働くパートタイム労働者1万6000人の組織化を始め，さらに06年に月120時間未満のパートタイム労働者4万4000人を組織化した。その結果，イオン労働組合は，パートタイム労働者（6万人）が正規労働者（1万4000人）を大幅に上回る構成となった。なお，このような大手百貨店やスーパーでの事例で留意しなくてはならないのは，企業別組合は経営者

と協議してパートタイマーの組合加盟に合意したうえで，パートタイム労働者をトップダウンで組織化していること，すなわち労使協調の枠組みのなかでの組織化だということである。

### （6）個別労使紛争の増加とユニオン運動の展開

労働組合の組織率低下は，集団的労使関係の枠組みでの労使紛争の解決をむずかしくしている。争議行為などの集団的労使紛争（労働組合と経営者の紛争）は1980年代後半以降大幅に減少し，「争議行為をともなう争議」件数は，85年の4230件から，95年の685件，05年の129件とドラスティックに減った。しかし，個別労使紛争（労働者個人と経営者の紛争）は増加した。これは，労働組合が組織されていない企業が増加したことに加え，パートタイム労働者などの非正規労働者（その大部分は労働組合に加盟していない）が増加し，経営者との賃金，雇用，労働条件などでのトラブルが増加していること，成果主義賃金や年俸制などの導入により賃金決定が個別化したことなどを反映しているとみることができる。

このような労使紛争の個別化に対応するため，2001年に個別労働関係紛争解決促進法が制定され，同年10月から施行された。この法律は，個別労使紛争の解決を促進するために都道府県労働局長による助言や指導，紛争調整委員会のあっせん制度を設けた。全国に約300ヶ所ある「総合労働相談コーナー」に寄せられた労働相談のうち，あっせん申請を受理した件数は，02年度の3036件から06年度の6924件に増加した。06年度のあっせん申請内容の内訳をみると，多い順に解雇，いじめ・嫌がらせ，労働条件の引き下げ，退職勧奨の順となっている。また，あっせんを申請した労働者は，正社員が59％，パート・アルバイトが19％，派遣労働者・契約社員が17％を占めた。なお，あっせん件数の3割は，労働組合が組織された企業で働いている労働者からの申請であった（厚生労働省Webサイト）。さらに06年4月より労働審判制度が開始され，地方裁判所本庁（全国50ヶ所）に設けられる労働審判委員会が個別労働事件を審理することとなった［村田 2008：44］。

このような労使紛争の個別化と並行して，企業別労使関係を超えた労働運

動，いわゆるユニオン運動が1990年代以降一定の展開をみせた[7]。なぜなら，ユニオンが扱う問題は，個別労使紛争に関連する問題が多いためである。ユニオンは個別加盟の労働組合で，主に地域を基盤としている。すなわち，特定の地域あるいは「コミュニティ」で働く労働者が，正規・非正規などの雇用条件，働いている企業やそこでの組合の有無に関わりなく，個人資格でユニオンに加盟する。ユニオンの組合員は，中小零細企業で働く労働者，パートタイム労働者，女性労働者，外国人労働者，すなわち大企業の企業別組合がカバーする範囲の外側にいる労働者が多くを占める。また，管理職ユニオン，女性ユニオン，あるいは一部の地域ユニオンは，特定の労働問題（管理職の雇用不安，ジェンダー差別，外国人労働者問題）に取り組んでいる。ユニオンは労働相談を活動の中心とし，相談者の一部がユニオンに加入し，ユニオンを通じて企業と交渉して個別労使紛争の解決をはかる。それ以外に，共済活動，事業運営を行っているユニオンもある［長峰 2003：57-62］。

　ユニオン運動は日本の労働運動全体からみると，マージナルな存在である。ユニオン運動の全国連絡組織であるコミュニティ・ユニオン全国ネットワークには2002年時点で66組合が加盟しており，組合員数の合計は約1万5000人であった。また，ユニオンの規模をみると，組合員が800人を超えるユニオンも存在するものの，1ユニオンあたりの平均組合員数は，166人と小規模である。規模が大きくならない要因の1つは，組合員の定着率が低いことで，組合員は個別労使紛争が解決するとユニオンを辞めてしまう場合が多い［長峰 2003：53，60，66］。しかし，ユニオン運動は少数派であるものの，労働運動全体に発言をする努力をしている。全国ネットワークに加盟するユニオンのうち，連合加盟を志向する8つのユニオンが02年に全国ユニオン（全国コミュニティ・ユニオン連合会，約5000人）を結成し，非正規労働者の組織化，パートタイム・派遣労働者の均等待遇の実現，社会的労働運動の推進などを方針として掲げた［法政大学大原社会問題研究所編 2003：192］。全国ユニオンは03年に連合に加盟し，05年の連合大会では，全国ユニオン会長が連合会長選挙に対立候補として立候補し，連合の非正規労働者問題への取り組み強化などを訴えた。選挙には敗れたものの，連合の他の加盟組合から一定の支持を得た。

## おわりに──労働運動の展望

　1990年代以降の労働運動は，組合組織率低下，政府の進める労働市場規制緩和政策，経営者の企業再構築政策など厳しい課題への対応を迫られた。しかし，労働運動の主要な部分は，国家レベルの政労関係および企業レベルの労使関係の既存の枠組みを前提として行動してきたといえる。**図表10-7**は，90年代以降の労働運動の政策志向を**図表10-1**の分類にそって整理したものである。

　国家レベルでは，連合を中心とした労働運動は政府の審議会での労働側の発言力が弱まったにもかかわらず，①の政治闘争主義に政策の重点を移さずに，既存のルートを通じた政府に対する政策制度要求（政治的交換）を追求している。また，企業別組合と経営者の相互信頼的労使関係は，組合幹部と経営者が厳しい経済状況への企業の対応を公式・非公式の労使協議で話し合うなかで継続し，さらに深化した。運動の新たな流れは，ユニオン運動にみることができる。ユニオン運動は主に地域を基盤とするが，ユニオンは個別労紛争を抱えて加入した組合員を代表して企業と交渉を行い，その交渉がしばしば対立的なため，戦闘的経済主義に相当する③に分類した。しかし，上記のようにユニオン運動は労働運動全体からみると規模が小さい。

　今後，労働運動はどのように展開するのだろうか。今後も組織率が低下し続けて，労働運動は社会においてマージナルな存在に衰退してしまうのだろうか。仮に労働運動が衰退しても，これまで労働運動が取り組んできた賃金や労働条件，労働者の権利や保護の基準設定などの課題がなくなるわけではない。経済の新自由主義化のもと，雇用の不安定化，賃金や労働条件の水準低下，労働市場の規制緩和など，労働者は厳しい状況に直面している。このような状況に対応するためには，労働組合の組織拡大などによる運動の再活性化が求められる。すでに，全国組織による組織拡大政策，企業別組合によるパートタイム労働者の組織化，地域を基盤としたユニオン運動など再活性化の努力は始まっている。このような再活性化の試みを成功させるためには，労働組合が長期的

第10章　労働運動

**図表10-7　日本の労働運動の政策志向の類型**（1990年代以降）

| | | 主な政策追求方法 | |
|---|---|---|---|
| | | 運動的側面を重視 | 制度的側面を重視 |
| 活動を行う<br>レベルと要<br>求の焦点 | 国家・社会レベル | ①（空白） | ②政策制度要求<br>→政府への発言弱まる |
| | 企業・産業レベル（ただし<br>企業レベルが中心） | ③ユニオン運動（地域レベル） | ④相互信頼的労使関係<br>→継続・深化 |

視点に立って未組織労働者の組織化により多くの人的・財政的資源を投入すること，企業別組合が自らの企業内労使関係の位置を再検討して組合員の組合運営に対する無関心問題を克服すること，そして，労働運動が一部の労働者の経済的利益を追求する「利益団体」として行動する傾向を見直し，自らを市民社会のなかでより開かれた組織として位置づけていくことが重要だと考えられる。さらに，アメリカなど他の工業国の労働運動も組織率低下に悩んでおり，さまざまな組織拡大や再活性化に向けて努力している。組合関係者や研究者が国際交流を通じて他国の事例を学ぶとともに日本の運動の経験を伝えていくことも，日本の労働組合の再活性化の契機を提供する。

1) 「政治的交換」(political exchange) については，Pizzorno [1978] を参照。Pizzornoは産業別組合や労働組合全国組織に代表される労働運動が政府と取り引きをすること（たとえば，組合が賃上げなど短期的利益追求を抑制するかわりに，政府から長期的に労働者に利益をおよぼす政策の実施の約束を引き出す）を「政治的交換」と呼ぶが，その際，必ずしもコーポラティズムのような労働組合と政府が公式に交渉する制度の存在を想定していない。しかし，このような政治的交換が積み重なるなかで，組合と政府の継続的な関係をつくる制度が形成されると考えることができる。
2) 第3節以下の労働運動の展開の叙述は，とくに断りがないものは法政大学大原社会問題研究所編 [1995；1999；2005；2006；2007]，Suzuki [2004；2006] および鈴木 [1999；2006a] を参考にしている。
3) 二村の説は，もう1つの有力な説の批判として出されている。もう1つの説によると，労働組合が企業別に結成されたのは，1920年代以降，大企業で確立された「長期雇用慣行」により形成された内部労働市場（企業別に分断された労働市場）を反映したからとされる。他方，二村は，確かに「長期雇用慣行」が職員や基幹的熟練工の間にみられたものの，戦間期においては多くの労働者の雇用保障の水準が低かったこと，また内

部労働市場が戦時中に崩れてしまい，終戦直後には存在していなかったと論じ，企業別組合の形成を内部労働市場に求める説に反論した［二村 1994］。
4）「公務・公共部門」は，国家公務員，地方公務員および公共事業体等の職員をさすが，以下では簡略化して「公務部門」と呼ぶ。
5）スト権ストの詳しい分析については，熊沢［1982］，高木［1991］を参照。
6）なお，結成以降から2000年代半ばまでの連合の動向の詳細については，鈴木［2009］を参照。
7）ユニオン運動は，1980年代前半から始まっているが，その歴史についてはここではふれない。詳しくは，長峰［2003］，小畑［2003］などを参照。

## 【参考文献】

文献案内：以下の文献のうち，日本の労働運動研究の基本的文献と考えられるものに分野別の記号を付した：労働運動の通史（A），春闘（B），企業別組合・企業内労使関係（C），労働運動と政治（D）

浅見和彦（2006）「パートタイム労働者組織化の現状と課題──小売・流通業を中心に」鈴木玲・早川征一郎編『労働組合の組織拡大戦略』御茶の水書房

稲上毅編（1995）『成熟社会のなかの企業別組合──ユニオン・アイデンティティとユニオンリーダー』日本労働研究機構（C）

井上雅雄（1997）『社会変動と労働──「連合」の成立と大衆社会の成熟』木鐸社（A）

小畑精武（2003）「コミュニティ・ユニオン運動の到達点と展望（上）（下）」『労働法律旬報』2003年9月下旬，2003年10月下旬

上井喜彦（1994）『労働組合の職場規制──日本自動車産業の事例研究』東京大学出版会

木下武男（1992）「産業別全国組織の分裂・再編と民間『連合』への道のり」法政大学大原社会問題研究所編『《連合時代》の労働運動』総合労働研究所

熊沢誠（1982）「スト権スト・1975年日本」清水慎三編著『戦後労働組合運動史論──企業社会超克の視座』日本評論社

栗田健（1994）『日本の労働社会』東京大学出版会（A）（C）

小松隆二（1993）『現代社会政策論』論創社

清水慎三（1982）「総評30年のバランスシート」清水慎三編著『戦後労働組合運動史論──企業社会超克の視座』日本評論社（A）

新川敏光（1993）『日本型福祉の政治経済学』三一書房（D）

鈴木玲（1999）「組合内政治と組合路線──国労の事例研究を通じた理論的考察」『労働社会学研究』（日本労働社会学会）第1号

鈴木玲（2006a）「ナショナルセンターの組織拡大政策の歴史」鈴木玲・早川征一郎編

『労働組合の組織拡大戦略』御茶の水書房
鈴木玲（2006b）「産別組織の組織拡大戦略——その制度的分脈と媒介要因」鈴木玲・早川征一郎編『労働組合の組織拡大戦略』御茶の水書房
鈴木玲（2009）「連合政策の展開の分析——政治・経済・組織問題をめぐる対立軸の視角から」石田光男・願興寺胝編『講座現代の社会政策　労働市場・労使関係・労働法』明石書店
高木郁朗（1991）「公労協『スト権奪還スト』（1975年）」労働争議史研究会編『日本の労働争議』東京大学出版会
都留康（2002）『労使関係のノンユニオン化——ミクロ的・制度的分析』東洋経済新報社
長峰登記夫（2003）「コミュニティ・ユニオン運動の20年——現状と課題」浜村彰・長峰登記夫編『組合機能の多様化と可能性』法政大学出版局
二村一夫（1994）「戦後社会の起点における労働組合運動」渡辺治ほか編『戦後改革と現代社会の形成』《シリーズ日本近現代史　構造と変動4》岩波書店（A）
日本労働研究機構（2002）「今年の労組大会から（上）」『週刊労働ニュース』2002年9月23日
早川征一郎（1992）「春闘の展開と変貌——春闘史の中での連合春闘」法政大学大原社会問題研究所編《連合時代》の労働運動』総合労働研究所（B）
早川征一郎（2006）「連合と全労連の組織拡大戦略」鈴木玲・早川征一郎編『労働組合の組織拡大戦略』御茶の水書房
久本憲夫（1998）『企業内労使関係と人材形成』有斐閣（C）
兵藤釗（1997）『労働の戦後史（上）（下）』東京大学出版会（A）（B）（C）
法政大学大原社会問題研究所編（1949）『日本労働年鑑第22集　戦後特集』第一出版
法政大学大原社会問題研究所編（1995）『新版　社会・労働運動大年表』労働旬報社（A）（B）
法政大学大原社会問題研究所編（1999）『日本の労働組合100年』旬報社（A）（B）
法政大学大原社会問題研究所編（2003）『日本労働年鑑　第73集』旬報社
法政大学大原社会問題研究所編（2005）『日本労働運動資料集成IV　1955〜1959年』、（2006）『日本労働運動資料集成V　1960〜1964年』、（2007）『日本労働運動資料集成XIII　2000〜2005年』旬報社
正村公宏（1985）『戦後史　上』筑摩書房
松尾孝一（2006）「大企業組合の組織拡大戦略の分析と評価——電機連合と加盟単組の事例を中心に」鈴木玲・早川征一郎編『労働組合の組織拡大戦略』御茶の水書房
村田毅之（2008）『日本における労使紛争処理制度の現状』晃洋書房
森建資（2003）「職場労使関係の構造——1950年代の八幡製鉄所」佐口和郎・橋本秀

一編『人事労務管理の史的分析』ミネルヴァ書房
李ミンジン (2000)『賃金決定制度の韓日比較――企業別交渉制度の異なる実態』梓出版社 (B)
連合総研 (2007)『「労働者参加，労使コミュニケーションに関する調査」報告書』財団法人連合総合生活開発研究所
Carlile, Lonny E. (2005) *Division of Labor: Globality, Ideology, and War in the Shaping of the Japanese Labor Movement*, Honolulu: University of Hawaii Press.(A)
Dore, Ronald (1990) "Japan: A Nation Made for Corporatism?" in C. Crouch and R. Dore, eds., *Corporatism and Accountability*, Clarendon Press.
Gordon, Andrew (1993) "Contests for the Workplace," in Andrew Gordon, ed., *Postwar Japan as History*, Berkeley: University of California Press.(C)
Hyman, Richard (2001) *Understanding European Trade Unionism: Between Market, Class and Society*, London: Sage Publications.
Marks, Gary (1989) *Unions in Politics: Britain, Germany, and the United States in Nineteenth and Early Twentieth Centuries*, Princeton: Princeton University Press.
Pizzorno, Alessandro (1978) "Political Exchange and Collective Identity in Industrial Conflict," in Colin Crouch and Alessandro Pizzorno, eds., *The Resurgence of Class Conflict in Western Europe since 1968* (Vol.2), New York: Holmes & Meier.
Sako, Mari (1997) "Shunto: the role of employer and union coordination at the industry and inter-sectoral levels," in Mari Sako and Hiroki Sato, eds., *Japanese Labour and Management in Transition: diversity, flexibility and participation*, London: Routledge.(B)
Suzuki, Akira (2003) "The death of unions' associational life? Political and cultural aspects of enterprise unions," in Frank Schwatz and Suzan Pharr, eds., *The State of Civil Society in Japan*, Cambridge University Press.
Suzuki, Akira (2004) "The Rise and Fall of Interunion Wage Coordination and Tripartite Dialogue in Japan." in Harry Charles Katz, Wonduck Lee, Joohee Lee, eds., *The New Structure of Labor Relations: Tripartism and Decentralization*, Cornell University Press.
Suzuki, Akira (2006) "The History of Labor in Japan in the Twentieth Century: Cycles of Activism and Acceptance," in Jan Lucassen, ed., *Global Labour History: A State of the Art*, Bern: Peter Lang.
Turner, Lowell (1991) *Democracy at Work: Changing World Markets and the Future of Labor Unions*, Ithaca: Cornell University Press.

（鈴木　玲）

# 第11章

# 最低賃金

## はじめに

　最低賃金制は，一定の賃金以下で労働者を雇用することを禁止する法規制である。この法規制は，日本国内における所得格差が注目されるにつれて，大きな関心を呼ぶようになった。また，2007年の地域別最低賃金が時間額で平均14円と久しぶりにまとまった引き上げ幅をみせたこと，同年末に改正公布された最低賃金法に生活保護との整合性への配慮が盛り込まれたことなどにより，その水準については多くの発言がきかれるようになっている。

　けれども，賃金はそもそも労働力の市場価格でもあるから，最低賃金制を公的扶助のような生活保障の仕組みとして直接に位置づけることは不可能である。むしろ，その水準の低さに関する数多くの論評の陰に，最低賃金制のもつもう1つの重要な機能，すなわち労使関係的な機能が隠れてしまっているのが近年の状況であろう。こちらの機能は，その取引関係や雇用形態やその他社会的制約によって労使自治の実現が困難な場にいる労働者のために，労使の協議や団体交渉を補完，あるいは代替する仕組みといえる。

　そこで本章は，日本の最低賃金制をめぐって，その水準については数多く行われている議論をいくらかでも端的に整理し，その労使関係的な機能については改めてもう少し注目するものである。戦後の最低賃金制の変遷や諸外国の例については網羅な文献がいくつか出版されているので，そちらを参照されたい。

## 1 最低賃金制の歴史

### (1) 労働基準法から業者間協定まで

　最低賃金の決定には，法定方式などさまざまな方法があるが，日本の場合には約40年間にわたって，主に審議会による決定の方式がとられてきた。すなわち，厚生労働大臣または都道府県労働局長から諮問された最低賃金につき，中央最低賃金審議会または地方最低賃金審議会が調査審議して答申を出すことによって決定される。この項ではその前史をみておく。

　最低賃金制としては，19世紀末から20世紀初頭にかけて，ニュージーランドなど英連邦系の諸国や米国で国家レベル，州レベルのものが実現していた[1]。その一方，日本においては1939（昭和14）年4月に公布，施行された「賃金統制令」が賃金の最高額とともに最低額も規制していたが，その目標は，「賃金の面から労務需給の混乱を調節することにあった」[小粥 1987：17-18]。したがって，この章で議論すべき最低賃金制が初めてできたのは47年公布の労働基準法においてである。ところが，連合国軍労働諮問委員会は「労働保護上，実質的な意義を有する最低賃金額を定めることが物価の高騰に対して不可避の影響を与ふべきことを指摘し」てその延期を勧告していた[寺本 1952：270]。また占領期以後も政府は，その第28条の[3]「規定を援用して，政府は1959年にこれらの条項が廃止されるまで事実上棚上げに」していたという[藤本 1967：120]。

　そのため，今日みられるような最低賃金制が始動するのは，1959（昭和34）年4月に最低賃金法が公布，7月に施行されたときといえよう。それは57年の中央賃金審議会の「最低賃金制に関する答申」を受けてのものだった。当時の同法の特徴は，最低賃金の適用対象や賃金額の決定方式として，主に第9条「業者間協定に基く最低賃金」を想定していたところにある。ほかに，第10条として同じく業者間の協定を一定地域内の他業者にも拡張適用する「業者間協定に基く地域的最低賃金」，第11条として労働協約を一定地域内の他の労使にも拡張適用する「労働協約に基く地域的最低賃金」，そして，現在に続く決定方式として第16条の「最低賃金審議会の調査審議に基く最低賃金」があった。

第11章　最低賃金

　ところで，協定を結んでいる業者間にだけ通用する最低賃金額を法的に追認するという上記第9条のような決定方式では，1928年に発効していたILO26号条約（最低賃金制度の実施に関する条約）を日本が批准するのは困難だった。それは，同条約第3条に謳われている「その使用者と労働者とは，いかなる場合にも，等しい人数で，かつ，平等の条件によって」最低賃金決定制度の運用に参与すべきという条件を満たしていないからである。このため，同法案の国会審議の際には，社会政策学会や労働法学会に所属する関東一円の研究者たちの多くが反対声明に賛同したが，それでもなお審議には何の影響も与えなかったという［藤本 1967：134-135］。

　その時期の状況を描写する例として，労働者保護とは別な角度から，当時の静岡県の様子を垣間みてみよう。まず，同法施行1ヶ月後に第9条によって初めて決定されたのは「静岡県缶詰製造業最低賃金」だった。労働省は翌1960年に「最低賃金普及計画」を策定するなどして普及をはかっていくが，同県内では適用労働者数が法施行後1年で全国の3割を占める広がりの速さだった［労働政策研究・研修機構 1960］。

　また，同県には地域別最低賃金を擬似的に先取りするかのような事例も生まれている。協定を結ぶ業者が事実上地域内の全産業におよぶため「町ぐるみ業者間協定」と呼ばれたものである。1960年7月1日に締結された静岡県浜名郡湖西町（現湖西市）の業者間協定で，これが全国初の例だった。当時の同町の人口は2万8000人，5000世帯だったが，これに対し地元紙によれば「適用事業場数は160，適用労働者数は5292人」である。また，決定された1日230円という賃金額未満の賃金を支払われていた労働者が25.9％であり，「それらの労働者の賃金支払総額に対する賃金増加額の割合は8.4％」と，「全業種一律のものとしてはかなりよい影響率」だったという［静岡新聞 1960］。その後，「結果的には当時激しかった労働者の移動がとまり，雇用の安定化が促進された」［労働政策研究・研修機構 1963(b)］という指摘には，高度経済成長期にあって東名間に位置するという地理的事情から，業者間協定が労働力流出を阻む手段という一面をもっていたことが伺われる。ちなみに，町ぐるみ業者間協定は1963年には25件前後あったとみられる［労働政策研究・研修機構 1963(a)］が，その後は減

少していく。

### （2）審議会方式の本格化

　1968年の改正によって，最低賃金法の第9条および第10条，すなわち「業者間協定」の条文は廃止された。こうして71年にはILO26号条約が批准される。この改正は，67年に出された中央最低賃金審議会答申を受けたもので，そこにみられる文言は，「資本の自由化をはじめ多くの面でわが国経済の国際化が一層推し進められる」予測のもとで，「適正な労働条件を確保して労働力の質的向上とその有効活用をはかる」などの「事情を十分考慮する必要がある」というものだった。また，それと関連して，審議会の調査審議を謳った第16条も変更されている。大臣や都道府県労働基準局長が審議会に調査審議を求めることのできる場合として，業者間協定によるのが「困難又は不適当」な場合，という限定がはずれ，「必要があると認めるとき」になったのである。

　これが，地域別，産業別（特定）を問わず最低賃金の決定方式として今日につながるものの幕開けだった。その決定方式とは，労働者，使用者，公益を代表する三者同数の委員によって構成される審議会によるものである。法改正の前後について，決定方式別に最低賃金の地方決定分の適用労働者数をみると，それは次のように変化した。すなわち，1967年末には旧9条による者が460万人，およびその拡張方式である旧10条による者が120万人で計580万人だった一方で，旧16条による者は150万人にすぎなかった。それに対して，69年末には旧9条および10条による者はほぼなくなり，新16条による者が690万人に達している。なお，地域包括的な最低賃金が決定されるようになるのは72年のことなので，上記の労働者に適用される最低賃金はすべて産業別最低賃金だった。

## 2　特定最低賃金（産業別最低賃金）

### （1）「新産業別最低賃金」の生成

　前述の1968年の法改正では，第16条の変更に続いて関係条文が追加されるが，なかでも「第16条の4（最低賃金の決定等に関する関係労働者又は関係使用者

の申出)」は，国会審議の過程において野党側要求によって追加されたものである。[5] その条項は，2007年改正法にも「特定最低賃金」に関する定めとして引き継がれることになったが，改正前の第1項の条文をみれば次のとおりである。

> 労働者又は使用者の全部又は一部を代表する者は，厚生労働省令で定めるところにより，厚生労働大臣又は都道府県労働局長に対し，当該労働者若しくは使用者に適用される第十六条第一項の規定による最低賃金の決定又は当該労働者若しくは使用者に現に適用されている同項の規定による最低賃金の改正若しくは廃止の決定をするよう申し出ることができる。

これによって，大臣や労働基準局長が調査審議を求める流れを，それに先だつ関係労使の申し出によって起動できるようになった。たとえば，一定地域内の基幹的労働者の2分の1以上が最低賃金額の定めを含む労働協約の適用を受けている場合などには，この申し出ができる。

　ところで，1970年代半ばに地域別最低賃金が一般化するにつれて，適用対象をできるだけ拡大する方策がとられていた旧来の産業別最低賃金に期待される役割は変化していった。たとえば，後者を前者が上回ってしまえば，いずれ後者の存在意義はなくなる。そのため81（昭和56）年7月29日の中央最低賃金審議会答申「最低賃金額の決定の前提となる基本的事項に関する考え方について」には，産業小分類や細分類に応じたいわゆる小括りの産業別の最低賃金への移行が示された。その際の事実上唯一の決定方式として挙げられたのが，この第16条の4の方式である。それを受けて，「新産業別最低賃金の運用方針」として移行の経過措置が明確になった86（昭和61）年の中央最低賃金審議会答申以降，産業別最低賃金の決定についてはこちらの方式がとられてきている。

　現状をいえば，2007年3月末現在でこの「新」産業別最低賃金は全国に247件ある。申し出の要件別にみると，先にふれた2分の1の労働者に労働協約の最低賃金額が適用される場合の「労働協約ケース」が97件，事業の公正競争を確保する観点からの「公正競争ケース」が150件である。後者については，1992（平成4）年5月15日の「中央最低賃金審議会『公正競争ケース』検討小委員会報告」が「申出の要件として定量的要件を一律に付すことは適当でない」としながらも，「当該最低賃金の適用を受けるべき労働者又は使用者の概

ね1/3以上のものの合意による申出があったものについては受理・審議会への諮問が円滑に行われることが望ましい」としている。このため,「公正競争ケースで申請する理由は,労働協約ケースのように最低賃金協定だけで申請に必要とする定量要件に満たない場合がほとんど」[連合 2003：54]のようだ。ちなみに,産業別最低賃金に関して件数の多い一例を挙げると,「電機機械器具,情報通信機械器具,電子部品・デバイス製造業関係」がほぼ全国の都道府県に存在し,それらには電機連合の活動が関わっている。

ところで,このような産業別最低賃金について,1990年代以降,日経連(現日本経団連)は,地域別最低賃金が普及している現在では屋上屋を架すものであり廃止すべきとの主張を繰り返してきている。また「最低賃金制度のあり方に関する研究会」(以下,「あり方研」という)は,その額が地域別最低賃金を14％程度上回るにすぎないとし,「その存在意義が薄い上,公正な賃金の決定という本来の役割を果たしえなくなっていることから,その廃止を含め抜本的な見直しを行う必要があると考えられる」[あり方研 2005：12]とした。これに対し連合は,事務局長談話で「『公正な賃金決定の役割を最低賃金制度に担わせることは副次的なもの』として,産業別最低賃金の当該産業における『労使関係の安定』,『団体交渉の補完』,『事業の公正競争確保』といった機能を否定している」と強く抗議している。

なお,2007年改正法では,支払われる賃金額が地域別最低賃金額に満たないなどの同法違反については罰則が強化されて,罰金額が従来の「1万円以下」から「50万円以下」になるなどした反面,特定最低賃金についての罰則はなくなった。この点については,「あり方研」や国会の議事録をみると「民事効」といった,あまり聞き慣れない表現で説明がされている。すなわち,特定最低賃金にも民事上の効力はあって,これが支払われなければ,結局のところ,労働基準法上,たとえば総額払いの原則への違反などとして労働者の権利が保護されるということである。

いずれにせよ,「新産業別最低賃金」の決定の仕組みには,企業別組合の連携による産業別の取り組みを自ずとあと押しする機能が内包されてきたといえる。とはいえ,後述する塗料製造業のように,当該の産業の国際競争力が弱ま

ると，産業内の未組織労働者をも含めた相場形成は地盤を失う。その意味で，2007年改正法にも「特定最低賃金」として引き継がれたこの決定の仕組みの今後を考えるとき，製造業よりもむしろ，生産拠点の海外移転の可能性が少ない第三次産業，あるいはサービス職業に関わる分野に応用の可能性が高まっているようにも考えられる。

### （2）労働協約と産業別最低賃金
(1)労働協約に基づく地域的最低賃金

2007年改正法から姿を消したものに，産業別最低賃金の1つである「労働協約に基づく地域的最低賃金」がある。それは，労働協約の定める最低賃金額を同一地域内の同種の未組織労働者にも拡張適用する制度で，1959年の最低賃金法制定以来の「第11条」に規定されてきた。労働協約に代表される労使間の「相場」に立脚するという点では，後発の「第16条の4」と類似する。ただし，関係労使の大部分に労働協約が適用されていなければならない点で条件が厳しい反面，最低賃金審議会の「調査審議」の過程などが簡略だった。また，賃金に限らず，労働協約の地域的一般的拘束力を規定する労働組合法第18条とも機能的には似通っている。

2007年3月31日現在残っているのは，「滋賀県塗料製造業地域的最低賃金」と「広島県広島市・東広島市塗料製造業地域的最低賃金」である。この最低賃金規制は，その名称にあらわれている塗料製造業のように，産業別最低賃金（前項でふれている「第16条の4」。2007年改正法における「特定最低賃金」）との相互補完的な機能が一時期みられた分野もあった［全日本塗料労働組合協議会 1973］ものの，改正法施行後2年で消滅することが決まっている。

(2)産業別の最低賃金協定

ところで，件数は少ないが，単位産業別労働組合やその連合体には，法定にはいたらないものの，産業別の最低賃金協定を業界団体と結んでいるところがある。概要は次のとおりである。

【私鉄総連】日本私鉄労働組合総連合会（私鉄総連）は，民営鉄道協会および，民間バス事業者でつくるバス事業最賃問題研究会との間で，産業別最低賃金協

定を結んできている。その金額は，いずれも月額13万300円であるが，1999年度に改定されて以来，据え置かれたままである。対象者は，職種と労働組合加入を問わず満18歳以上の常用労働者，臨時に雇用される労働者で労働組合加入者，運転関係の部門で常用労働者と同一の仕事につく臨時雇用者および嘱託者，などである。

【情報労連】情報産業労働組合連合会（情報労連）は，最低賃金に関する産業別の協定を結ぶなかで，「労連地域最賃」と「労連産別最賃」に区分しており，両者の関係は，法定の地域別最低賃金と産業別最低賃金に似ている。すなわち，「労連地域最賃」は，対象が産業や業種に関係なく会社の雇用する全労働者で，その水準は法定の地域最賃に10％上積みされた金額に設定されている。「労連産別最賃」は，対象が通信に関わりのある労働者で，その水準はさらに高くなる。こちらは基本的に全国一律であるが，大都市部に関しては高めの「Aランク」と呼ばれる金額が設定されており，2007年において日額6090円，時間額812円である。07年になって愛知県と千葉県についてもこの「Aランク」が適用されるようにNTT持株会社等との協定が改定［情報産業労働組合連合会 2007a］されたが，その金額自体は2000年以降引き上げられていない。したがって，「労連地域最賃」との差が縮小してきており，東京都などでは逆転もありうるという［情報産業労働組合連合会 2007b：21］。

【全国港湾】全港湾などで構成される全国港湾労働組合協議会と全日本港湾運輸労働組合同盟は，日本港運協会との間で「港湾産別協定」を結んでいる。それによると，東京港，横浜港（川崎港を含む），名古屋港，大阪港，神戸港，関門港では7時間労働で日額6310円，月額15万7600円であり，他の港湾に適用されるのはそれを少し下回る金額である。船内荷役，沿岸荷役，はしけ，いかだのみならず，港湾倉庫作業を含む「港湾運送関連作業員」にも適用される。

## 3　地域別最低賃金

### (1)「目安」とランク
(1)地域別最低賃金の創設

　地域別最低賃金は1972年から76年にかけて全都道府県で決定，実施されるようになった。71年に全国で初めて地方最低賃金審議会の審議にのぼったのが栃木県，72年に全国で初めて決定され公示されたのが岐阜県，76年に最後に公示にいたったのが宮城県である［中村 2000：61］。そして翌年の77年末には，中央最低賃金審議会から「今後の最低賃金制のあり方について」と題する答申（1977年12月15日）が出された。その「二　得られた結論」の(1)が，「最低賃金額の決定の前提となる基本的事項について」統一的な処理のため中央最低賃金審議会が地方最低賃金審議会に提示すること，(2)が目安の作成である。(2)の内容は次のとおりで，この方法が今日まで踏襲されている。

　最低賃金額の改定については，できるだけ全国的に整合性ある決定が行われるよう，中央最低賃金審議会は，次により，目安を作成し，これを地方最低賃金審議会に提示するものとする。
（一）　地域別最低賃金について，中央最低賃金審議会は，毎年，47都道府県を数等のランクに分け，最低賃金額の改定についての目安を提示するものとする。
（二）　目安は一定時期までに示すものとする。
（三）　目安提示については，昭和53年度より行うものとする。

　この答申を受けて最初の「目安」が1978年7月に示され，全都道府県が東京，神奈川，大阪の3都府県に対する「Aランク」から「Dランク」まで改定額別に4ランクに区分された。その後，95年，2000年，05年に見直しが行われ，以後は東京，神奈川，愛知，大阪，千葉の5都府県が「Aランク」に位置づけられている。なおこの30年間に2ランク以上移動した例はない。
　また，中央最低賃金審議会が示す改定額の目安を，実際に地方最低賃金審議会で決定公示された改定額が下回るケースは稀である。すなわち，2003年度までの26年間の全都道府県について，実際の改定額が「目安より低い」事例は12

例にすぎない。「目安どおり」の決定が多数であるが，「目安より高い」地域が半数を超えた年度が6回ある[9]。なお，1979年の目安に対し，京都府については，南部と北部の条件の違いを理由に地方最低賃金審議会で2本建ての決定が行われ，以後90年まで目安もそれにそって出されていた。

ところで，実際にはこの「目安」の決定について中央最低賃金審議会の意見がまとまりをみせたのは最初の3年間に限られる。1978年には公益委員，労働側委員，使用者側委員の全会一致，79年には公益・労働の賛成および使用者側の反対，80年には再び全会一致となった［法政大学大原社会問題研究所編 1982：498］が，以後は労使の意見の隔たりが大きく「公益委員見解」が示されるにとどまっている。

(2)目安による決定方式をめぐる議論

さて，こうした「目安」を提示することについては当初から異論があった。中心は総評である。たとえば，年末に上記答申をひかえた1977年3月に総評大阪地評が総評議長に反対を文書で要請し，「目安提示方式は，地域最賃闘争を一挙に抑圧するもの」としていたが，結局他の労働団体，すなわち同盟，中立労連，新産別と意見が分かれてしまったという［柴田 1996：355］。その結果，総評もまた目安設定を追認するが，ここで「抑圧」や「水をかける」ことの危惧されていた最低賃金闘争の一端を顧みておこう。

すなわち，できて間もない地域別最低賃金については，当時のインフレを後追いする必然性もあって，東京都と大阪府をはじめとして大幅な引き上げが実現していた。両者については，たとえば1974年度に各々日額1794円と1790円だったものが，75年度には2063円と2064円になるという具合である。この大阪府のものは公示が翌年1月に，発効が2月にずれこんだが，その金額については，たとえば次のような考察を挙げることができる。

まず，その日額の上昇率は，75年春闘の組織労働者の平均賃上げ率13.1％を上回り，15.3％だった。このことは，最低賃金闘争が，「未組織・低賃金労働者の賃上げ闘争」として実をあげたことになる。次に，それまで地域別最低賃金の上限を画する作用をしていた失業対策事業の賃金日額（失対賃金）のうち，当時の大阪における最低区分（C-3）を，初めて1円上回った。それは労

働大臣の決定する失対賃金が最低賃金法に違反するという異例の事態を意味する。こうして，埼玉県などにその影響が波及し，失対賃金をさらに大幅に上回る地域別最低賃金額が決定されてゆく。[10]

これに対し，その後の状況についての労働側からの評価は「78年からの最低賃金引き上げの地域闘争は，使用者側委員・公益委員の中央の『目安決定待ち』の姿勢を突破出来ず，厳しい取り組みが強いられていく」[柴田 1996：356] というものである。そのことは，先に(1)で述べたように目安どおりの決定が多数というところにもうかがわれる。もっとも，同時進行的に行われていた評価はまた異なっており，それほど悲観的な様子はあらわれていなかった。[11]

### （2）最低賃金額の水準

最低賃金額の水準については，近年多くの議論がみられるようになった。とりわけ，生活保護との比較は，2007年改正法に「生計費を考慮するにあたつては，生活保護に係る施策との整合性に配慮するものとする」[12]という文言が加わり，また，『最低賃金のあり方に関する研究会報告書』においても「単身者について，少なくとも実質的にみて生活保護の水準を下回らないようにすることが必要であると考えられる」（14頁）とされるにいたっている。もっとも，その水準の低さは近年に始まったことではない。

生活の保障という点に注目してその水準を問題にしている研究としては橘木・浦川 [2006] をはじめ，安部・玉田 [2007]，橘木 [2004] や黒川・小越 [2002] などがある。[13] また，実際に最低賃金額で生活してみるという実験も，筆者の知る限り1996年の茨城労連の取り組みを皮切りにいくつかの県で行われ，その困難さが報道された。そのほか，前項で取り上げた目安制度との関連では神代 [2004] が挙げられる。

このようにすでに蓄積のある議論ではあるが，ここでは地域別最低賃金額の相対的水準について，その創設から近年までの推移を改めて確認する。すなわち，一般的な賃金額，および生活扶助基準額との比較を行うのであるが，先行研究をみると，橘木・浦川 [2006] は推移を取り上げているわけではないし，安部・玉田 [2007] は主眼が地域間格差である。また，きわめて端的に推移を

一覧できる表のある著作［黒川・小越 2002：27］もあるが，それには生活扶助額に男女差が設けられていた時期の数値のとり方などについて，一部わからないところがある。ここでは黒川・小越［2002］にならって東京における推移をみるが，データをできるだけ具体的な一例としてみられるように拾った。

### （3）賃金額との比較

2004年2月に開かれた「第5回目安制度のあり方に関する全員協議会」議事録の「資料6　地域別最低賃金と所定内給与との関係」という表には，地域別最低賃金時間額の全国加重平均額を時間あたり所定内給与で割った数値が，1978年から2002年までについて示されている。その数値は全期間にわたって35％から38％の間におさまっている。したがって，まずこの指標でみる限り，地域別最低賃金額の相対的水準はあまり変化がないということになる。[14]

それに対し，東京都の地域別最低賃金額を，同じく東京都の「一般労働者」の毎月の給与と比較したのが**図表11-1**と**図表11-2**である。前者が絶対額，後者が地域別最低賃金額に対する給与額の比率を示す。給与額は「賃金構造基本統計調査」に基づいて，「常用労働者」から「短時間労働者」（パートタイム労働者）を除いた「一般労働者」について，25歳から29歳までの年齢階級の数値を拾った。どちらの図表でも「所定内給与額」の推移と，「給与総額」として〈（「毎月きまって支給する現金給与額」＋「年間賞与その他特別給与額」）／12〉の推移を，各々男女別に示してある。その一方，最低賃金額については，日額×22日間とし，時間額表示のみになった2002年度以降は，東京都のその前年における日額と時間額の比率をもとに，時間額の7.91倍を日額として計算した。

この両図表において，賃金額について比較する年齢階級として25歳から29歳までを選んだのは，ひとまず落ち着いた職業生活の維持に見あう賃金額の支払いが想定できるからである。また，同じ観点から，パート労働者の賃金は比較対象としていない。逆に，ボーナスなど年額で表示される特別給与を月単位で加算した数値を示すのも，おおよそそれらの収入が総体として生活に組み込まれていると考えられるためである。

なお，ここで「n年（年度）」と表示している数値は，厳密にいえば次のよ

第11章 最低賃金

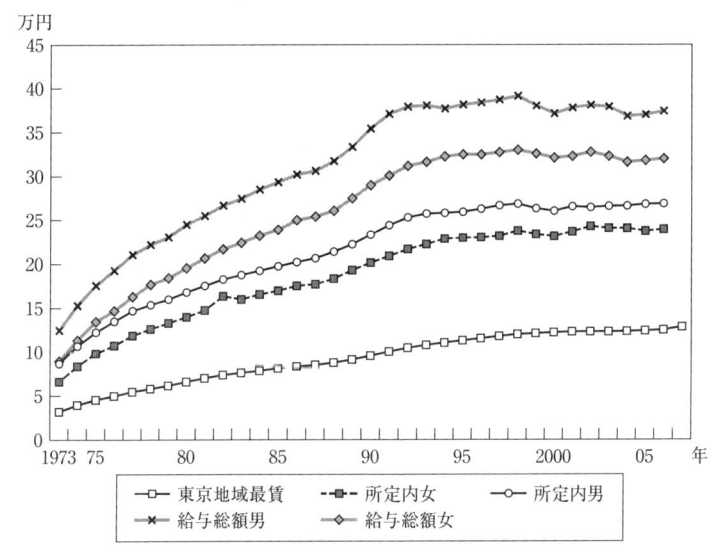

図表11-1 25-29歳の一般労働者の給与と最低賃金額の推移（東京都）

出所：厚生労働省「賃金構造基本統計調査」各年より作成

うになっている。まず，「賃金構造基本統計調査」に基づく数値は，その調査時期から，「所定内給与額」が暦年の「n年」6月の1ヶ月間についてのもの，「年間賞与その他特別給与額」は「n-1年」の1年間についてのものである。その反面，最低賃金額が決定公示から発効にいたるのは早くても「n年」9月末から10月である。したがって，同じ「n年（年度）」という表示のもとで時期の重ならない数値を比較していることになるが，両指標の年度をずらして示すといたずらに表示が複雑化し，長期間の傾向を可視化するという目的にとってとくに利点もないので，そのまま表示しているものである。

さて，**図表11-1**は最低賃金額と給与の絶対額同士の関係の推移をみるためのものである。1990年代以降，給与が総じて伸び悩むなかで，わずかずつではあるが最低賃金額は上昇を続けている。この両者を，**図表11-2**で最低賃金額に対する給与の比率としてみると，いうまでもなく80年代に横ばいだった比率が徐々に下降する。いいかえれば，90年頃から最低賃金額の相対的な水準は上昇している。

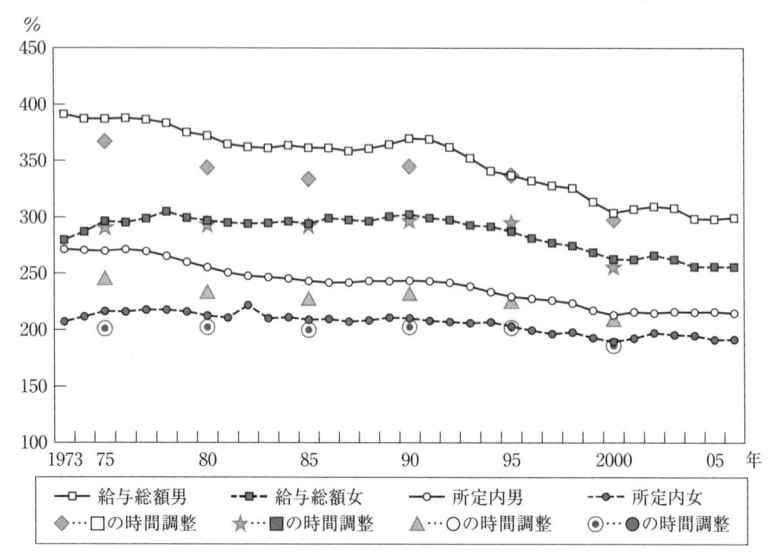

図表11-2　最低賃金に対する25-29歳の一般労働者の給与額の推移（東京都）

凡例：—□—給与総額男　—■—給与総額女　—○—所定内男　—●—所定内女
◆…□の時間調整　★…■の時間調整　▲…○の時間調整　◎…●の時間調整

出所：厚生労働省「賃金構造基本統計調査」各年より作成

ところで，一般労働者の労働時間が30年間にわたっておおむね減少傾向にあるのに対して，ここでは最低賃金による月あたり賃金額については常に「日額×22日間」と一定の時間を前提にしているから，後者では相対的に労働時間が延びていることになり，その影響で最低賃金額のほうが相対的に上昇しているようにみえるのかもしれない。そこで，一般労働者の労働時間が2005年と同じだったと仮定した場合の「時間調整値」を，4指標について5年ごとにのみ表示してみた。そこでわかるのは，絶対額では辛うじて上昇傾向を保っている女性の「所定内給与」についてすら，相対的にはやはり給与が下降，すなわち最低賃金が上昇しており，「給与総額」についてはなおさらだということである。したがって，「所定内給与額」の全国平均と比較した上述の「目安制度のあり方に関する全員協議会」による相対的水準と異なり，東京都の比較的若年の一般労働者の「給与総額」と比較してみれば，地域別最低賃金は相対的にわずかながらも上昇してきているといえる。

(2)生活保護の基準額との比較

最低賃金額をめぐる議論のなかで生活保護に関わる基準額との比較を論じたものとしては，2005年3月3日に行われた「あり方研」第8回の資料23と議事録をみることができる。具体的には，生活扶助基準額や住宅扶助基準額と，地域別最低賃金額（時間額）の1ヶ月分（8時間×22日）を比較したものだ。それによれば，各都道府県庁所在地について，冬季加算額も含めた生活扶助基準額に住宅扶助特別基準額[15]を合算すると，単身者のなかでも18-19歳については大部分のところで最低賃金のほうが低い。また，生活扶助基準額に合算する住宅扶助を特別基準額ではなく実績値にした試算でも，北海道や神奈川など5道県前後で最低賃金が下回るか近似する。後者の場合，当然のことながら実績値は特別基準額より低い数値だが，そこで表現されているのは実績の平均値だから，それらの道県以外でも住宅扶助額の実績次第では1ヶ月分の最低賃金額を上回る額が支給されることも稀ではないだろう。そのため，同研究会の報告書は，この節の初めにふれたように，最低賃金額が単身者の生活保護の基準を上回るべきことを指摘していたのである。

さて，そこで先の給与額に対するのと同じように，生活保護の基準額に対する最低賃金額のここ30年あまりの推移をみたい。具体的には，やはり東京都の最低賃金額と，東京都の区部などに該当する「1級地の1」[16]の最低生活保障水準を比較する。まず，生活保護の基準額として比較的よく目にふれるものには，「標準世帯」の生活扶助基準額がある。その指標からは，ひとまず1980年代中盤以降は地域別最低賃金額との比較でおおよその推移がわかる。けれども，もう少し以前からの推移をみようとすると，「標準世帯」のモデルとなる世帯人員が「父，母，子1人」ではなく「父，母，子2人」となるため，連続的な比較がむずかしい。

そのようなわけで，もう1つの比較の指標として，20歳以上40歳以下の単身者の生活扶助基準額も選んでみた。この年齢層は傷病などの理由がなければ非常に生活保護の対象になりにくく，実態として当該の金額が適用されているケースは稀だろう。しかしながら，近年注目されているワーキング・プア層が多く含まれる年齢層であるうえ，それ以下の年齢層と違って対象となる年齢階級の区切り方がずっと変わっておらず比較しやすい。

それらの数値を比較したものが**図表11-3**と**図表11-4**である。なお,「標準世帯」については冬季加算額の12分の5の数値や[17],近年その対象が拡大した「児童養育加算」について,それらの加算された数値をそのまま活用した。その一方,高齢でない単身者についてはそうした計算値のモデルが公表されていないため,年齢階級ごとの「第1類」額と,世帯人員ごとの「第2類」額を単純に合算した数値のみを用い,冬季加算を考慮していない。なお「第1類」額は1984年まで男女別に示されていた。

こちらの比較についても,先の比較と似たような限界はある。すなわち,生活扶助をはじめ生活保護に関わる「n年(年度)」の基準額は通常「n年」4月から適用される一方で,最低賃金額の発効はふつう10月以降なので,同じ「n年(年度)」について両者の期間が重なるのは長くて10月から3月までの半年である。しかも,その期間には冬季加算が行われたり,「期末一時扶助費」が支給されたりする。けれどもここでの主眼は長期間の推移をみることなので,前述のような算出方法とした。なお,最低賃金の月額については先の給与額との比較と同様の方法で算出している。

まず**図表11-3**は,「標準世帯」と単身世帯の生活扶助基準額と最低賃金額を絶対額で比較するものである。一見すると単身世帯の基準額を最低賃金額がゆうに上回っているようにみえるが,大まかにいって,両者間の差額の範囲に住宅扶助額あるいは公営住宅家賃が収まらなければ,最低賃金額が生活保護よりも見劣りすることになる。また可処分所得ベースでいえばその差額はさらに縮まる。

次に**図表11-4**は,同じ数値を用いて最低賃金額に対する「標準世帯」と単身世帯の生活扶助基準額の比率の推移をみるものである。これをみると,先の給与額との比較と同様,比較対象のほうが低下する傾向にあり,逆にいうと,最低賃金額が生活扶助基準額に対して相対的に上昇する傾向にあることがわかる。だが,これについても,最低賃金による就業日数を22日間で比較することに疑問もあろう。週休2日制の普及していなかった1980年代半ばの就業日数を多めにとれば,最低賃金による賃金額が多めに出るはずだからである。そこで,同じく東京都における2005年の25-29歳の男性の労働時間を基準として,

第11章　最低賃金

図表11-3　東京都区部における生活扶助基準額と地域最低賃金額の推移

(単位：円)

| 年 | 単身男 | 単身女 | 標準4人世帯 | 標準3人世帯 | 東京地域最賃 |
|---|---|---|---|---|---|
| 1973 | 19400 | 17570 | 50575 | | 31900 |
| 1974 | 24920 | 22520 | 63725 | | 39468 |
| 1975 | 28750 | 26050 | 74952 | | 45386 |
| 1976 | 32340 | 29290 | 84321 | | 49720 |
| 1977 | 36470 | 33030 | 95114 | | 54516 |
| 1978 | 40590 | 36780 | 105577 | | 57926 |
| 1979 | 44150 | 40030 | 114340 | | 61490 |
| 1980 | 48470 | 44040 | 124173 | | 65802 |
| 1981 | 53300 | 48530 | 134976 | | 70004 |
| 1982 | 56570 | 52800 | 143345 | | 73744 |
| 1983 | 58620 | 56050 | 148649 | | 76076 |
| 1984 | 60290 | 58990 | 152960 | | 78408 |
| 1985 | 61990 | | 157396 | 124487 | 81202 |
| 1986 | 63420 | | | 126977 | 83622 |
| 1987 | 64800 | | | 129136 | 85448 |
| 1988 | 66210 | | | 130944 | 88000 |
| 1989 | 68980 | | | 136444 | 91520 |
| 1990 | 71290 | | | 140674 | 95854 |
| 1991 | 74140 | | | 145457 | 100540 |
| 1992 | 76690 | | | 149966 | 104764 |
| 1993 | 78380 | | | 153265 | 108020 |
| 1994 | 79670 | | | 155717 | 110616 |
| 1995 | 80470 | | | 157274 | 113168 |
| 1996 | 81120 | | | 158375 | 115544 |
| 1997 | 83040 | | | 161859 | 118096 |
| 1998 | 83850 | | | 163316 | 120230 |
| 1999 | 84190 | | | 163806 | 121308 |
| 2000 | 84320 | | | 163970 | 122298 |
| 2001 | 84320 | | | 168970 | 123134 |
| 2002 | 84320 | | | 168970 | 123200 |
| 2003 | 83570 | | | 167490 | 123200 |
| 2004 | 83400 | | | 167170 | 123552 |
| 2005 | 83700 | | | 167170 | 124256 |
| 2006 | 83700 | | | 167170 | 125114 |
| 2007 | 83700 | | | 167170 | 128590 |

注：1974年の生活扶助基準額（単身男および単身女）については大幅な補正の行われた10月以降の数値。
出所：「最低賃金決定要覧」各年

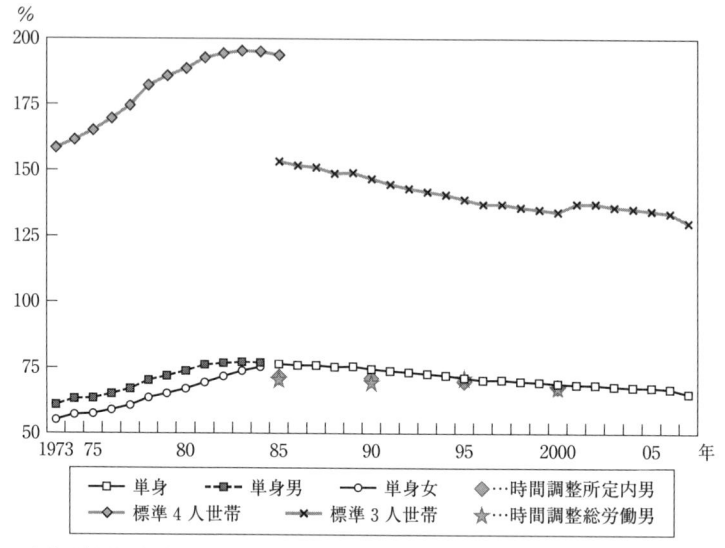

図表11-4　最低賃金額に対する生活扶助基準額の推移

凡例：単身　単身男　単身女　…時間調整所定内男　標準4人世帯　標準3人世帯　★…時間調整総労働男

出所：厚生労働省「賃金構造基本統計調査」各年より作成

最低賃金による労働時間も，総労働時間および所定内労働時間と同様に推移してきたと仮定して，その調整値を5年ごとに示した[18]。これについても相対的にわずかながら生活扶助基準額が下降あるいは横ばいとなっている傾向がみてとれるのであり，逆にいうと，生活扶助基準額に対して最低賃金額が下がっているとは決していえないということがわかる[19]。つまり，最低賃金額が生活保護の基準よりも見劣りがするとよく指摘されるようになったのは，その相対的水準が下がったからではない。むしろ，上がってきたにもかかわらず，なおその程度の水準なのである。

　ちなみに，このあたりの事情は，日本より一足先に大幅な増額の決まった米国の連邦最低賃金の場合とずいぶん異なっている。米国の場合，連邦最低賃金の水準は1968年に3人世帯の貧困線を17％上回っていた［Pollin 1998：34］。これが80年代になって下回るようになり，そのことが90年代以降のリビング・ウェイジ・キャンペーンの誘因にもなっている。いずれにせよ，米国の最低賃金は貧困線に対して相対的に下降線をたどってきていたわけである。

ところで，**図表11-4**の比較が先の給与の場合と異なるのは，1984年頃までは生活扶助基準額のほうが右上がり，つまり相対的に上昇基調にあったという点である。この上昇から下降への転換点は，ちょうど生活扶助基準額の算定方式が変更された時期だった。すなわち，「水準均衡方式」として，一般国民生活水準と歩調をあわせるようなかたちで基準額を調整する方式が1984年度からとられるようになったのである。それ以前にしても，60年頃までの「マーケット・バスケット方式」のように必需品の絶対額を積み上げる方式ではなくなっていたが，その時点以降，扶助基準の決定が以前よりもなお「相対的」になったことには疑いがない。つまり，最低賃金からみて「整合性」をとるべき相手は，常に揺れ動いているのである。

## お わ り に

第3節でみたように，少なくとも東京のような大都市の比較的若年層に限っていえば，最低賃金額はここ20年前後の間，一般的な賃金額と比べても，生活扶助基準額と比べても，どちらかといえばいくぶん上昇基調にある。この点は2002年7月26日の「平成14年度地域別最低賃金額改定の目安について（答申）」の「平成14年度地域別最低賃金額改定の目安に関する公益委員見解」における，「目安制度が導入されて20年以上が経過したが，同制度は長らく我が国における低賃金労働者の労働条件の改善に概ね有効に機能し，一定の役割を果たしてきた」という評価を，「統計的にも裏づけられる」とする見解［神代 2004：110］に通じるところがある。つまり，目安額に関して初期を除いて毎年折り合いのつかないなかで示されてきた公益委員見解と，それを踏まえた地方最低賃金審議会の決定が，結果的に，文字どおりいかにも「公益」的な水準で推移してきたと考えられるのである。ただし，それはとりたてて目安設定の産物というよりも，労・使・公の三者構成の審議会という決め方の枠組みの産物だろう。最低賃金額にとって，生活扶助額が決して絶対的な参照点にならないという事実を改めて確認したあとでは，目安額そのものについては，「あえて観念的に分けると，上げ幅しか日本の場合，基準を持ってこなかったというの

が事実だと思います」[20]という指摘が実態に近いように思われる。

　ちなみに，そのような水準で推移してきたものについて，なぜ近年ことさらにその低さが指摘されるのかといえば，それには他の要因を挙げなければならない。それはたとえば，継続時間あるいは期間の断続する雇用関係が，世帯内の家計補助分を超えて稼がねばならない人々にも広がってきているといった事情である。この意味で，2007年改正法から，「所定労働時間の特に短い者」に対する適用除外がなくなったことは重要である。

　以上のように本章では，最低賃金制について，その「水準」もさることながら「決め方」の重要性を念頭において展開した[21]。まさにILO26号条約にいう「労働協約その他の方法により賃金を有効に規制する制度が存在していない」産業における労働者保護のためには，そのような「決め方」として，まず地域別最低賃金がある。ちなみにその関連でいえば，もう1つの「決め方」の枠組みである従来の産業別最低賃金が，ここ1，2年の地域別最低賃金の上昇幅に追いつかれ，その存在感をなくしてしまう事例も，おそらくないとはいえない。けれども，水準ではさほど地域別最低賃金とかわらないにせよ，産業別（特定）最低賃金には，企業ごとにとどまりがちな労使関係を地域や関連領域に拡張しようとする動機の面で，無視できないものがあろう。というのもそうした動機の強度は，単に一般的に労働側委員として最低賃金審議会に出席するのと，類似の産業なり職業なりとの比較のもとで具体的な申し出に備えようとするのとでは，ずいぶん異なるだろうからである。その意味で，労働組合運動が内向きの度を強めるのか，あるいは地域や関連領域への意識を強めるのかは，今後の特定最低賃金の動向にも反映されていくに違いない。

　1）　この点については，たとえば藤本武［1961；1967］，神代和欣　［1966］などを参照。
　2）　戦後も，公共工事をはじめとする政府調達の分野における「政府に対する不正手段による支払請求の防止等に関する法律」（昭和22年法律第171号）のように，「一般職種別賃金」として相場賃金をもとに最高額を法定する統制色の濃いものがあった。
　3）　「行政官庁は，必要であると認める場合においては，一定の事業又は職業に従事する労働者について最低賃金を定めることができる。」
　4）　この速さと同法成立に関わる背景として，次のような述懐が残っている。「そのころ

発生した，清水市のかん詰業界の初任給賃金の業者間協定は，本省のこれまでの態度を，一挙に数歩前進させてくれた。これは，前の給与課長の宮島（静岡労働基準局長）さんが，その意図をもって，苦労して打った大芝居であった。」[石島 1973：305]

5) 1986年4月16日に全国最低賃金審議会会長会議における，金子美雄氏の「中央最低賃金審議会における審議状況についての報告」による [小粥 1987：149]。

6) たとえば『日経連タイムス』1994年10月27日。

7) 2005年3月31日付の「最低賃金制度のあり方に関する研究会報告書に抗議する談話」。http://www.jtuc-rengo.or.jp/news/danwa/2005/20050331_1112313997.html

8) たとえば「第9回最低賃金制度のあり方に関する研究会議事録 2005年3月17日」，また，2007（平成19）年11月20日参議院厚生労働委員会における政府参考人，厚生労働省労働基準局長青木豊氏の説明。

9) 2003年10月21日に行われた「第1回目安制度のあり方に関する全員協議会」議事録の「資料5（5）目安と地域別最低賃金改定額との関係の推移（都道府県数）（昭和53年～平成15年）」。http://www.mhlw.go.jp/shingi/2003/10/s1021-5e5.html

10) この段落は吉村励 [1978：77-82] による。

11) 全電通（現NTT労組）を中心とした共闘組織,電通共闘の佐賀健二による論評として，「CランクからBランクへの上位ランク変更闘争をすすめてきた福岡において，日額で目安金額プラス10円の引き上げを実現した」，「目安金額以下のところは皆無で，標準としてだされる目安金額が，運動の成果により実質的に最低の役割を果たすようになっている。」[佐賀 1981：93] 等がみられる。

12) 2007年改正公布の最低賃金法第9条3項。

13) そのほか，山田久，安部由起子，橘木俊詔の各氏による論考が順に「経済教室」欄に取り上げられた『日本経済新聞』2007年7月23，24，25日付などがある。

14) http://www.mhlw.go.jp/shingi/2004/02/s0224-5f.html

15) 各級地区分ごとに住宅扶助に関して定められている一般基準額では実態にそぐわない場合に定められる基準。ここ数年は，大都市に関わる1，2級地の住宅扶助一般基準額が1万3000円であるが，特別基準額では単身でたとえば東京都区部に関しては5万3700円，大阪市に関しては4万2000円などとなっている。

16) 1986年度までは「1級地」。

17) 冬季加算は11月から3月までの5ヶ月について，寒冷地ばかりでなく全地域についてその気候のランクごとの支給が行われるが，厚生労働省によって公表されている「標準世帯」の基準額では，これが通年で均等に各月支給されたものとして生活扶助額に加算して表示されている。

18) 具体的には，〈対象年度の最低賃金額×対象年の労働時間／2005年の労働時間〉を計算した。

19) この点が，[黒川・小越 2002：27] の表，あるいはそれを引用している [橘木 2004：420] から得られる印象とは異なるところである。それらを一見すると，最低賃金額が相対的に下がってきているようにもみえる。

20)「あり方研」第8回議事録における石田光男委員の発言。2005年3月3日。
21) この点で、たとえば、産業別最低賃金が業種によってはパートタイム労働者の賃金を下支えできていたり、いなかったりするといった分析結果を示す[堀・坂口 2005]とは関心が異なる。

## 【参考文献】

安部由起子・玉田桂子(2007)「最低賃金・生活保護額の地域差に関する考察」『日本労働研究雑誌』第563号
石島康男(1973)「最賃前夜」労働省労働基準局編『労働基準行政25年の歩み』労務行政研究所
小粥義朗(1987)『最低賃金制の新たな展開』日本労働協会
黒川俊雄・小越洋之助(2002)『ナショナル・ミニマムの軸となる最賃制』大月書店
神代和欣(1966)『アメリカ産業民主制の研究』東京大学出版会
神代和欣(2004)「わが国最低賃金制の現状と課題」社会政策学会編『社会政策学と賃金問題』社会政策学会誌第12号、法律文化社
厚生労働省労働基準局賃金時間課編『最低賃金決定要覧』各年
最低賃金制度のあり方に関する研究会(2005)『最低賃金制度のあり方に関する研究会報告書』
佐賀健二(1981)「81最賃制闘争の課題―最低賃金の社会的影響力拡大を目指して」『月刊労働問題臨時増刊 81春闘読本』通号第284号
『静岡新聞』1960年8月23日朝刊
柴田範幸(1996)「第2章第4節二,最低賃金制」中岡哲郎・熊沢誠・竹中恵美子監修『大阪社会労働運動史 第6巻 低成長期・上』大阪社会運動協会
情報産業労働組合連合会(2007a)『情報労連』第608号
情報産業労働組合連合会(2007b)『REPORT』
全日本塗料労働組合協議会(1973)『塗料労働者』第159号
橘木俊詔(2004)「わが国の低所得者支援策の問題点と制度改革」『季刊 社会保障研究』Vol.39・No.1, 2004年春号
橘木俊詔・浦川邦夫(2006)『日本の貧困研究』東京大学出版会
寺本廣作(1952)『改正 労働基準法の解説』時事通信社
中村智一郎(2000)『日本の最低賃金制と社会保障』白桃書房
藤本武(1961)『最低賃金制度の研究』日本評論新社
藤本武(1967)『最低賃金制』岩波書店
法政大学大原社会問題研究所編『日本労働年鑑』各年版、旬報社
堀春彦・坂口尚文(2005)『労働政策研究報告書No.44 日本における最低賃金の経済分析』労働政策研究・研修機構

吉村励 (1978)『月刊労働問題増刊 最低賃金制読本——最賃制の理論と運動の再構築』日本評論社
連合本部最低賃金事務局 (2003)『最低賃金の手引 2003年度版』
労働省労働基準局賃金福祉部賃金課編 (1987)『新産業別最低賃金ハンドブック』労働調査会
労働政策研究・研修機構 (1960；1963(a)；1963(b))『週刊労働ニュース』1960年6月30日, 1963(a)年4月8日, 1963(b)年8月26日]
労働調査会出版局編 (2005)『改訂2版 最低賃金法の詳解』労働調査会
Pollin1998 Pollin, Robert and Luce, Stephanie, *The Living Wage -Building a fair Economy,* The New Press.

(吉村臨兵)

# 索　引

## あ　行

ILO26号条約（最低賃金制度の実施に
　関する条約）……………………… 279
安保改定反対闘争………………………… 244
育児休業・介護休業法…………………… 213
育児休業給付……………………………… 23, 27
育児休業制度……………………………… 23
育　成 ………………………………… 105, 108
委託訓練…………………………………… 177
ME 技術革新……………………………… 176
エンプロイアビリティ…………………… 187
縁辺労働力………………………………… 36
オイルショック……………………… 126, 129
OJT (On the Job Training)…………… 11, 169
Off-JT (Off the Job Training)………… 11, 167

## か　行

介護休業給付……………………………… 23, 27
介護休業制度……………………………… 23
解雇権濫用法理…………………………… 65
改正パート労働法…………………… 45, 46, 48
階層別・目的別研修……………………… 178
学歴別身分制………………………… 82, 83
格差（問題）……………………………… 4
　　工職身分―― ……………………… 6
　　正社員と非正社員の―― ………… 6, 7
　　性別―― …………………………… 5, 6
　　地域間―― ………………………… 287
　　直接雇用と間接雇用の―― ……… 7, 8
　　賃金――
　　　男女間―― …………………… 144-151
　　　補償―― ……………………… 40
「学習企業」論…………………………… 206
各種学校…………………………………… 204
家計補助…………………………………… 296

間接雇用…………………………………… 7
間接差別…………………………………… 213
企業整備…………………………………… 55
企業内福利………………………………… 8
企業別組合………………………… 128, 233, 282
技能開発センター………………………… 203
技能検定…………………………………… 200
　　――制度……………………………… 202
技能者養成規程…………………… 165, 198
希望退職………………… 57, 58, 60-62, 65, 73, 75, 76
教育訓練給付……………………………… 27
教育訓練プロバイダー…………………… 185
緊急失業対策法…………………………… 16
勤務評定制度……………………… 108, 113, 114
組合健康保険……………………………… 2
ぐるみ闘争………………………………… 241
経営協議会………………………………… 234
経営研修所………………………………… 175
契約社員…………………………………… 6
現場監督者訓練 → TWI (Training Within Industry)
コアタイム………………………………… 135
公　益……………………………………… 280
高学歴化……………………………… 94, 96, 102
高齢化………………………………… 94, 96, 102
公正なルール……………………………… 3
公的医療保険制度………………………… 2
公的年金…………………………………… 3
高等学校設置基準………………………… 208
高等専門学校……………………………… 209
高度経済成長期…………………………… 279
高度専門能力活用グループ……………… 179
高年齢者等雇用安定法…………………… 22
合理化…………………………… 55, 57-59, 64, 127
公労協（公共事業体等労働組合協議会）
　……………………………………… 243, 250

コース別人事管理 6
国際競争力 282
国際金属労連日本協議会（IMF-JC） 248
国鉄分割民営化 252, 259
国民所得倍増計画 208, 246
国労（国鉄労働組合） 259
個別労使紛争 270
雇用
　——の弾力化 178
　——の流動化 178
　正規—— 7
雇用安定資金 20
雇用維持政策 15
雇用関係 4
　——の多様化 70, 75, 79
雇用管理
　性別—— 5
　成果主義（的）—— 105, 106, 118, 136, 140
　能力主義—— 114, 115, 118, 173
雇用柔軟型グループ 179
雇用促進事業団 200
雇用対策法 20, 202
雇用調整 60-62, 65, 73, 75, 76, 175, 203
　——給付金 20, 21, 63
　——助成金 63, 178
　内部市場型—— 205
雇用平等政策 15
雇用ポートフォリオ 117
雇用保険 25
　——3事業 20
　——制度 25
雇用保険法 20, 63

## さ 行

再訓練 163
最低賃金制度のあり方に関する研究会
　（あり方研） 282
最低賃金法 245
裁量労働(時間)制
　105, 106, 119, 120, 122, 135-137, 140, 141

差別 116
三種の神器 64, 66
産別会議（全日本産業別労働組合会議）
　126, 235
産労懇（産業労働懇話会） 254
GHQ 112, 126, 127, 231, 237
資格と役職の分離 97, 102
自己啓発 163
自己申告制度 178
時短 126, 130-133
失業者対策 15
失業対策事業 10, 15
失対賃金 286
実業補修学校 164
私鉄総連（日本私鉄労働組合総連合会） 283
児童養育加算 292
指名解雇 57, 58, 60-62
週休2日制 126
終身雇用 51, 53, 62, 64, 66, 70, 77
住宅扶助 291
柔軟な労働時間管理
　105, 106, 120, 132, 136, 137, 139, 140
出向 60-63, 65, 75, 76, 78
春闘 128, 129, 246
　——IMF-JC 253
　——年金統一スト 249
　——パターン・バーゲニング 248
　——見直し 262
　——池田・太田会談 242, 246, 248
　——スタート 241
　75—— 252
生涯技能評価 204
障害者能力開発校 215
情実 115, 116, 118, 120, 122
少数精鋭主義 173
情報労連（情報産業労働組合連合会） 284
職業安定法 16
職業教育
　企業主導型—— 211
　個人主導型—— 211

職業訓練
　——基本計画……………………… 200
　——サービス市場………………… 185
　公共——……………………… 169, 197
　事業内——………………………… 169
　生涯——………………… 163, 175, 204
　認定——……………………… 169, 201
　——短期大学校…………………… 203
職業訓練法…………………………… 168
職業紹介システム……………………… 16
職業能力開発
　——局……………………………… 205
　——校………………………… 206, 215
　——総合大学校（ポリテクユニバーシティ）……………………………… 213
　——促進センター（ポリテクセンター）
　　………………………………… 206, 215
　——大学校（ポリテクカレッジ）‥ 206, 213
　——短期大学校…………………… 206
　中央——協会……………………… 205
職業能力開発促進法………………… 205
職業補導制度………………………… 198
職種転換訓練…………………… 163, 172
職能給……………… 82, 89, 90, 94, 95, 100
職能資格制度………… 91, 93, 97, 99-101, 178
職場闘争……………………………… 242
職務給…………………………… 82, 85-90
所定内給与…………………………… 288
ジョブカフェ…………………………… 30
ジョブ・ローテーション……………… 174
新規学卒一括採用…………………… 163
新産別（全国産業別労働組合連合）…… 286
身体障害者職業訓練校……………… 201
人的資本投資………………………… 149
スト権スト……………………………… 250
成果主義………… 82, 97, 98, 100, 102, 103
生活扶助……………………………… 288
　——基準額の算定方式…………… 64, 66
生活保護……………………………… 287
政策制度闘争………………………… 254

生産管理闘争………………………… 234
正社員の働き方………………………… 8
政推会議（政策推進労組会議）……… 254
青年学校令…………………………… 164
政府管掌健康保険制度………………… 2
整理解雇の4要件…………………… 64, 65
政令201号…………………………… 231
全国港湾（全国港湾労働組合協議会）…… 284
専修学校……………………………… 204
選抜………………………………… 105-108
全民労協（全日本民間労働組合協議会）…… 258
専門職制度……………………… 97, 102
全労会議（全日本労働組合会議）…… 240
全労協（全国労働組合連絡協議会）…… 259
全労連（全国労働組合総連合）……… 259
相互扶助……………………………… 8
総同盟（日本労働組合総同盟）…… 126, 235
総評（日本労働組合総評議会）…… 237, 240, 286
　——解散…………………………… 258

## た　行

第1次雇用対策基本計画……………… 20
ダイバーシティ……………………… 179
高野ライン…………………………… 241
多能工………………………………… 167
炭鉱離職者問題……………………… 200
男女雇用機会均等法………… 21, 25, 179
単線型普通教育……………………… 197
中央最低賃金審議会………………… 278
中堅産業人養成……………………… 209
中途採用……………………………… 163
中立労連（中立労働組合連絡会議）…… 286
長期雇用慣行………………………… 164
長期蓄積能力活用グループ………… 179
朝鮮戦争……………………………… 127
賃金統制令…………………………… 278
定期昇給………………………… 81, 87, 88, 98
TWI (Training Within Industry) …… 166, 199
定年延長………………………… 21, 22
定年制……………………………… 51, 79

鉄鋼労連（日本鉄鋼産業労働組合連合会）
　　　　　　　　　　　　　　　　　　　　252
電機連合（全日本電機・電子・情報関連
　　産業労働組合連合会）……………282
電産型賃金体系………………………84, 85
統一労組懇（統一戦線促進労働組合懇談会）
　　　　　　　　　　　　　　　　　　　　258
冬季加算額……………………………291
統計的差別……………………………150
同盟（全日本労働総同盟）………247, 286
特定不況業種離職者臨時措置法………203
特定不況地域離職者臨時措置法………203
ドッジ・ライン…………………127, 232
徒弟訓練………………………………165
ドライブシステム……118, 120, 122, 140, 141
トレードオフ……………………106, 107

## な 行

2.1ゼネスト……………………………236
2007年問題……………………………190
日経連（現日本経団連）………………282
　　――「新時代の『日本的経営』」……260
日鋼室蘭争議……………………………58
日本版デュアルシステム…………189, 216
二村一夫………………………………233
年功序列………………………………81, 82
能力開発
　　――基本調査………………………180
　　――政策……………………………16
　　個人主導型の――…………………180
能力主義……………………………114, 115
　　――管理……………………90, 91, 94, 100

## は 行

パートタイム労働者（パート）
　　　　　　　　　　　　34-48, 269, 288
配置転換（配転）………60-62, 65, 75, 172
働きすぎ…………………………116, 118, 120
非正社員…………………………6, 31-34, 36-38
日立争議…………………………………57

標準世帯………………………………291
品質管理技法…………………………166
複線型教育……………………………197
フレキシビリティー…………………117
フレキシブルタイム…………………135
フレックスタイム制……132, 133, 135, 137
平和四原則……………………………240
変形労働時間制……………132, 136, 137
ポータビリティ………………………219
ポジティブ・アクション…………151-161
ホワイトカラー………………………174
　　――・エグゼンプション………28, 139

## ま 行

マーケット・バスケット方式…………295
毎月きまって支給する現金給与額……288
毎月勤労統計…………………………132
　　――調査………………………131, 137
町ぐるみ業者間協定…………………279
三井三池争議……………………58, 244
みなし労働（時間）制……………135, 137
「見よう見まね」………………………171
民間連合（全日本民間労働組合連合会）…258
民主化………………………112, 113, 126

## や 行

ユニオン運動…………………………270
養成工制度………………………164, 199

## ら 行

理科教育及び産業教育審議会答申……209
リカレント教育………………………180
リビング・ウェイジ…………………294
臨時行政調査会答申…………………205
臨時工…………………………………164
レッド・パージ………………………237
連合（日本労働組合総連合会）……258, 282
労使協議制度……………………256, 268
労働運動
　　――公務部門…………………238, 243

| | |
|---|---|
| ——政策志向……………………226 | 企業内——……………………23 |
| ——社会政策……………………225 | 内部——………………………5 |
| 労働関係調整法……………………231 | 労働者派遣法………………… 21, 25 |
| 労働基準法…65, 126-128, 135, 137, 139, 165, 231 | 労働戦線統一……………………257 |
| 労働強化……………………………139 | 労働力調査…………………131, 137 |
| 労働組合組織率……………………265 | 六・三・三制……………………166 |
| 労働組合法…………………………231 | **わ　行** |
| ——改正（1949年）……………232 | ワーキング・プア………………291 |
| 労働市場…………………………3, 5 | ワーク・ライフ・バランス……125, 140, 141 |
| ——の流動化……………………70 | |

索　引

■編者紹介

**久本憲夫**（ひさもと　のりお）
- 所　属　京都大学大学院経済学研究科教授
- 専　門　社会政策，労使関係論，労働経済論
- 主　著　『企業内労使関係と人材形成』有斐閣，1998年
　　　　　『正社員ルネサンス──多様な雇用から多様な正社員へ』中央公論新社，2003年
　　　　　『企業が割れる！電機産業に何がおこったか──事業再編と労使関係』（編著）
　　　　　　日本評論社，2005年
　　　　　『日本的雇用システム』（共編）ナカニシヤ出版，2008年
　　　　　『労使コミュニケーション』（編著）ミネルヴァ書房，2009年

**玉井金五**（たまい　きんご）
- 所　属　大阪市立大学大学院経済学研究科教授
- 専　門　社会政策論
- 主　著　『防貧の創造』啓文社，1992年
　　　　　『大正・大阪・スラム〔増補版〕』（共編）新評論，1996年
　　　　　『都市失業問題への挑戦』（共編）法律文化社，2003年
　　　　　『高度成長のなかの社会政策』（共編）ミネルヴァ書房，2004年
　　　　　『三訂　社会政策を学ぶ人のために』（共編）世界思想社，2007年

---

2008年9月5日　初版第1刷発行
2010年4月15日　初版第2刷発行

社会政策 I
# ワーク・ライフ・バランスと社会政策

編者　久本憲夫
　　　玉井金五

発行者　秋山　泰

---

発行所　㈱法律文化社

〒603-8053　京都市北区上賀茂岩ヶ垣内町71
電話 075（791）7131　FAX 075（721）8400
URL:http://www.hou-bun.co.jp/

---

© 2008 N. Hisamoto, K. Tamai Printed in Japan
印刷：中村印刷㈱／製本：㈱酒本製本所
装幀　奥野　章
ISBN 978-4-589-03111-2

社会政策全体をバランスよく扱った基本書

## 社会政策Ⅱ
玉井金五・久本憲夫編

# 少子高齢化と社会政策
●3150円

社会保障の長い歩みを捉え、その経過を検証、危機的状況を打開する針路を示す。平等な社会がゆらぐなかで大きな分岐に立つ社会政策の現在をつかむのに最適。

## 住民主体の地域福祉論●理論と実践
井岡 勉監修
牧里毎治・山本 隆編

今日の到達点をふまえ全体像と課題を提示。地域福祉を生活者である住民の目線から捉え、暮らしの安全・安心をボトムアップに構築することをめざす。 ●3360円

## 変貌する世界と日本の年金●年金の基本原理から考える
江口隆裕著

世界の年金改革の動向を踏まえて日本の制度を根源的に考察し、その全体像と課題を提示。複雑な年金制度への疑問をすべて明らかにする。 ●3360円

## 現代日本の介護保険改革
森 詩恵著

戦後から高度成長期を経て介護保険成立に至る高齢者介護保障政策の展開過程を描出。社会福祉政策のゆくえをさぐり、介護保険制度の本質に迫る。 ●3255円

### シリーズ・新しい社会政策の課題と挑戦【全3巻】

新自由主義的な潮流のなかで、社会政策の存在意義が問われている。〈今そこにある問題〉や〈新しく浮上してきた問題〉を提示し、解決の道筋を描く。

## 1 社会的排除／包摂と社会政策
福原宏幸編著

欧州諸国における社会的排除概念の発展と政策への影響を概観し、ホームレス、母子世帯、不安定雇用の若者などの事例から日本での実践を紹介する。 ●3465円

## 2 ワークフェア──排除から包摂へ？
埋橋孝文編著

ワークフェアは貧困克服の有効な手段となりうるか。登場の背景から特徴、波及効果と帰結までを検証。ワーキング・プアなどの今日的課題に迫る。 ●3465円

## 3 シティズンシップとベーシック・インカムの可能性
武川正吾編著

近年の市民権をめぐる動向と実現への道筋を経済学・法学・政治学の立場から整理。財源を提示し、年金や児童手当を素材に日本での可能性を探る。 ●3465円

**法律文化社**

表示価格は定価(税込価格)です